高等职业教育系列教材

公共关系实用教程

第3版

主 编 司爱丽 王祥武
参 编 夏承龙 朱元华 王 韦

机械工业出版社

本书主要介绍公共关系的理论体系和相应的操作技能，共12章，分别为公共关系概述、公共关系主体——社会组织、公共关系客体——公众、公共关系中介——传播媒介、组织形象策划与管理、公共关系工作流程、内部公共关系、外部公共关系、公共关系专题活动、公关危机与危机公关、公共关系礼仪、公共关系与沟通。

本书强调"理论够用为度，突出实际操作"，书中采用大量的实例，介绍公共关系的具体操作及应用。同时兼顾公关员考试要求，在内容选取上参照公关员的考试标准、大纲及近期公关员考试试题。

本书可作为高职高专院校经济类、营销类、管理类、秘书类等相关专业的教材，也可作为各类企事业单位公共关系、市场营销和管理类工作人员的培训和参考读物，成人教育、自学考试及在职人员自学参考用书，公关员资格考试用书，以及公关爱好者的读物。

为方便教学，本书配备电子课件等教学资源。凡选用本书作为教材的教师均可登录机械工业出版社教育服务网 www.cmpedu.com 免费下载，咨询电话 010-88379375。

图书在版编目（CIP）数据

公共关系实用教程 / 司爱丽，王祥武主编. —3 版. —北京：机械工业出版社，2019.11（2025.1 重印）
高等职业教育系列教材
ISBN 978-7-111-64544-3

Ⅰ.①公… Ⅱ.①司… ②王… Ⅲ.①公共关系学-高等职业教育-教材 Ⅳ.①C912.31

中国版本图书馆 CIP 数据核字（2020）第 011103 号

机械工业出版社（北京市百万庄大街22号　邮政编码100037）
策划编辑：杨晓昱　　　责任编辑：杨晓昱　徐梦然
责任校对：蔺庆翠　张　薇　　封面设计：张　静
责任印制：单爱军
北京虎彩文化传播有限公司印刷
2025 年 1 月第 3 版·第 8 次印刷
184mm×260mm·15.75 印张·387 千字
标准书号：ISBN 978-7-111-64544-3
定价：45.00 元

电话服务　　　　　　　　　　网络服务
客服电话：010-88361066　　　机　工　官　网：www.cmpbook.com
　　　　　010-88379833　　　机　工　官　博：weibo.com/cmp1952
　　　　　010-68326294　　　金　书　网：www.golden-book.com
封底无防伪标均为盗版　　　　机工教育服务网：www.cmpedu.com

前 言

随着我国经济建设的高速发展和对外交流的增多，人们对公共关系越来越重视，公共关系应用的范围也越来越广，这就促使人们不断汲取公共关系知识及技能，公共关系学课程应运而生。公共关系学是以公共关系的客观现象和活动规律为研究对象的一门综合性的应用学科，主要研究组织与公众之间传播与沟通的行为、规律和方法，是一门应用性很强的课程。目前，很多院校已把公共关系学作为各专业学生学习的必修课。

本书和其他类教材相比，具有以下几个特点：

（1）体系的完整性　本书理论体系完整，系统介绍了公共关系所涉及的各方面内容，各章之间衔接严密，避免了前后内容的脱节或重复。

（2）操作的实用性　为培养高职高专学生的专业技能，本书中的所有技能部分均有相应的操作规范及应用实例，并在每章配有实训试题，使学生在实训中提高理论知识的运用能力和实际操作能力。

（3）案例的经典性　本书主要利用案例对相关理论内容进行解释及拓展，在选取案例时兼顾经典及新颖。使学生在学习时感受到的是现代的标杆，能够较快地学以致用。

（4）内容编排的新颖性　各章内容主要由"学习目标、引例、理论内容、本章总结、知识及技能检测、拓展阅读"等版块组成，并在理论部分穿插案例讨论，使学生顺其自然地进入理论的学习并参与其中。相应技能部分侧重于操作流程或操作规范，配合实例分析及课后的实训试题，使学生在学习理论知识的同时轻松掌握相应的技能。

本书由司爱丽、王祥武主编，承担了本书大纲的编写、全书的统稿、各章的协调和部分内容的编写工作。本书编写的具体分工如下：第1、5章由朱元华编写；第2、6章由王韦编写；第3、9、10章由司爱丽编写；第4、7、8章由夏承龙编写；第11、12章由王祥武编写。

本书在编写过程中，得到许多院校和老师的帮助。在此非常感谢安徽财贸职业学院、安徽国际商务职业学院、安徽工商职业学院等院校和老师给予的大力支持，也非常感谢书中所引用、参考的相关资料和书籍的作者。

由于编者水平有限，书中难免存在一些不足之处，恳请专家和读者批评指正。

编　者

目 录

前言

第1章　公共关系概述 / 001
学习目标 / 001
引例 / 001
- 1.1 公共关系的概念 / 002
  - 1.1.1 什么是公共关系 / 002
  - 1.1.2 公共关系的特征 / 003
  - 1.1.3 公共关系的职能 / 004
  - 1.1.4 公共关系的原则 / 006
  - 1.1.5 公共关系辨析 / 008
- 1.2 公共关系发展概况 / 009
  - 1.2.1 公共关系产生的基础与条件 / 009
  - 1.2.2 公共关系的发展历程 / 011
  - 1.2.3 公共关系的发展现状 / 016
  - 1.2.4 公共关系的最新发展动态 / 017
- 1.3 公共关系机构与人员 / 018
  - 1.3.1 公共关系机构 / 018
  - 1.3.2 公共关系人员 / 023

本章总结 / 025
知识及技能检测 / 026
拓展阅读 / 027

第2章　公共关系主体——社会组织 / 029
学习目标 / 029
引例 / 029
- 2.1 社会组织概述 / 029
  - 2.1.1 社会组织的概念 / 030
  - 2.1.2 社会组织的分类 / 033
- 2.2 社会组织公共关系的手段与举措 / 035
  - 2.2.1 政府组织公共关系 / 035
  - 2.2.2 经济组织公共关系 / 037
  - 2.2.3 文化组织公共关系 / 039
  - 2.2.4 社会团体组织公共关系 / 042

本章总结 / 044
知识及技能检测 / 044
拓展阅读 / 045

第3章　公共关系客体——公众 / 047
学习目标 / 047
引例 / 047
- 3.1 公众概述 / 047
  - 3.1.1 公众的概念 / 048
  - 3.1.2 公众的特征 / 048
  - 3.1.3 公众的分类 / 049
  - 3.1.4 目标公众的概念及确定 / 051
- 3.2 社会公众的心理分析与公共关系举措 / 052
  - 3.2.1 知觉 / 052
  - 3.2.2 需要 / 053
  - 3.2.3 态度 / 055
  - 3.2.4 流行 / 056
  - 3.2.5 流言 / 056
  - 3.2.6 舆论 / 057
  - 3.2.7 价值观 / 058
  - 3.2.8 从众心理 / 058
  - 3.2.9 逆反心理 / 059

本章总结 / 059
知识及技能检测 / 060
拓展阅读 / 060

第4章　公共关系中介——传播媒介 / 065
学习目标 / 065
引例 / 065
- 4.1 公共关系传播的概念与分类 / 065
  - 4.1.1 公共关系传播的概念 / 066
  - 4.1.2 公共关系传播的分类 / 066
  - 4.1.3 公共关系传播的一般过程 / 068
  - 4.1.4 公共关系传播模式与理论 / 069

4.2 公共关系传播媒介及选择 / 074
　　　　4.2.1 公共关系传播媒介及其特点 / 074
　　　　4.2.2 公共关系传播媒介的选择 / 076
本章总结 / 078
知识及技能检测 / 078
拓展阅读 / 080

第5章 组织形象策划与管理 / 081
学习目标 / 081
引例 / 081
　　5.1 组织形象概述 / 081
　　　　5.1.1 组织形象的概念 / 081
　　　　5.1.2 组织形象的特征 / 082
　　　　5.1.3 组织形象的构成要素 / 083
　　5.2 组织形象策划 / 085
　　　　5.2.1 CIS战略策划 / 085
　　　　5.2.2 CS战略策划 / 091
　　5.3 组织形象管理 / 096
　　　　5.3.1 组织形象管理的意义 / 096
　　　　5.3.2 组织形象管理的内容 / 097
　　　　5.3.3 组织形象的测评方法 / 098
本章总结 / 099
知识及技能检测 / 099
拓展阅读 / 099

第6章 公共关系工作流程 / 102
学习目标 / 102
引例 / 102
　　6.1 公共关系调查 / 103
　　　　6.1.1 公共关系调查的概念 / 103
　　　　6.1.2 公共关系调查的意义 / 106
　　　　6.1.3 如何进行公共关系调查 / 107
　　　　6.1.4 公共关系调查实例分析 / 111
　　6.2 公共关系策划 / 113
　　　　6.2.1 公共关系策划的概念 / 113
　　　　6.2.2 如何进行公共关系策划 / 114
　　　　6.2.3 公共关系策划实例分析 / 117
　　6.3 公共关系活动实施 / 119
　　　　6.3.1 公共关系活动实施要素 / 119
　　　　6.3.2 如何进行公共关系活动的实施 / 120
　　　　6.3.3 公共关系活动实施实例分析 / 122

　　6.4 公共关系效果评估 / 123
　　　　6.4.1 公共关系效果评估的意义 / 123
　　　　6.4.2 如何进行公共关系效果评估 / 124
　　　　6.4.3 公共关系效果评估实例分析 / 125
本章总结 / 126
知识及技能检测 / 127
拓展阅读 / 127

第7章 内部公共关系 / 129
学习目标 / 129
引例 / 129
　　7.1 员工关系的处理 / 130
　　　　7.1.1 员工关系的概念 / 130
　　　　7.1.2 怎样处理员工关系 / 131
　　　　7.1.3 员工关系处理实例分析 / 133
　　7.2 投资者关系的处理 / 135
　　　　7.2.1 投资者关系的概念 / 135
　　　　7.2.2 怎样处理投资者关系 / 135
　　　　7.2.3 投资者关系处理实例分析 / 137
本章总结 / 138
知识及技能检测 / 138
拓展阅读 / 139

第8章 外部公共关系 / 141
学习目标 / 141
引例 / 141
　　8.1 消费者关系的处理 / 142
　　　　8.1.1 消费者关系的概念 / 142
　　　　8.1.2 怎样处理消费者关系 / 142
　　　　8.1.3 消费者关系处理实例分析 / 145
　　8.2 媒体关系的处理 / 146
　　　　8.2.1 媒体关系的概念 / 146
　　　　8.2.2 怎样处理媒体关系 / 147
　　　　8.2.3 媒体关系处理实例分析 / 148
　　8.3 政府关系的处理 / 149
　　　　8.3.1 政府关系的概念 / 149
　　　　8.3.2 怎样处理政府关系 / 150
　　　　8.3.3 政府关系处理实例分析 / 151
　　8.4 社区关系的处理 / 153
　　　　8.4.1 社区关系的概念 / 153
　　　　8.4.2 怎样处理社区关系 / 153
　　　　8.4.3 社区关系处理实例分析 / 154

本章总结 / 155
知识及技能检测 / 155
拓展阅读 / 156

第9章 公共关系专题活动 / 157
学习目标 / 157
引例 / 157
 9.1 公共关系专题活动概述 / 157
  9.1.1 公共关系专题活动的类型与特征 / 158
  9.1.2 公共关系专题活动策划的内容及实施程序 / 159
 9.2 公共关系专题活动的组织与实施 / 162
  9.2.1 新闻发布会 / 162
  9.2.2 展览会 / 165
  9.2.3 庆典活动 / 167
  9.2.4 赞助 / 168
  9.2.5 开放参观 / 169
本章总结 / 170
知识及技能检测 / 170
拓展阅读 / 171

第10章 公关危机与危机公关 / 174
学习目标 / 174
引例 / 174
 10.1 公共关系危机概述 / 175
  10.1.1 公共关系危机的概念及特征 / 175
  10.1.2 公共关系危机的类型 / 176
  10.1.3 公共关系危机的发展过程 / 177
 10.2 危机公关 / 179
  10.2.1 危机公关的概念 / 179
  10.2.2 危机公关的原则与措施 / 179
  10.2.3 危机公关的注意事项 / 183
  10.2.4 危机公关实例分析 / 184
 10.3 公共关系危机预防 / 184
  10.3.1 公共关系危机预防的措施 / 185
  10.3.2 公共关系危机预防实例分析 / 186
本章总结 / 187
知识及技能检测 / 187
拓展阅读 / 188

第11章 公共关系礼仪 / 190
学习目标 / 190
引例 / 190
 11.1 公共关系礼仪概述 / 191
  11.1.1 礼仪的概念 / 191
  11.1.2 礼仪的特征 / 191
  11.1.3 礼仪的原则 / 192
  11.1.4 公共关系礼仪的概念 / 193
  11.1.5 公共关系与礼仪的关系 / 194
 11.2 个人基本礼仪 / 194
  11.2.1 仪容礼仪 / 194
  11.2.2 服饰礼仪 / 196
  11.2.3 仪态礼仪 / 197
  11.2.4 仪式礼仪 / 199
 11.3 日常交往礼仪 / 203
  11.3.1 致意礼仪 / 203
  11.3.2 介绍礼仪 / 203
  11.3.3 名片礼仪 / 205
  11.3.4 握手礼仪 / 206
  11.3.5 其他交往礼仪 / 208
本章总结 / 211
知识及技能检测 / 211
拓展阅读 / 212

第12章 公共关系与沟通 / 215
学习目标 / 215
引例 / 215
 12.1 公共关系沟通概述 / 216
  12.1.1 公共关系沟通的概念 / 216
  12.1.2 公共关系沟通的基本原则 / 216
  12.1.3 公共关系沟通的基本过程 / 217
 12.2 公共关系沟通措施 / 219
  12.2.1 公关语言艺术 / 219
  12.2.2 聆听 / 221
  12.2.3 非语言沟通 / 223
 12.3 公关沟通应用 / 229
  12.3.1 人际沟通 / 229
  12.3.2 求职沟通 / 232
  12.3.3 职场沟通 / 235
本章总结 / 240
知识及技能检测 / 240
拓展阅读 / 242

参考文献 / 244

第1章 公共关系概述

■ 学习目标 ■

知识目标：了解公共关系的基本概念、发展概况及公共关系组织与人员的相关知识。

技能目标：正确理解公共关系的内涵，能根据公共关系从业人员的要求培养自己的相关素质。

引 例

人民网评：喝王老吉可延寿10%？这个研究结果太荒唐（节选）

2017年12月5日，广药集团董事长李楚源宣布：国家863计划研究结果表明，喝王老吉可延长寿命大约10%。面对质疑，广药集团和王老吉方面回应，通过对576只大鼠样本为期两年的安全性实验，发现王老吉凉茶实验组的大鼠存活率优于对照组，显示长期饮用王老吉凉茶可延长动物寿命。

喝王老吉可延寿10%，此言一出，网友炸锅，纷纷揶揄："2017年度中国最佳冷笑话大奖得主，没得跑了""吓得我，直接喝口加多宝"……尽管广药集团和王老吉方面均给出回应，但有越描越黑之嫌，一个最简单的事实是，即便确可延长老鼠寿命，但怎么直接推导出可延长人类寿命，跨度如此之大，简直开国际玩笑。

一定程度上说，这种言论涉嫌违规。正如业内人士所称，"国家明文规定普通食品是不能讲功效的，除非你有'蓝帽子'（即保健食品外包装上的'蓝帽子'标识）"。普通食品这样宣传功效，涉嫌虚假宣传，对消费者来说是一个误导，可以说是欺诈消费者。

具有反讽意味的是，广药集团和王老吉均在官方微博称，"喝王老吉可延长寿命大约10%，这一成果得到现场华大基因首席执行官尹烨等嘉宾的点赞认同"。拉华大基因背书，其意不言自明。但这一表态惨被"打脸"，尹烨旋即回应："礼节性点个头都被炒作，虽然我也喝王老吉，但不代表认可此结论。"尹烨同时表示："关于人类寿命延长是个综合课题，迄今为止没有任何单一因素能形成如此显著的差异。这是中肯之言，喝王老吉能延寿是个伪命题。"

（资料来源：人民网 2017年12月7日）

案例分析：企业发布研究成果，是展示企业实力、树立企业形象的有力手段，但一定要是经过严谨的科学论证的事实。广药集团作为国内知名企业，其企业负责人的公开发言更应该慎之又慎。此次事件一时间沦为笑谈，为广药集团的企业形象及王老吉凉茶的品牌形象均造成不利影响。

1.1 公共关系的概念

1.1.1 什么是公共关系

"公共关系"一词来源于英文的 Public Relations。Public 有"公共的""公众的"等义，Relations 是关系的意思。因此，中文一般译为"公共关系"，也可译为"公众关系"。鉴于前一种译法在国内已被广泛接受，且"公共"一词与"私人"相对应，准确表达了"公共关系"与"私人关系"的不同性质，因此本书采用"公共关系"这一译法。

公共关系这门学科自诞生以来，人们从来就没有停止过对其下一个准确定义的努力。由于每个人的认识角度不同，对公共关系内涵的理解也各异，于是就形成了许许多多的公共关系定义。比如，20世纪70年代中期，美国著名的公共关系学者莱克斯·哈洛博士就搜集到472个公共关系的定义。

1. 公共关系的定义

（1）关系说　这种观点是从静态的角度来看公共关系的。持这种观点的人认为，"关系"体现公共关系的本质属性，公共关系是一种特定的社会关系，正确认识公众关系、处理公众关系是开展公共关系的出发点和归宿。例如，美国普林斯顿大学的蔡尔兹教授认为："公共关系就是我们所从事的各种活动、所发生的各种关系的通称，这些活动与关系是公众性的，并且都有社会意义。"

（2）传播说　这种观点是从动态的角度来看的，认为公共关系是一个组织为创造良好的社会环境，争取公众舆论支持而采取的行动，主要包括传播、沟通等手段。简单地说，就是以创造良好的公共关系状态为目的的一种信息沟通活动。如英国学者杰弗金斯认为："公共关系是组织为了达到与它的公众之间了解的确定目标，有计划地采用的一切向内和向外的传播方式的总和。"《大英百科全书》将公共关系定义为："旨在传递有关个人、公司、政府机构或其他组织的信息，并改善公众对于其态度的种种政策或行为。"

（3）管理说　这类定义把公共关系看作和计划、组织、领导、控制一样的管理职能，其中美国公共关系学者莱克斯·哈洛博士给出的定义便是典型代表。他认为："公共关系是一种特殊的管理职能，它帮助一个组织建立并保持与公众之间的交流、理解、认可与合作；它参与处理各种问题与事件；它帮助管理部门了解民意，并对其做出反应；它确定并强调企业为公众利益服务的责任；它作为社会趋势的监视者，帮助企业保持与社会同步；它使用有效的传播技能和研究方法作为基本工具。"国际公共关系协会也认为公共关系是一种管理职能，具有连续性和计划性。

（4）经营艺术说　持这种观点的人认为，公共关系只是一门不精确的学科，许多公共关系问题不存在唯一正确的答案，公共关系在实际运作中要讲究创造性，因此，公共关系是一种艺术。

例如，1978年8月，在墨西哥城召开的世界公共关系协会大会上，代表们经过商讨，提出了公共关系的定义："公共关系是一门艺术和社会科学，公共关系的实施是分析趋势，预测后果，向机构领导人提供意见，履行一连串有计划的行动，以服务于本机构和公众利益。"

（5）形象说　这类定义从塑造形象的角度揭示公共关系的性质，强调公共关系的宗旨是为组织塑造良好的形象。中国学者余明阳是持此观点的代表，他认为："公共关系是社会组织为了塑造组织形象，通过传播、沟通手段来影响公众的科学与艺术。"

此外，还有传播管理说、咨询说、协调说等众多观点。但无论是哪种观点，一般都承认：首先，公共关系发生在二者之间，即组织和相关公众之间；其次，组织需要通过一定的手段对公众进行传播和沟通；最后，传播和沟通的目的是为了赢得相关公众的理解和合作，为组织的发展营造良好的内部和外部环境。因此，本书将公共关系定义为："公共关系是社会组织为了营造良好的生存和发展环境而与公众之间进行的传播和沟通活动。"

2. 公共关系三要素

由上面的定义可以看出，公共关系的结构是由组织、公众、传播三个要素构成的。公共关系的主体是社会组织，客体是社会公众，联结主体与客体的中介环节是传播和沟通。

（1）公共关系的主体：社会组织　公共关系是一种组织活动，而不是个人行为，因此，组织是公共关系活动的主体，是公共关系的实施者和承担者。在理解公共关系时，特别要注意这一点，不要把一些个人的行为也说成是公共关系。

按照是否以营利为目标，我们可以把社会组织分成两种类型：营利性组织和非营利性组织。营利性组织是指以营利为目的，追求经济利益的最大化的组织，如工商企业、金融机构等。非营利性组织是指不以获取利润为目的，而是追求特定的社会目标的组织，比如红十字会、动物保护组织、环保机构等。需要指出的是，非营利性组织也是公共关系的主体。

（2）公共关系的客体：公众　简单地说，公众就是公共关系的对象。正如前面有些定义所说的那样，公共关系是一种特定关系；而当我们谈到关系时，必然要涉及双方。对于公共关系而言，这个相互影响、相互作用的双方便是组织与公众。

公众的观点、态度和行为决定了组织的成败，组织必须和他们建立有效的沟通，争取公众的理解、信任与合作。不同的公众对组织的影响也是不同的，组织必须对公众进行研究和分析，制定不同的策略，开展相应的活动。

（3）公共关系的手段：传播和沟通　公共关系中的传播是指组织通过传播媒介向公众进行的单向的信息或观点的传递，而沟通指的是双向的交流。这是一个观念、知识或信息的共享过程，其目的是促进公共关系的主体和客体之间的了解、共识、好感和合作，使组织得以在公众面前建立和维持良好的形象。

1.1.2　公共关系的特征

公共关系的特征是指公共关系活动所特有的行为特征，也是公共关系活动的个性特点，概括起来，大致表现在以下5个方面。

1. 以塑造形象为核心目标

塑造形象是公共关系的核心问题，组织开展的各种公关活动，其核心目标就是为了塑造组织的形象。衡量组织形象的基本指标有两个，即知名度和美誉度。知名度是指一个组织被社会公众知道和了解的程度，它是衡量一个组织名气大小的客观尺度。知名度只涉及舆论评价的"量"的大小，不涉及舆论的"质"的判断。美誉度是指一个组织获得社会公众信任和赞许的程度，它是衡量一个组织的好坏程度的指标。美誉度涉及舆论评价的"质"的好坏。

2. 以双向沟通为工作手段

组织与公众经常交换意见，其中包括同组织内部或外部的公众之间沟通思想和感情。开展公共关系工作，必须在组织机构与社会公众之间建立起双向沟通的联系网络，一方面利用各种媒介和手段对外传播，使公众认识和了解组织，另一方面又必须吸取舆情民意，将它反馈给组织的最高决策层，作为调整和改善自身的依据。

3. 以互惠互利为工作原则

对于一个社会组织而言，当然应该追求自身利益的最大化，但很多组织在这一过程中却发生了迷失。有的为求得一时之利，却失去更多，有的甚至什么也没得到。造成这种现象的根本原因就在于：利益从来都是相互的。在人际交往中，人们常说：与人方便就是与己方便；而对社会组织而言，只有在互惠互利的情况下，才能真正达到自身利益的最大化。

组织的公共关系工作之所以有成效、之所以必要，恰恰在于它能协调双方的利益。通过公共关系，可以实现双方利益的最大化，这也是具备公关意识的组织和不具备公关意识的组织的最大区别。

4. 以真实诚恳为工作信条

追求真实是现代公共关系工作的基本原则，自从被誉为"现代公关之父"美国人艾维·李提出讲真话的原则以来，告诉公众真相便一直是公关工作的不二信条。尤其是现代社会，信息及传媒手段空前发达，这使得任何组织都无法通过长期封锁和控制消息来隐瞒真相，欺骗公众。真相总会被人知道。因此公共关系强调真实原则，要求公关人员实事求是地向公众提供真实信息，以取得公众的信任和理解。

5. 以注重长远为工作方针

由于公共关系是通过协调沟通、树立组织形象、建立互惠互利关系的过程，这个过程既包括向公众传递信息的过程，也包括影响并改变公众态度的过程，甚至还包括重塑形象的过程。所有这一切，都不是一朝一夕就能完成的，必须经过长期的努力。

1.1.3 公共关系的职能

公共关系的职能是指公共关系在组织的运营过程中应当承担的职责和发挥的功能。概括来说，主要包括以下几个方面。

1. 收集信息

组织的生存和发展离不开特定的环境，而环境是由一切与组织有关的信息因素所构成。公共关系在组织的经营管理活动中，首先要发挥信息情报的收集、整理、分析、评估的作用，充当组织的耳目，"眼观六路，耳听八方"，作为组织的预警系统，对于与组织有关的社会环境和公众舆论环境保持高度的敏感性，特别是对环境中的潜在的问题和危机及时发出预报，以便组织能及时调整自己的政策和行为。

（1）产品形象信息　这里的产品既指工商企业提供给顾客的有形的物品，如衣服、计算机等，也包括无形的服务，如律师服务等。成功的组织都非常重视公众（消费者）对该组织产品的意见和评价。有形产品的形象主要通过产品的质量、性能、品种、款式、价格、包装等方面来反映；无形服务的形象可以从价格、态度、速度、规范性等方面进行评价。

（2）组织形象信息　与产品形象相比，组织形象对组织而言可能更重要。公共关系活动的开展，是以维护和提高组织的良好形象为目的的，所以公共关系的信息功能首先要采集有关组织形象的信息。产品形象是公众对产品这一因素的评价，而组织形象则是公众对组织的整体印象，它更能反映组织的公关状态，对企业公共关系工作效果的反映也更全面。组织形象信息包括公众对组织的管理能力、人员素质、服务水平、组织文化等方面的看法和态度。

（3）各类公众信息　如：本组织的职工、股东、消费者、政府、社区、媒介、竞争者、协作者等方面的信息。

（4）宏观环境信息　是指与本组织生存发展有关的政治、法律、经济、社会、文化、技术等方面的状况及其变化、发展趋势的信息。要分析宏观环境信息对组织的各种直接或潜在的影响，充分利用环境中的有利因素，避免不利因素，使组织与社会环境的变化保持动态平衡。

▶ **案例讨论 1-1**

影响一所大学发展的宏观环境因素有哪些？请举例说明你所了解的相关信息。

2. 咨询建议

公共关系咨询建议，指公共关系专业人员向组织的决策者提供有关组织自身、公众及环境方面的可靠情况说明和意见。公关人员从社会公众和整体环境的角度评价决策的社会影响和社会后果，使决策更加有效，更加科学化。在组织的决策过程中，公关部门以提供咨询建议的方式，成为决策者的"智慧机构"，起到参谋作用。

3. 传播引导

公共关系在组织经营管理中要履行传播推广的职责，即通过各种传播媒介，将组织的有关信息及时、准确、有效地传播出去，争取公众对组织的了解和理解，提高组织及其产品、人员的知名度和美誉度，为组织创造良好的社会舆论，树立良好的社会形象。有时候还可以通过公共关系倡导一定的消费观念，从而达到培育市场的目的。

4．协调沟通

公关关系要运用协调、沟通的手段，为组织疏通渠道、发展关系、广交朋友、减少摩擦，成为组织运行的润滑剂，成为组织与各类公众交往的桥梁，为组织的生存、发展创造良好的环境。可以说，公共关系在一定程度上就是一种"内求团结、外求发展"的经营管理艺术。

（1）内部关系的协调　首先，在管理层与员工关系的协调中充当中间人，使管理层的目标为员工所认同、员工的行为与管理层的目标保持一致，通过与员工进行细致的持之以恒的有效沟通，在组织与员工之间搭起相互理解和沟通的桥梁。其次，在部门与部门关系协调中充当管理的接口，在不同的部门之间出现"权力真空"的情况下，依靠良好的公共关系补位，这是"全员公关"的一个重要组成部分；在"权力重叠"的情况下，则要依靠良好的公共关系去理顺关系，化解矛盾。

（2）外部关系的协调　外部公众类型不一，成分来源复杂，这就使组织不可避免地要与外部公众发生程度不同的利益关联和冲突，一旦发生了冲突和纠纷，则积极与各方面取得联系，进行协调磋商，消除疑虑，缓解矛盾，不断维持和巩固彼此间的合作关系，促进良好的外部环境的形成。

1.1.4　公共关系的原则

1．真实性原则

俗话说 1 个谎言要用 100 个谎言去圆。真实性原则是指组织在开展公共关系活动时，必须建立在组织良好行为和掌握事实的基础之上，向公众如实传递有关组织的信息，同时向组织决策者如实传递有关公众的信息。追求真相是人的天性，有个成语叫作欲盖弥彰，真相是盖不住的，不如坦诚相告。

公共关系是建立信誉、塑造形象的艺术，但它又不是一种纯粹的艺术或宣传的技术，而是以事实为依据的科学。公共关系不能"制造"，只能"塑造"良好的形象，这种塑造所用的材料就是事实。所以说，真实是公共关系的基本原则，也是对公共关系人员的根本的道德要求，是公共关系的生命。

2．平等互惠原则

社会组织在开展公共关系活动时，要注意信守平等互惠原则。平等互惠原则是指公关活动要兼顾组织与公众的双方利益，在平等的地位上使双方互利互惠，只有在公众也同样受惠的前提下，才可能得到公众的支持和合作。

3．整体一致原则

整体一致原则是指社会组织在开展公共关系活动时，对活动可能产生的对社会经济效益、社会生态效益及社会精神文明建设等几方面的影响综合起来统一考虑，使各方面均符合公众的长期利益和根本利益。

(1) 社会经济效益　在通常情况下，企业的经济效益与社会经济效益是一致的。但有利于提高企业经济效益的活动，并不总是能提高整个社会的经济效益。当企业经济效益与社会经济效益发生矛盾时，应当着眼大局，以更宽的视野和更高的姿态看待问题。否则，企业即使获得了经济利益，也是以损害形象为代价的。

(2) 社会生态效益　企业的生存和发展与环境有着不可分割的关系，企业的良性运行离不开周围的良好环境。但企业在经营中如果不注意，就可能对周围的生态环境产生不良影响。例如，有的企业在生产过程中产生强烈噪音，影响附近居民生活；有的商业企业为了招徕顾客，把扬声器放到店门口，每天不停地大声播放音乐或叫卖呼喊声，这些都属于环境污染；有的生产企业排放的废气或粉尘使周围居民深受其害，这既污染了环境，也破坏了生态平衡。所以企业在经营过程中，既要追求经济效益，又要充分考虑社会生态效益。

(3) 社会精神文明建设　企业的经营行为应遵从社会的公序良俗，树立积极健康的形象。有的企业为了吸引眼球不惜采用一些低俗的手段，也许这些手段没有违法，但从社会精神文明的角度来看，不利于树立良好的社会风气，也不利于树立企业的正面形象。

▶ **案例讨论 1-2**

如此营销

据江苏省连云港市警方通报，2018年10月7日12时10分，赣榆警方接到群众报警称在汽车南站附近有多人穿着日本军服在大街上"游行"。接报后，巡特警大队迅速处警，到现场发现，由某公司组织的10多名群众演员穿着新四军战士、侵华日军士兵等服装，携带网购仿制的军刀、步枪等道具，由新四军扮演者押解日本兵扮演者沿华中南路往城区一路巡游。

经查，以仲某某为首的这伙人员系某影视公司职员，在为其公司即将拍摄的一部微视频和某汽贸公司做营销推广活动，造成恶劣影响。10月8日，仲某某被赣榆警方依法刑事拘留，其他涉案人员正在进一步调查处理中。

问题：请谈谈你对上述营销活动的看法。

(资料来源：《法制日报》2018年10月10日)

4. 全员公关原则

全员公关原则是指一个组织公关工作的开展，不仅要依靠专职公关机构和公关人员的不懈努力，而且有赖于组织由各部门和全体员工的配合，要求组织的全体成员都注意树立公共关系观念，都要关注并参与公共关系工作，都要为公共关系工作做出贡献。

组织形象是通过组织所有人员的集体行为表现出来的，每一个成员与外界发生联系时，其个人形象直接体现组织的整体形象和风貌，决不能认为组织公共关系状态如何只是公关人员的事情。

5. 诚实守信原则

诚实，就是表里如一，不弄虚作假；守信，就是遵守诺言、言行一致。诚实守信是中华民族的优良品德，"言必信，行必果""一言既出，驷马难追"这些流传了千百年的古话，都形象地表达了中华民族诚实守信的品质。西方文化虽然与我国的文化背景有许多不同,但是在诚实守信的要求上是相通的。

1.1.5 公共关系辨析

公共关系是随着中国改革开放的政策走入中国的,经历了40年左右的发展,国人对于公共关系的认识越来越深入,但还存在着一些误解,因此,有必要对与公共关系的相关概念进行辨析,以便人们正确理解公共关系的含义。

1. 公共关系与庸俗关系

庸俗关系就是平常所说的"拉关系""走后门"等庸俗的社会现象,它是一种非正常的、不健康的、庸俗化的人际关系。它以损公肥私,侵占他人利益及危害社会利益为特征,是一种赤裸裸的私利关系。但由于一些人对公共关系的含义理解得不够准确,认为公共关系就是"拉关系""走后门",这就是把公共关系误解成了庸俗关系。庸俗关系和公共关系有着本质的区别,表现在以下4个方面。

(1)产生的基础不同 公共关系产生于商品经济高度发达、传播技术日益先进、经济活动空前复杂的现代社会,它是社会组织从卖方市场向买方市场转变后,在社会化大生产和专业化分工的推动下所产生的一种迫切需要。庸俗关系在几千年前的奴隶社会、封建社会就有。

(2)追求的目标不同 公共关系以建立良好的组织形象、提高知名度与美誉度、维护组织与公众双方的合理利益为目标,恪守公正诚实、信誉至上的原则,从而使组织获取较好的社会效益与经济效益。庸俗关系则是通过各种卑劣手段,来达到个人私利的目的,如搞些紧俏商品,买些便宜货,谋个好职务,在竞标中搞到竞标项目等。前者为公共利益而奋斗,后者只是为个人的私利而投机钻营。

(3)采取的手段不同 公共关系是社会组织与社会公众之间的正当联系,主要是通过正式渠道,采取大众传播或人际传播等手段,公开地进行活动,其活动是正大光明的。庸俗关系是个人与个人之间的不正当联系,是私人之间相互利用的一种不正当的活动,其参与者尽量掩盖其所作所为,进行幕后交易,如通过奉承拍马、内外勾结、营私舞弊、行贿受贿等庸俗手段,进行暗中拉关系、谋私利的活动,这些活动不能在公众场合下公开进行,只能在暗地里偷偷地进行。

(4)导致的结果不同 公共关系是通过有计划的一系列活动,使社会组织在与社会整体利益一致的前提下不断发展,其结果是组织、社会、国家和公众都受惠,为社会创造一种以诚相见、讲求信誉、提高声望的良好风气;有利于形成和谐、友善、正常、健康的人际关系;有利于提高社会文明程度,促进社会的发展。庸俗关系则将人际交往商品化,使人们变得唯利是图、目光短浅,整个社会充满市侩气,个人中饱私囊,国家和公众的利益却遭到损害。

2. 公共关系与人际关系

人际关系也被称为"人际交往",指社会人群中因交往而构成的相互依存和相互联系的社会关系，属于社会学的范畴，包括朋友关系、同学关系、师生关系、雇佣关系、同事关系等。公共关系与人际关系既有联系也有区别，联系在于前者以后者为基础，良好的人际关系有助于组织内部环境和外部环境的和谐与改善。二者的区别在于：

（1）主体不同　公共关系的行为主体是组织，人际关系的行为主体是个人。在公共关系中，个人亦是以组织的身份与公众交往的，是组织的化身与代表。

（2）对象不同　公共关系的对象是公众，人际关系的对象是个人。尽管公众是由个人所组成，但前者的覆盖面要比后者广泛得多。

（3）传播手段不同　公共关系通常借助于大众传媒，将组织行为通过广播、电视、报纸、杂志、互联网等大众媒体将信息公之于众，而人际关系一般通过拜访、电话、微信、电子邮件等即可得以实现。

3. 公共关系与广告

公共关系和广告有一定的联系，二者都是以公众为对象，都需要通过传播来实现与公众的交流，但也有很大的区别。

（1）从主体看　公共关系的范围大，广告的范围小。公共关系的主体可以是任何组织，可以是营利性组织，也可以是非营利性组织。广告的主体通常是为营利性组织。

（2）从公众范围看　公共关系的范围广，广告的范围窄。公共关系的对象既包括组织内部的人员，又包括组织外部的人员。广告主要向组织外的公众传播。

（3）从作用方式看　公共关系的作用是间接而缓慢的，广告的作用是直接而快速的。

（4）从直接目的看　公共关系是为了塑造形象，而广告的直接目的大都是推销产品。

1.2　公共关系发展概况

1.2.1　公共关系产生的基础与条件

从严格意义上讲，现代公共关系产生于 19 世纪末 20 世纪初的美国。1903 年，艾维·李使公共关系成为一门职业；1923 年，爱德华·伯内斯完成世界上第一部公共关系的著作《舆论之凝结》，同时，他在纽约大学开设公共关系课程，使公共关系逐渐发展成为一门新的学科。但是，公共关系作为一门实践性艺术、一种客观存在的社会关系和社会现象，早在古希腊、古罗马及古代中国就已开始萌芽。那么为什么现代公共关系不在上述国家诞生，而产生于当时非常年轻的国家美国呢？这与当时美国的社会政治、经济、科技等情况是分不开的。

1. 政治条件——民主政治

在人类社会发展的数千年历史中，绝大部分时间处于专制制度的统治之下。在这种制度下，专制制度的代表——君主利用手中掌握的军队、监狱等国家机器，推行符合他个人意志的统治，掌握着民众生死予夺的大权，可以说君主的话便是法律、是圣旨，任何人都不得违抗。在这种制度统治下，人们只有服从，没有对等的交流，他们也无权进行选择。所以，不可能产生真正意义上的公共关系。

随着民主制度尤其是选举制度的诞生，无论哪一个政党、哪一个候选人要想在大选中获胜，都必须和公众处理好关系，争取绝大多数公众的理解和支持。正是在这种大的政治前提和背景下，现代公共关系应运而生。

2. 经济条件——市场经济

在人类社会发展史当中，从奴隶社会到封建社会，都是一种小农经济。小农经济是一种自给自足的经济形态，它基本上都是以家庭为生产单位，家庭几乎可以生产满足自家生活的全部产品。所以，他们对社会和他人的依赖性相对较小，人与人之间关系的维系主要是靠血缘、地缘关系，靠传统的伦理观念和义务。这种与生俱来的客观现实，使他们不需要刻意地去努力建立、维持某种关系。

市场经济则完全不同，市场经济是一种以社会分工为基础、以交换为目的、以市场为导向、以消费为结果的社会经济形态。科学技术的发展促进了社会分工，而这种分工使得社会生产朝着专业化、规模化的方向发展，并且出现了一种相对独立的经济组织——公司或企业。由于这种专业化的分工使得人与社会、与他人的关系愈来愈紧密，使得人不能离开社会而生存，因此这种以交换为目的而建立的经济关系日益成为人们生活中最重要的关系之一，而企业或公司则成为维系这一关系的重要载体。

首先，组织大规模的生产需要一大批产业工人和生产管理者，而如何组织、协调好和他们的关系则成为事关企业生死存亡的大事；其次，企业光生产出产品还不够，还必须实现它们的价值，因为他们这种生产是以交换为目的的，只有生产的产品全都卖出去了，才能最终实现这种生产的连续更替。为了把产品卖出去，为了在同类竞争者中获胜，企业必须得到社会的广泛认同，获得公众的信任和支持。随着市场经济的进一步发展，市场形势经历了由"卖方市场"向"买方市场"的转变。在买方市场条件下，消费者在消费过程中拥有更多的优势，他们可以根据质量、价格、服务、品牌等因素去购买所需的商品。因此，企业必须通过发展良好的感情关系，来更有效地推动市场发展，这就直接促进了公共关系的兴起。

3. 技术条件——大众传播

在农业社会中，科技落后、经济不发达、生产规模小，人们几乎处在一种半封闭的、与世隔绝的自然状态之中。由于落后的自然经济本质上不要求进行广泛的人与人之间的相互沟通与联系，加之又受到当时落后的交通工具和信息传播手段的限制，因而人们也不可能发生广泛而深刻的社会交往和联系。

随着经济的发展和社会政治的变革，人们交往的空间不断扩大，人们需要了解的信息量也越来越大。这种客观需求促进了交通运输和信息传播技术的飞速发展，从火车、汽车、飞机、人造卫星的出现到电报、电话、广播、电视以及光导通信的普及推广，各种信息在一瞬间就可以传遍世界的每一个角落。正是由于传播技术的发展，人们之间的交往越来越广泛，联系也更加方便，使一个多空间、多层次、多文化的传播体制逐渐在全世界形成，使得社会舆论力量、公众意见的表达越来越具有影响力，公众对社会组织的干预能力日渐增强。同时，社会组织只要能有效地驾驭传播手段，和公众进行积极的沟通，就能取得公众的信任，协调好和公众的关系，树立起有利于自身发展的良好形象。由此可见，大众传播技术的出现为现代公共关系的形成与发展提供了重要的技术支持。

1.2.2 公共关系的发展历程

公共关系作为一种客观存在着的社会关系和社会现象，有着悠远的历史；作为一门实践性艺术，其实际操作远远领先于人们有意识的公共关系理论的建立。考古学家发现，早在公元前1800年就有政府官员发布农业公告，告诉农民如何播种灌溉、如何对付地里的老鼠、如何收获庄稼等现象，这与现代社会中某些农业组织的宣传材料很相似，可以视为对农民的一种沟通。但是，公共关系作为一种专门化的社会职业，形成一门较为系统完整的学科体系，至今则不过百年左右的时间。

1. 公共关系在美国

公共关系在美国的发展大致经历了4个阶段。

（1）发端时期——巴纳姆时期　有组织、有意识的公共关系活动起源于19世纪中叶在美国风行一时的报刊宣传代理活动。1833年9月，本杰明·戴伊创办了第一张面向大众的通俗化报纸——《纽约太阳报》，从此开启了美国报刊史上以大众读者为对象、大量发行的、价格低廉的"便士报"时期。由于这种报纸售价降低，发行量大，广告费用迅速上涨，当时，一些大的公司和财团为了节省广告费，便雇用专门人员炮制关于自己的煽动性新闻，以扩大影响。而有些报刊为迎合读者的需要，增加发行量，也乐于发表。许多企业雇用了报刊宣传员，捏造大量离奇的新闻，以引起公众对自己的关注。

最具代表性的宣传员就是纽约马戏商人费尼斯·巴纳姆。巴纳姆可以说是新闻传播方面的行家里手，他具有很强的吸引公众注意的才能，他的工作信条是："凡宣传皆好事"。他运用他的才能和技巧，编造许多荒诞离奇的故事来吸引公众的注意和好奇，在制造新闻、愚弄公众方面达到了登峰造极的地步。巴纳姆曾经在报纸上发表了一篇文章，说他所在马戏团的一名黑人女奴海斯在100多年前曾养育过美国第一任总统乔治·华盛顿。这一"新闻"激起了美国社会的巨大轰动，引起了公众巨大的兴趣。巴纳姆乘势又在报纸上使用不同的笔名制造"读者来信"，人为地引起一场巨大的争论，有的来信说巴纳姆的所谓"海斯"故事只是一个骗局，有的来信则说巴纳姆发现了海斯是一大功劳。而巴纳姆作为这一骗局的制造者则大获其利，他每周可以从希望一睹海斯风采的美国人那里获得1500美元的门票收入。但是，海斯死后，人们对她的尸体解剖表明，海斯只不过80岁左右，并非巴纳姆说的161岁。事已至此，巴纳姆"深表震惊"，声明他本人也是受骗者之一。

从上面这则例子我们可以发现，巴纳姆对初露锋芒的大众传媒的神奇魔力的感悟能力，他已经能够熟练地应用这些手段，无中生有，编造神话。而他在制造"新闻"、愚弄公众之后，又善于审时度势、推波助澜，使事件朝着他希望的方向发展。但是，他走向了极端。他这种宣传完全不顾及公众的利益，欺骗公众，这种做法与公共关系职业的基本要求和道德准则相去甚远。因此，人们把整个巴纳姆时期称为"公众受愚弄"时代。虽然巴纳姆等一些人不顾公众利益、欺骗公众、愚弄公众的行为应该受到谴责，但这也在客观上促进了传播业的发展和现代公共关系的诞生。

(2) 职业化时期——艾维·李时期　19世纪下半叶，美国的商品经济得到高度发展，资本主义从自由竞争走向了垄断。少数的经济巨头控制了美国的经济命脉，他们为了巩固这种垄断地位，对内根本无视员工的利益，对外则以迫害公众利益作为赚钱的重要手段，引起了社会公众舆论的强烈不满和抨击，出现了2000多篇揭露实业界丑闻的文章，形成了近代美国史上著名的"扒粪运动"（又称"揭丑运动""清垃圾运动"）。

在"扒粪运动"的冲击下，那些利用舆论工具起家的声名显赫的大财团，受到了公众的普遍怀疑与抵制。垄断财团最初试图采取高压手段，对新闻界进行威胁；威胁失败后，他们又试图贿赂并高薪聘请新闻代理人撰写虚假新闻以掩盖矛盾和丑闻。但同样没有成功，最终他们终于认识到：为求得生存与发展，他们必须取得公众的信任。于是他们纷纷提高企业的透明度，让公众广泛地了解整个企业，以期取得他们的信任。而在这一过程中，以"讲真话""讲实情"来获得公众信任的主张被提了出来，并得到了越来越多工商界人士的支持与提倡。艾维·李就是"讲真话"的公共关系思想的代表人物。

艾维·李出生于美国佐治亚州一个牧师的家庭，早期受聘于美国报业大王斯特的《纽约世界报》当记者。1903年，艾维·李创办了一家宣传顾问事务所，成为现代公共关系公司的雏形，而他也成为向客户提供公共关系咨询并收取费用的第一位职业公共关系人员。

1905年，美国无烟煤业工人大罢工，艾维·李临危受命解决这一难题，协调各方关系。他提出两项要求作为受聘的前提条件：第一，必须有权与行业最高层决策者接触；第二，必要时有权向社会公开全部事实真相。在严重罢工及社会舆论的强大压力下，老板们只好接受了这两个条件。艾维·李一举成功，顺利地处理了这次大罢工事件。

1906年，艾维·李通过报界对外发表了著名的《原则宣言》："……简而言之，我们的计划是代表企业公司和公共机构坦率并且公开地向美利坚合众国的新闻界和公众提供迅速和准确的信息，这些信息涉及公众感到值得和有兴趣知晓的有关主题。"这一原则的提出，彻底改变了过去企业宣传愚弄公众、欺骗新闻界的传统，为日后公共关系的进一步发展奠定了良好的基础。他一改过去企业界蔑视公众、回避记者的工作方法，积极地向报界提供各种有关的资料，以便公众能够获得和他们利益有关的信息，通过沟通来改变企业在公众心目中的形象。《原则宣言》的精神被概括为"公众必须迅速被告知"和"向公众说真话"这两个公共关系工作的基本原则。艾维·李的努力和成功被看作现代公共关系的里程碑，而他也被称为"现代公共关系之父"。

(3) 学科化时期：爱德华·伯内斯时期　艾维·李作为现代公共关系的创始人，虽然提出了一系列独创性的公共关系理论，并且由于他的极力推广，"讲真话"被当作公共关系的一条重要原则确立下来，但是由于受历史条件和个人精力的限制，他的这些从个人实践经验得出的理论缺乏系统性和科学性。随着公共关系事业的不断发展，这种建立系统理论的需求越来越迫切，而这项工作最终是由爱德华·伯内斯完成的。

爱德华·伯内斯出生于维也纳，后移民美国，是著名的精神分析学家弗洛伊德的外甥。1913年，他受聘于美国著名的福特汽车公司，担任公关部经理。第一次世界大战结束后，他和夫人在纽约开办了一家公共关系公司。1923年，他的第一本专著《舆论之凝结》（又称《舆论明鉴》）问世。在这本书中，他首次提出了公共关系咨询的概念。他认为，公共关系咨询主要有两个作用：一是为工商企业组织推荐它们应采纳的政策，而这种政策的实施必须符合公众的利益；二是把工商企业组织采纳执行的合理政策、采取的有益于社会公众的行为广为宣传，帮助他们赢得公众的信任和好感。同年，他在纽约大学首次讲授公共关系这门课程。1925 年，他的教科书《公共关系学》出版；1928 年，《舆论》出版。这样，通过他不断研究和反复实践，使得公共关系的基本理论、原则和方法初步形成一个较为完整的体系。而在这些原则和理论中，他的公共关系核心思想是"投公众所好"。他认为，以公众为中心，了解公众的喜好，掌握公众对组织的期待与要求的态度，确定公众的价值观念，应该是公共关系的基础工作；然后按照公众的意愿进行宣传，才能做好公共关系工作。

（4）现代时期：斯科特·卡特李普时期　1952 年，美国著名学者斯科特·卡特里普和阿伦·森特，合作出版了一本公共关系学方面的权威著作——《有效的公共关系》。在这本书中，他们提出了"双向对称"的公关模式：在公关的目标上将组织和公众的利益置于同等重要的位置上，在方法上坚持组织与公众之间的双向传播与沟通。

这种公关理论比伯内斯又进了一步，因为它把公共关系看成了组织与公众之间的一个互动的过程，这才是现代公共关系的真正本质。《有效的公共关系》一书提出的"四步工作法"成为公共关系工作中最重要的工作流程。至此，现代公共关系学的理论框架基本构成，进入了成熟阶段。此后公共关系的技巧虽然不断发展，但体系基本稳定下来。该书成为公共关系领域最具权威性的教科书，被后人誉为"公关的圣经"。

2. 公共关系在中国

我国的公共关系思想可以追溯到古代。春秋时期的孔子周游列国，四处讲学。战国时期君子士大夫争相养士，这些幕僚策士常常为其统治者的利益而四处游说，向对方或民众宣传本国或本君主的政策与方针，争取民心或动摇敌心。战国的孟尝君礼贤下士，门下食客三千，其中一个食客冯谖，擅自将孟尝君在某一领地的全部债券付之一炬，不久后，孟尝君政治失意逃亡时受到该地区人民的欢迎，并在该地休养生息，重整旗鼓，最终得以东山再起。可以说，冯谖为孟尝君做了"公关投资"。春秋时期郑国子产不毁乡校，重视群众呼声，颇得百姓爱戴；商鞅变法，徙木立信；刘备三顾茅庐，诸葛亮"于是感激，遂许先帝以驱驰"，为汉刘江山"鞠躬尽瘁，死而后已"。诸如这些重视宣传、重视交际的思想，都是我国古代原始公共关系观念与活动的反映。

现代公共关系是伴随着我国改革开放的政策走进来的，在我国的产生和发展大致可分为三个阶段。

（1）开创时期（20 世纪 80 年代初 ~ 1986 年）　早在 20 世纪 60 年代，我国台湾与香港地区由于其政治、经济环境的特殊性，较早地接受了公共关系思想的洗礼。1963 年，一些跨国公司在台湾地区的分公司纷纷把母公司的体制和管理方式引进台湾地区，公共关系理论和实务随之流行开来。1963 年，香港地区出现了第一家专业的公共关系公司——韦特公共关系公司。1975 年台湾地区的魏景蒙创办了第一家中国人自办的公共关系专业公司"联合国际公司"。20 世纪 60 ~ 70 年代，香港和台湾两地区的公共关系已进入职业化阶段。

1978 年，党的十一届三中全会开启了改革开放历史新时期，公共关系也在深圳经济特区的一些外商独资或中外合资企业中率先出现。这些公司在运作过程中都或多或少地参照了其海外母公司的经营管理模式，设立了公共关系部。紧接着，广州、北京等地的中外合资企业的公共关系部也开始陆续出现，特别集中在宾馆、饭店等行业。

1）公共关系部挂牌。1982年，深圳竹园宾馆成立公共关系部，开展以招徕顾客为目标、旨在扩大影响的服务性公共关系活动；1983年，中外合资的北京长城饭店成立公共关系部，并因成功策划接待美国总统里根访华而名扬海内外；1984年，广州中国大酒店设立公共关系部（后来，广东电视台以宾馆、酒楼的公共关系活动为题材，拍摄了中国第一部反映公共关系理论与实践的电视连续剧《公关小姐》）；同年9月，我国国有企业的第一家公共关系部——广州白云山制药厂公共关系部正式成立。

2）国外公共关系公司进入中国。随着我国改革开放向纵深发展，我国的经济发展开始吸引了全世界关注的目光。美国一家媒体曾报道说"中国是一块肥沃的公共关系市场"，这对国际大型公共关系公司来说无疑是一个振奋人心的好消息。国际公共关系界摩拳擦掌地冲入中国市场，捷足先登的是世界上最早诞生的希尔-诺顿公共关系公司，1984年率先在北京设立了办事处。1986年，世界上最大的公共关系公司之一博雅与中国新华社下属的中国新闻发展公司联手成立的中国第一家公共关系公司——中国环球公共关系公司。

（2）自主发展时期（1986~1993年）　经过近5年的发展，作为舶来品的公共关系已开始落户中国大地，到20世纪80年代中期，公共关系事业的发展已蔚然成风、遍地开花。众多迹象表明，公共关系作为"拿来"的事业，经过本土的消化吸收，已有了良好的发展势头和发展氛围，这有效地促进了公共关系事业的职业化和公共关系研究的学科化。

1）公共关系行业协会成立。1986年1月，我国第一个公共关系民间团体——广东地区公共关系俱乐部成立，同年6月，第一家由官方组织的公共关系机构——上海市公共关系协会成立；1987年6月22日，中国公共关系协会在北京成立，这标志着公共关系在我国得到了正式确认和接受；1991年4月26日，中国国际公共关系协会在北京成立。这些协会的成立对于公共关系理论的研究和公共关系事务的运作都起到了极大的推动作用。

2）公共关系出版物问世。这一时期，出现了我国第一部公共关系学专著——《公共关系学概论》（塑造形象的艺术），这是我国最早的一部全面、系统地论述公共关系理论和实践的专著；1988年1月31日，我国最早的公共关系专业报纸——《公共关系报》创刊；1993年8月，我国公共关系巨著，550万字的《中国公共关系大辞典》问世。

3）公共关系教育体系形成。自20世纪80年代中期，公共关系的教育培训开始初具规模，规范化、系统化的正规职业教育和学历教育逐步形成。早在1985年9月，深圳大学首先设立了公共关系专业，从此，公共关系开始步入高等学府的讲坛；1987年，国家教委（现教育部）正式把公共关系列入行政管理、工业经济、企业管理、旅游经济、市场营销、广告学、新闻学等专业的必修课；1994年，经国家教委（现教育部）批准，中山大学创办了我国第一个公共关系本科专业，同时在行政管理专业的硕士点招收公共关系研究方向的硕士研究生；2013年，华中科技大学设立了国内第一个公共关系学博士点。自此，我国形成了从研究生、本科、专科、成人教育到函授培训班等多层次、多形式的公共关系教学与培养的体系。

4）公共关系实践繁荣。20世纪80年代中后期，随着我国公共关系教育和实践的迅速发展，一大批有识之士结合中国的政治、经济和文化的特点开始探索中国公共关系的一些重大理论问题,每年都召开公共关系理论与实践问题的研讨会,各类组织也开展了丰富多彩的公共关系活动,其中不乏经典的案例。始于1993年的中国最佳公共关系案例大赛,至2018年已举办了14届,一大批经典案例成为公共关系领域生动鲜活的素材。

5）公关交流活跃。中国国际公共关系协会自1991年成立以来,本着"让世界了解中国、让中国走向世界"的宗旨,致力于加强中国公共关系界与国际公共关系界的联系和交流,每两年一届的中国国际公共关系交流大会,均取得了巨大的成就。

(3) 成熟发展时期（1993年至今） 1993年11月,中国共产党第十四届中央委员会第三次会议通过了《中共中央关于建立社会主义市场经济体制若干问题的决定》后,中国社会主义市场经济的步伐全面启动,这给中国公共关系业带来了勃勃生机,中国公共关系业进入了全面的整合时期。公共关系业作为一种智力产业,经过了市场经济优胜劣汰的大浪淘沙之后,开始步入更加职业化和专业化的阶段,进入成熟发展时期。具体表现在以下4个方面。

1）公关职能部门渗透到各行各业。公共关系从一开始仅限在服务行业进入到了各种形式的企业和经济实体,并扩展到各种社会组织和行业,如社会团体、科研机构、银行、学校和党政部门等。人们开始重视运用公共关系的手段来加强对组织的公众关系和公众舆论的管理,各行各业出现了公共关系的职能部门,这些部门尽管名称各异,例如公共关系宣传部、公共关系营销部,公共关系策划部、公共关系发展部等,然而它们都不同程度地发挥着公共关系的功能。

2）职业公共关系公司开始成熟发展。自1986年中国第一家公共关系公司——中国环球公共关系公司在北京诞生以来,一大批国内外职业公关公司在中国成立并迅猛发展。中国国际公共关系协会于2018年5月发布了《中国公共关系业2017年度调查报告》,该报告的"2017年度公司排行榜"包括TOP公司和最具成长性公司两个榜单,其中TOP公司30家,最具成长性公司10家。TOP公司平均年营业额逾5.55亿元,比上年增长约13.1%,人均年营业利润42万元/年,比上年同期增加5万元/年；最具成长性公司平均年营业额超过1.24亿元,比上年增长8.8%,人均年营业利润33.8万元,比上年增长27.1%。

3）公关活动成绩斐然。中国国际公共关系协会公共关系公司委员会2003年度第四次工作会议上,经与会委员们的提议,将每年的12月20日定为中国公共关系届自己的节日——公共关系节（PR Day）。目前我国公关咨询市场蓬勃发展,已形成了一个相当可观的行业市场,因此设立公共关系节并通过相关活动,向社会展示中国公共关系咨询业的整体实力,传播现代公共关系理念,推动公共关系咨询市场的可持续发展,具有十分重要的意义。

中国经济的高速发展吸引了世界的目光,世界公共关系行业最受人瞩目的盛会——世界公共关系大会也来到了中国。2008年11月14日,由国际公共关系协会（IPRA）主办、中国国际公共关系协会（CIPRA）承办的第十八届世界公共关系大会在人民大会堂开幕。来自全球50多个国家和地区的著名公共关系专家、公共关系公司资深人士以及政府部门、非营利组织和中外企业的主管人员约800人应邀参加本届大会。

中国国际公共关系大会于1996年开始举办,每两年一届,是中国公共关系行业规格最高、规模最大、影响最深的综合性国际论坛会议。2018年11月16日,"2018年中国国际公共关系大会"在北京举行。大会以"新时代,大公关——中国与世界"为主题,探讨中国公共关系行业的创新变革以及全球化进程,为中国公共关系行业指明前行的方向。

此外,中国公共关系协会主办的一年一度的"中国公共关系发展大会"在业内也有很大的影响。该大会每年围绕一个热点、焦点、重点话题,作为年会的主题,大会永久的主题是:公共关系促进社会和谐与发展。中国公共关系发展大会注重国际化、专业化,突出平台性、务实性、前瞻性作用,通过学术交流、经验分享、展览展示等多种形式,推动公共关系学术理论、人才教育、实践应用的发展,促进行业之间、民族之间、人民之间、国家之间的沟通、交流、协调、合作。"2018中国公共关系发展大会"的主题是"新时代、新作为:中国公共关系的全球实践",总结、探讨我国公共关系在国家形象对外传播、"文化走出去"、全媒体传播格局构建等全球范围的创新实践等议题,展现公共关系在新时代中国特色社会主义强国建设中的作用和独特魅力,不断提升国家公共关系全球实践能力水平,促进新时代中国特色社会主义公共关系建设。

4)公共关系正式成为一门职业。到20世纪末,公共关系从业人员已达数万,但从业人员的职业身份长期以来没有得到正式确认。1999年5月,国家劳动和社会保障部(现人力资源和社会保障部)为适应形势发展的需要,正式将"公关员"作为一种新职业列入《中华人民共和国职业分类大典》,将其定义为"从事组织机构信息传播、关系协调与形象管理事务的调研、策划、实施和评估以及咨询服务的从业人员。"

1.2.3 公共关系的发展现状

1. 公共关系在美国的发展现状

20世纪30年代以后,公共关系在美国获得了高速的发展。早在1947年,美国就成立了美国公共关系协会(The Public Relations Society of America, PRSA)。从世界范围来看,规模最大的公关公司基本上都来自美国,如安可顾问、博雅、爱德曼、伟达、奥美等。根据知名公关研究机构The Holmes Report发布的2018年世界公共关系机构250强榜单,其中有115个来自美国。排名前10的公关机构中,有8家来自美国。其中爱德曼(Edelman)公关公司以8.94亿美金的营业收入高居榜首,万博宣伟(Weber Shandwick)以8.05亿美金紧随其后。这些公司不仅在美国开展业务,还将触角伸向了全球市场。可以毫不夸张地说,无论是从公共关系理论还是公共关系实践来看,美国是当今世界公共关系水平最高的国家,这与美国的政治、经济、技术等因素密切相关。

2. 公共关系在中国的发展现状

根据中国国际公共关系协会2018年5月发布的《中国公共关系业2017年度行业调查报告》:2017年,中国公共关系呈良性竞争的发展趋势,增长率基本趋于稳定。据调查估算,整个市场的年营业规模达到560亿元人民币,年增长率约为12.3%。行业的成长速度仍然要高于整体经济发展的增速。随着新媒体的不断发展,公共关系业务的结构性变化日益凸显。传统公关业务增速放缓,新兴公关业务(如数字化传播、新媒体营销等)发展迅猛。从公关市场的结构来看,2017年度中国公共关系服务市场的前5位为汽车(33.40%)、通讯（13.30%）、快速消费品（11.90%）、互联网（7.70%）、娱乐/文化（4.40%）。

随着我国"一带一路"倡议的深入推进，全球化背景下的国家公关意识和策略不断地增强，中国公共关系行业迎来了更大机遇。公关与广告、营销行业的跨界融合开始提速，政府机构购买公共关系服务为行业增长开辟了新的领域。

3. 公共关系在其他国家和地区的发展现状

20世纪20年代以后，公共关系传入欧洲，1948年英国成立公共关系协会，拥有英联邦的50多个国家和地区的2500个会员。1967年，英国公共关系顾问协会成立，至今已有170多家分支机构。1955年，法国公共关系协会成立。大约在同时，德国、意大利、荷兰、挪威等国家的公共关系也积极地发展起来。1940年，公共关系传入加拿大。1947年公共关系传入日本。1964年，日本公共关系协会成立。20世纪50年代以后，公共关系的思想和实践也开始流入第三世界国家，在东南亚、拉美和非洲各地生根开花。

1955年，国际公共关系协会（IPRA）在伦敦成立，会址设在日内瓦。当时有会员20多个，这之后会员不断增加，逐渐变成了世界上最大的公共关系协会。国际公共关系协会的诞生标志着公共关系已作为一门世界性行业而独立存在，标志着公共关系已在世界范围内得到普遍认可和广泛传播。

除国际性和国家性的行业协会外，区域性公共关系行业协会也纷纷成立。例如，1959年，欧洲公共关系联盟（CEPR）在比利时成立；1966年，中美洲公共关系协会联会在阿根廷圣胡安成立；1967年，泛太平洋公共关系联盟在夏威夷檀香山成立；1980年，北美公共关系委员会成立。这一切表明，公共关系已在世界范围内成了一项真正的专门化职业，一门独立完整的新兴学科。

1.2.4 公共关系的最新发展动态

作为一门实践性很强的学科，公共关系也伴随着社会政治、经济、技术、文化等方面的发展而发生相应的变化。结合我国国情来说，公共关系已经或即将呈现如下发展态势。

1. 公共关系市场国际化

中国公共关系行业经过引进、自主发展并进入成熟发展阶段，无论是公共关系理论还是实务都得到了长足的发展。随着中国经济在国际上地位的提高，中国公共关系市场的国际化趋势会更加明显。更多的国际公共关系公司将随中国加入世界贸易组织的步伐跟进中国市场，中国本土的公共关系公司也将不断壮大发展，业务趋向国际化。2013年9月和10月中国国家主席习近平分别提出建设"丝绸之路经济带"和"21世纪海上丝绸之路"的战略构想，"一带一路"倡议成为中国公共关系走出去的一个契机。

2. 公共关系实务专业化

根据市场细分理论，专门化的公共关系公司将备受市场青睐。针对不同行业组织的专门化公共关系公司将层出不穷，比如，金融公关公司、通讯公关公司、旅游公关公司等。这种专门化的公共关系服务公司将给组织带来更为精细的全方位专业服务，它们的目标是在某一个或若干个行业的公共关系市场里做精、做深。

3. 公共关系手段现代化

2019年2月28日，中国互联网络信息中心（CNNIC）在北京发布的第43次《中国互联网络发展状况统计报告》显示：截至2018年12月，我国网民规模达8.29亿，互联网普及率为59.6%。这些网民是极具活力的市场消费群体，当然也是各类社会组织梦寐以求的公众资源，是组织形象、品牌塑造的理想主力公众。

随着网民数量的进一步增多，网络公共关系将越来越受到各类组织的重视。网络公共关系是组织以互联网为手段针对网络公众进行的传播活动。其主体是组织，传播媒体是互联网，客体是网络公众。随着新媒体时代的来临，一些从事传统业务的公关公司不断转型，网络传播已经实实在在地成为一种主流媒体支持着公共关系传播的开展，通过微信、微博、电子邮件等开展网上新闻发布、网上展览、网上公共关系调查等活动已成为常态，这使得公共关系传播的平等性、双向性、反馈性得到更大程度的提升，信息传播双方已成为真正意义上的平等交流伙伴，实现了更深层次含义上的双向互动。

4. 公共关系地位战略化

公共关系作为塑造组织形象的一种重要手段，其战略性地位日益加强，组织对公共关系的重视程度越来越高。除企业之外，近年来，政府部门对公共关系也越来越重视，相关机构购买公共关系服务的趋势开始显现。在杭州举行的G20峰会、在乌镇举办的世界互联网大会，政府机构都是通过购买服务的形式参与其中，这为公共关系行业未来的发展开辟了新的领域。

5. 公共关系教育规模化

随着公共关系市场的扩大以及组织对公共关系这一化解危机、塑造形象的艺术的日益重视，对公共关系人才的需求数量也将持续增长，全球公共关系业对从业人员的质量也将提出更高的要求。针对这种情况，高校、公共关系团体及各种培训机构将针对市场需求有针对性地培养各级各类公共关系人才，公共关系教育将越来越趋向规模化。

1.3 公共关系机构与人员

公共关系工作是一项长期的、专业性的、技术性较强的工作，随着社会的发展，这项工作的职业化特点也越来越明显，因此需要专门的组织机构和专门的人员来从事这项工作。

1.3.1 公共关系机构

公共关系组织机构是指由专职公关人员组成的、专门从事公共关系工作的专业部门或机构，主要分为三种：一是组织内部的公共关系部门，一般称公共关系部；二是不从属于任何组织的专业性社会机构；一般称公共关系公司；三是公共关系专业组织，也称公共关系社团。

1. 公共关系部

公共关系部是组织内部设立的、专门从事公共关系活动的职能部门。它的出现是现代管理不断发展的必然结果，其职责、地位、规模则是由组织自身状况和公众特点以及组织与公众之间联系状况决定的；它是组织的"参谋部""联络部""情报部""外交部"和"宣传部"，对组织发展起着非常重要作用。

（1）公共关系部的职责　作为专门从事与公共关系相关活动的部门，公共关系部主要履行下列职责：

1）收集信息。公共关系部对组织内外的公众进行调研、收集信息并汇总，做出分析和处理，掌握组织内外公众的要求和倾向，为最高领导层提供决策的依据。

2）撰写公关文书。撰写新闻稿、发言稿、演讲稿、贺电、邀请函，编制刊物、画册等宣传资料。

3）举办专门活动。为使组织形象发展有利于预期目标，公共关系部要适时地策划举办各种专门活动，如展览会、新闻发布会、交流会、联谊会、捐赠仪式等，有效塑造组织的良好形象，营造有利于组织生存发展的环境。

4）处理突发事件。对突发事件可能给组织的形象与发展带来的影响，公共关系部要及时协助组织领导，迅速、客观地调查处理，包括与媒体积极接触，传播真相，对公众组织沟通或安抚、释疑，与法律部门打交道等。

5）教育和培训。对组织成员进行公关知识的传播，这是实现全员公关的一个重要途径。

（2）公共关系部的设置原则

1）必要性原则。设置公共关系部必须考虑组织的特点。首先，应考虑组织对公共关系的需要。例如，大型企业就比一般的事业组织更需要公众的支持，面对的公众对象一般也较为复杂，因此，就需要建立有一定规模的公共关系机构来处理这些公关问题；其次，要考虑组织的财力。公共关系部是花钱的部门，组织有足够的财力去配置部门的硬件和软件，应付公共关系部的开支；最后，考虑组织内部机构。公共关系部的工作职能不能与组织原有的广告部、市场部、宣传部、售后服务部等部门的工作重复，如果已有的部门已经履行了公共关系部的工作则可以考虑不设立公共关系部。

2）适度规模原则。公共关系部的规模根据实际需要而定，要因岗设人，不能因人设岗。公共关系部的规模可大可小，大到几十人、上百人，小到3～5人，甚至只有1人。英国著名公关专家杰弗金斯在其《实用公共关系学》中也提出了一个参考标准，见表1-1。

表 1-1 不同规模组织中公共关系部人数表

年销售额/亿美元	公共关系部人数/人
>10	65
5~10	20
2.5~5	13
1~2.5	12
0.5~1	6
<0.5	4

3)专业化原则。公共关系部是组织开展公共关系工作的专业机构,在用人和工作内容上都要保证其正规性和专业化。在人员上,公共关系从业人员应该受过专业教育和训练;在工作内容上,公共关系部将全部精力集中于与组织的公共关系目标有关的事务上,不做与公共关系无关的办公室、秘书处、接待处的工作,以免影响正常的工作。

4)权威性原则。即在组建公共关系部时,应赋予其一定的权威性,具体的做法有两种:一是公共关系部的负责人由组织最高领导层中的一员来担任;二是在组织结构中把公共关系部放在较为特殊的位置上。这样公共关系部对内能代表组织最高决策层发表意见,对外能代表组织发布信息和处理业务。

(3)公共关系部在组织中的位置

1)部门隶属型。这种类型的公共关系部隶属于组织内的某个职能部门,具体属于哪一个部门可视组织的实际情况而定。一般来说,公共关系部附属于传播沟通的业务较集中的部门。具体设置见图 1-1。

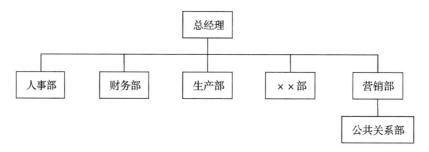

图 1-1 部门隶属型结构图

有的隶属于销售部门。在国内,很多企业领导人都认为:公共关系活动的最终目的是促进产品的销售,把公共关系看作一种协助销售的促销策略,强调它的促销功能。

有的隶属于广告或宣传部门。这种归属偏重于公共关系的宣传职能。对外公共关系部将作为企业的发言人,树立企业的形象,作为广告、宣传的一种补充;对内公共关系部承担了对职工进行宣传教育的职能,开展企业文化,确立企业精神。这种归属重点突出了公共关系部在传播推广方面的职能,而忽视了在分析公众、反馈信息、辅助决策和协调关系方面的职能。

有的隶属于联络接待部门。大多数组织的领导人对公共关系的理解,侧重于人际关系方面。很多企业把公共关系部归属于接待科,或把接待科改为公共关系部,而不改变它的职能。由于组织要与社会各类公众进行交流,接待事务日益繁忙,需要有专门的人员或部门来处理,公共关系部便承担这部分责任。但将公共关系部局限于交际应酬,就贬低了其在组织中的地位,使其很多方面的职能不能得到履行,特别是遇到各类危机时,企业就会惊慌失措,从而遭受损失。

还有的归属于办公室。办公室(总经理办公室、行政办公室)是最接近行政领导的机构,是组织的管理中枢。这种归属便于最高领导的直接指挥,不过分偏重某一方面的功能,是一种比较灵活的又便于掌握的形式。但办公室的工作往往包罗万象,非常繁杂。如果组织的领导人和办公室主任的公共关系意识不强的话,工作繁忙时容易忽视公共关系工作,公共关系部便形同虚设。

2)部门并列型。这种类型的公共关系部与组织中的生产、财务、营销等部门在层级上是平行的。与上一类型相比,这种类型的公共关系部在组织中的地位较高,反映了公共关系业务在组织中的重要性,因此被赋予一定的独立性。公共关系部有较大的权限去调动资源,协调关系。一般来说,只有较大型的组织才需要这样来设置公关机构。具体设置见图1-2。

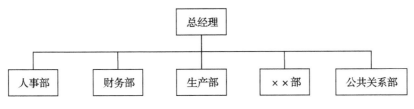

图1-2 部门并列型结构图

3)最高领导直接负责型。这是一种比较理想的模式,对公共关系工作的开展最有利。公共关系部负责人直接向总经理报告工作,对总经理负责;也有的由最高领导(总经理)直接兼任公共关系部负责人。具体设置见图1-3。

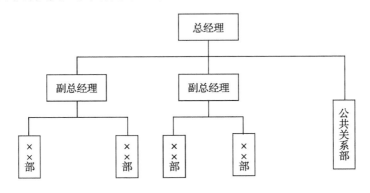

图1-3 最高领导直接负责型结构图

4)公共关系委员会型。有的组织没有常设的公共关系部,也没有专职的公共关系人员,而是成立一个公共关系委员会,负责组织的重大公关事务,一些日常工作则分散到各职能部门。公共关系委员会的成员一般包括最高领导及副职、各职能部门第一负责人及相关人员。

(4)公共关系部的内部分工 公共关系部的内部分工有多种方式,有的按照公共关系的过程进行分工,将内部人员分为信息调研、方案策划、活动实施及效果评估等小组;有的按照公众的类别进行分工，将内部员工分为员工关系、股东关系、顾客关系、媒体关系、政府关系、社区关系等小组；还有的大型企业按照开展业务的地理区域进行分工。具体采取何种方式取决于该组织的客观情况。

2. 公共关系公司

公共关系公司是专门从事公共关系方面的咨询服务或代客户进行公共关系活动的服务性公司。与组织内部的公共关系部不同，公共关系公司是一个独立的营利性机构，它依靠为客户提供服务所收取的费用而生存。公共关系公司大都由专业人士组成，具有较高的专业水平、广泛的社会影响和显著的工作效果。

（1）公共关系公司的业务范围　公共关系公司有大有小，其经营的业务也各有不同。有的公司专门提供咨询服务，如采集信息、分析公共关系状态、预测公共关系环境发展趋势，或提供客户要求的其他服务。有的公共关系公司则宣称提供"全方位服务"，从教育培训、咨询服务到专题策划、形象设计、公共关系广告设计等。一般说来，专业、规范的公共关系公司提供的服务主要是以下几种或全部内容。

1）调研。包括公共关系调研，搜集信息，分析整理并处理信息。

2）培训。即公共关系业务培训。受客户委托，对客户的公关人员或全体员工进行公关理论和实务的培训。

3）咨询。即提供咨询建议，就客户的公共关系状态、组织形象、所实施的公关活动成败得失或未来公共关系决策等，提供分析、诊断和咨询建议。

4）策划。即为客户提供形象策划、专题活动策划方案，并在客户要求时指导实施。

5）其他。即客户要求的其他公共关系业务工作，如广告代理、会议服务、联络沟通等。

（2）公共关系公司的工作原则　公共关系公司作为一类特殊的服务性公司，除了遵循一般组织都应遵守的基本原则，如自觉遵守国家法律法规和有关政策，对社会公众负责以外，还有一些特殊的要求，包括以下几方面的内容。

1）维护委托者的利益。公共关系公司和委托公司之间的关系并不是简单的"一方付费，一方供货（服务）"关系。公共关系公司在开展工作时，不但要注意维护本身形象，更重要的是站在客户的立场上，尽全力为客户办好事、办实事。因此，公共关系公司在制订公共关系活动的经费预算时就应该精打细算，不要一味地追求轰动效应而铺张浪费；在收取服务咨询费时也应公平公道，不要漫天要价。

2）严守委托者秘密。由于工作性质，公共关系公司可能会接触和了解委托方的生产、经营、管理情况，甚至还会触及委托方的某些商业秘密，而这些信息一旦泄漏出去，特别是被竞争者知悉，可能会给委托方带来灾难性后果。因此，公共关系公司在工作过程及工作完成以后，都应该严守这些秘密。

3）避免同时为互相竞争的委托者提供服务。公共关系公司的服务对象遍及各行业，但公共关系公司不得同时为两家互为竞争对手的公司提供公共关系服务，更不能以掌握的信息为资本，去为该客户的竞争对手服务。

（3）选择公共关系公司应考虑的因素　社会组织往往需要公共关系公司为其策划运作

大型的公共关系活动，即使是设立了公共关系部的组织，在某些情况下，也要求助于公共关系公司。选择专业的公共关系公司，需要客户考虑几个因素。

1）基本情况。可考察公共关系公司成立的时间、营业额、员工人数、服务范围等。

2）活动情况。考察公共关系公司策划开展过哪些有影响力的公共关系活动，效果如何。

3）客户情况。考察公共关系公司成立以来为哪些客户服务过，客户的社会地位怎样，客户对其服务满意程度如何。

4）收费情况。一般来说，知名度大的公共关系公司经验丰富，创意新颖，可靠性强，成功率高，但收费也相对高；知名度较小的公共关系公司可能缺乏经验，但工作态度热情，投入深，收费低，往往能有很好的创意。对此，组织可根据自身的战略需要权衡两者，选择合适的公司。

3. 公共关系社团

公共关系社团是指那些自发组织起来的、从事公共关系理论研究与实务活动的非营利性群众团体或组织，主要包括：公共关系协会、学会、研究会、俱乐部、沙龙、联谊会等公共关系机构。这些专业组织通过自己的出版物、会议、实践活动等，起着推广和普及公共关系意识、公共关系观念及提高人们公共关系技能的重要作用。公共关系社团的工作大体上包括以下内容。

（1）学术交流　通过年会和学术研讨会、进行学术研讨，安排下一年度的工作，有时还要评选优秀论文，表彰公共关系活动的积极分子等。

（2）人员培训　通过举办讲习班、培训班和研讨班等培训公共关系专业人员。开展多渠道、多形式的公共关系宣传活动，普及全民公共关系知识，增强国民的公共关系意识。

（3）制定准则　制定行业标准，规范行业从业人员的行为，实行行业自律管理。

（4）联络会员　组织会员参加各种活动，利用与政府的渠道优势，对会员企业的困难、意见和要求积极反映，维护会员的合法权益。

（5）咨询服务　组织公共关系行业的专家、学者和企业家研究本行业及代表性企业的发展战略，提供经济、技术、信息、管理、法律法规、政策咨询等服务。

1.3.2　公共关系人员

专门化和职业化公共关系机构的出现，推动了社会对公共关系专门人才的需求。因此，探讨公共关系从业人员应具备什么样知识结构、能力和素质、职业道德准则以及达到这些标准的途径和方法，便显得非常重要。

1. 公共关系从业人员的知识结构

公共关系从业人员与其他行业人员的最大区别，在于他们具有从事公共关系工作的必要知识和专业技能，具备公关理论和实务知识。要成为一名合格的公共关系从业人员，掌握以下几方面知识是非常有帮助的。

（1）公共关系的基本理论知识　这方面的知识主要有：公共关系的基本概念、职能作用；公共关系的由来和历史沿革；公共关系的核心概念和基本理论；公共关系的要素；公共关系工作的基本程序等。

（2）公共关系的实务知识　公共关系是一种实践性强、重视经验积累的职业，当然也重视基本实务知识和技巧。事实上，公共关系调研知识、公关策划知识、公关谈判技能、公关传播方法等是每个公共关系从业人员都应该掌握的实务知识。

（3）相关学科专业知识及开展特定公共关系工作所需的专业知识　公共关系从业人员为了更好地开展工作，还应该掌握一些相关学科的理论知识。与公共关系学科联系最紧密、对公共关系理论和实务影响最大的学科有管理学、传播学、社会学、心理学、行为科学，而市场营销学、广告学、人际关系学则因为与公共关系学科的理论和实务有相当的交叉而颇具借鉴意义。除此以外，公共关系从业人员在接受特别的委托公关业务，如国际市场公关、行业公关时，还要了解相应的地区文化传统、风俗习惯以及特定行业的基础知识。

2. 公共关系从业人员的能力结构

一般说来，合格的公共关系从业人员应努力使自己具备以下几方面的能力。

（1）表达能力　它包括口头表达能力与书面表达能力。俗话说：良言一句三冬暖，恶语伤人六月寒。口头表达能力就是通常所说的口才。口头表达是公共关系工作中实现信息双向交流沟通最主要、最直接、最迅速的传递手段之一。除日常的沟通之外，演讲能力也是口头表达能力的重要组成部分。

书面表达就是写作能力、文字能力。公共关系从业人员在工作中涉及写作的范围非常广，从日常的信件、公文告示到公关计划、调查报告、总结报告，从新闻稿、演讲词、广告语到公关手册、公关策划书，都需要公关人员有熟练的文字功夫和写作技巧。因此，公共关系人员要熟练掌握包括新闻、信函、计划、总结、分析报告等各种类型的文体。

（2）社交能力　公共关系从业人员工作的大量内容是直接面对各方面、各类型的社会公众，去迅速建立双向的有效沟通，赢得好感、认同与合作。这就要求公共关系从业人员必须具备较强的与人打交道的本领，即社交能力。只有这样，公共关系从业人员才能在各种社交场合从容应付，树立自己的良好形象，也为组织赢得更多的发展机会。

（3）组织能力　是指有计划、有步骤、有目的地开展和完成某项具体活动的能力。公共关系活动往往和组织活动分不开，如各类庆典活动、组织新闻发布会、新产品推广等。公共关系从业人员要自始至终合理统筹、合理安排，圆满完成组织活动的任务。

（4）应变能力　是指应付突发情况的能力。在遇到突发事件时，公共关系人员需要具有驾驭环境、坦然应变的能力，要能做到镇定自若、头脑清醒、正确判断、机智应变，从而圆满解决问题。

（5）创新能力　公共关系工作在某种程度上讲就是以变促变，对于不同时间、不同地点、不同对象，同一内容的工作方式也会不尽相同。因此，公共关系工作是一种富于创造性、创新性、开拓性的工作，它要求公共关系从业人员思维活跃、激情勃发，能摒弃成规与陋俗，不断开创公共关系工作的新境界。

3. 其他要求

除上述的知识结构和能力结构以外，鉴于公共关系从业人员工作的特殊性，在兴趣、性格、仪态等方面也有一定的要求。

（1）兴趣广泛　公共关系从业人员的职业特点决定了其必须与各专业、各方面、各层次的人物打交道，具有广泛的兴趣是建立交往的基础，是寻找共同点和接近点，实现与公众沟通交流的主要手段。同时，对于公共关系从业人员来说，具有广泛的兴趣可以博采众长、见多识广，在复杂的环境和关系中机智应变，顺利开展工作。

（2）意志坚强　公共关系从业人员应该在错综复杂的公共关系活动中，在面临诸多棘手的困难面前，保持较强的心理承受力、忍耐力和自制力，保持很强的自信心、上进心，敢于承担责任，承认错误，善于动员自身力量从容处置，迎难而进，以达到既定目标。

（3）性格开朗　性格开朗的人，常常充满热情、富于朝气，可以使人感到亲切，易于创造交流思想和感情的环境，还能够使人在困难面前保持乐观向上的情绪，形成宽容豁达的精神。因此公共关系从业人员具有开朗、开放的性格，是促进公关工作开展的重要心理条件。

（4）仪态端庄　公共关系工作要求经常与公众打交道，端正整洁的仪表和潇洒飘逸的风度，会对公众产生天然的吸引力和首因效应，为进一步发展交往、增进友谊、开展工作打下相应的基础和条件。

4. 公共关系从业人员的道德修养

一个学科、一个行业、一种职业的真正成熟，其标志并不是从业人员的大量增加，也不是营业额或客户数量的迅速增长，而是形成该行业的职业道德准则。所谓职业道德，是社会对各种不同职业、行业所提出的专门化的道德要求，是一种系统化、条理化的规章准则。任何一种行业、职业，只有认真地履行自己的职业道德准则才会得到社会的认可、支持和理解。

公共关系从业人员应具备以下几条道德修养。

1）奉公守法，遵守公德。
2）敬业爱岗，忠于职责。
3）坚持原则，处事公正。
4）求真务实，高效勤奋。
5）顾全大局，严守机密。
6）维护信誉，诚实有信。
7）服务公众，贡献社会。
8）精研业务，锐意创新。

本章总结

本章主要介绍了公共关系的基本概念、公共关系发展的历史以及公共关系机构和人员的相关知识。

公共关系是社会组织为了营造良好的生存和发展环境而与公众之间进行的传播和沟通活动，其主体是社会组织，客体是公众，手段是传播和沟通活动。作为一种内求团结、外求发展的艺术，公共关系有其自身的特征。公共关系的职能主要包括收集信息、咨询建议、传播引导、协调沟通和提供服务5个方面。组织开展公共关系活动应该遵循真实性、平等互惠、整体一致、诚实守信和全员公关原则。

现代公共关系产生于美国，民主政治、市场经济和大众传播分别是其产生的政治、经济和技术条件。艾维·李、爱德华·伯内斯、卡特里普和森特等人对公共关系在美国的发展做出了重要的贡献。公共关系是伴随着我国改革开放进入国门的，大致经历了开创、自主发展和成熟发展三个时期。

公共关系是一门专业性较强的活动，需要专门机构及人员来开展。公关机构可分为公共关系部、公共关系公司和公共关系社团三种。要想成为一名合格的公共关系从业人员，其知识结构、能力结构、心理、性格等方面都应达到一定的要求。

知识及技能检测

一、名词解释

1. 公共关系
2. 全员公关

二、填空题

1. 公共关系三要素是指_____、_____、_____。
2. 被誉为"公关圣经"的著作是_____。
3. 被誉为"现代公关之父"的是_____。
4. "投公众之所好"这一观点是_____提出的。
5. 国际公共关系协会于_____年在_____成立。
6. 我国第一家公关公司是_____。

三、简答题

1. 公共关系有哪些特征？
2. 公共关系的职能是什么？
3. 公共关系产生的社会条件是什么？
4. 公共关系与庸俗关系区别何在？

四、案例分析题

北京某大学校园旁有一家服装厂，这家服装厂的生产车间与这所大学的科研楼隔墙相望。有一段时间，这家工厂借鉴国外的先进经验，为消除工人在重复劳动中产生的疲劳感和单调感，每天上午9~10点，就在车间内播放各种流行音乐。可是在这段时间内，正是大学的教学科研人员从事科学研究的"黄金时间"，他们需要一个安静的环境，使自己的大脑进入正常工作状态。然而，从仅隔一墙的服装厂传来的"震耳欲聋"的流行音乐，却破坏了他们的工作环境，使他们无论如何也无法进入正常的思维状态。这引起了大学里的教学和科研人员的不满和愤怒，他们多次找厂方交涉，但始终没有得到结果。无奈，不得不采取行动，投书报纸，呼吁社会舆论的支持及政府的干预。

假如你是服装厂的公共关系部负责人，你将如何解决这一问题？

拓展阅读

中国国际公共关系协会评选出"2017年中国十大公共关系事件"

1. 中国共产党第十九次全国代表大会（简称党的十九大）召开，中国发展进入新时代，引发全球关注

中国特色社会主义进入了新时代，中国的倡导与主张越来越有分量，中国的声音越来越被世界所重视和倾听。推动构建人类命运共同体，维护世界和平稳定，促进共同发展，大国外交正在不断提升中国的国家形象和国际影响力。

2. "一带一路"高峰论坛、金砖国家领导人会晤成功举办，中国主场外交举世瞩目

通过主场外交活动，中国深化了国际合作搭建的重要平台，践行了合作共赢理念的创新实践，强调了处理当代国际关系问题时的中国智慧，参与全球治理时的中国经验、中国方案，对推动国际和地区合作具有重要意义。

3. 中国自主品牌走向海外，开启本土公关国际化新征程

"复兴号"动车、圆珠笔头、OPPO手机等，随着中国品牌"走出去"进程的加快，中国企业对于提升国际影响力、融入全球话语体系的需求日趋强烈。中国品牌在海外落地生根的过程中，中国公关服务将从本土走向国际。

4. 影视作品突破传统题材，持续传播国家正能量

《人民的名义》《战狼2》收视告捷，引起强烈反响。反腐题材、硬汉形象彰显了正义的力量，助力了社会精神文明建设，持续传播国家正能量。同时，与其深度结合的品牌，也借势释放其社会责任感和正能量。

5. 以传统文化为内容的节目热播，全面展现中华文明深厚底蕴

《绿水青山看中国》《中国诗词大会》等以传统文化为载体的节目，在探索中创新，激发民众对传统文化的热爱，以传播之力弘扬和实践社会主义核心价值观。

6. 人工智能、云计算等发展迅猛，科技创新助推公关传播

继大数据、虚拟现实之后，以人工智能、云计算为代表的高科技手段快速发展，为公关服务带来了更多可能。公共关系从业者立足创新，利用科技进步实现有效传播，更好地服务客户。

7. 娱乐、体育营销市场份额大增，公共关系行业向更多领域拓展

随着中国经济结构转型和文化消费升级，娱乐、体育营销开始发力。人们对美好生活的向往，进一步提升了对文化、娱乐领域的需求，这为公共关系行业的发展提供了更多的服务领域。

8. 第六届中国大学生公共关系策划创业大赛成功举办

本届大赛以"创意、创新、创业——未来公关的想象"为主题，彰显了对公共关系行业可持续发展的期待。与往届大赛相比，本届大赛规模更大，选题内容更加丰富，决赛前还增设了预赛环节，为高校公共关系教育教学课程提供了有益借鉴。

9. 新华社"刚刚体"、人民日报"军装照"刷爆网络，传统媒体创新赢得好评

传统媒体借助"社交平台"爆发传播力，是中央媒体长期探寻报道风格转变的结果。未来在媒体融合加快的环境中，以中央媒体为首的传统媒体将进一步演绎创新和转型。

10. 海底捞"教科书式回应"，新形势下如何进行危机公关

海底捞遭遇食品卫生安全重大事故，凭借完美的危机公关，从近乎沦陷到扭转局势，舆论一片赞赏。在新媒体传播环境下，企业危机公关也需与时俱进，墨守成规难以打造正面积极的企业形象。

第 2 章 公共关系主体——社会组织

学习目标

知识目标：了解社会组织的构成、分类以及不同的社会组织的公共关系工作要领。

技能目标：根据不同的组织要求构建一个组织，并能够完善组织职能分工；参与开展不同类型组织的公共关系活动。

引 例

两会"部长通道"创下多个"首次"

2019 年全国两会期间，人民大会堂北大厅的红地毯上走过 34 名部级领导。百米长的部长通道 4 次开启，各部门负责人回答了 66 位记者和网友提出的 89 个问题，涉及中小学生减负、蓝天保卫战、养老金能否足额发放等民生热点。

退役军人事务部部长孙绍骋、国家医疗保障局局长胡静林、国家国际发展合作署署长王晓涛等 2018 年国务院机构改革新组建部门的部门负责人首次亮相部长通道；最高人民法院首席大法官、最高人民检察院首席大检察官也首次出现在部长通道；3 月 12 日最后一场部长通道时长 190 分钟，创下部长通道史上最长纪录。

（资料来源：《中国青年报》2019 年 3 月 18 日）

案例分析：作为公共关系活动的主体，社会组织有各种类型，与不同的社会公众之间的联系内容不同，在塑造组织形象方面所采取的措施也不同。案例中的社会组织是政府，"两会"期间采用"部长通道"的方式，通过媒体向社会公众传达政府的声音，对塑造国家政府形象意义重大。

2.1 社会组织概述

公共关系主体是公共关系的构建者和承担者。根据对公共关系的定义和要素的分析，公共关系主体是指那些相对独立地存在于社会之中的各种社会组织。公共关系主体处于公共关系的核心地位，其经营理念和行为对公共关系的形成和发展起至关重要的作用。社会组织不同，其公共关系的对象也会有所不同；处于不同发展时期或不同公共关系环境下的社会组织，其公共关系的目标、策略和方法也有所不同。因此，有必要对公共关系主体——社会组织加以认真的分析。

2.1.1 社会组织的概念

社会组织是指为达到某种共同的目标,通过对人员进行不同的分工,使之发挥不同的功能,并利用不同的权力和职责合理地协调群体活动的体系。社会组织是公共关系的第一构成要素,是公共关系的主导,它决定了公共关系的状态、活动、发展方向。在协调公众关系、改善公众环境中,在树立自身形象、提高社会信誉中,在内外沟通联络、谋求合作发展中,社会组织都是总体的控制者和组织者,处于公共关系的主动地位。

1. 社会组织存在的必备要素

(1) 有比较稳定的成员　组织的参与者是有一定条件的,不能随意加入或离去。因此,组织是有边界的,它有一个规范的组织章程或者不成文的制度,并有一个具有权威性的人事管理体系。

(2) 有特定的宗旨和目标　一切组织都有自己特定的目标。目标是社会组织活动的宗旨,是组织的灵魂。没有目标的组织,就失去了它存在的意义。

(3) 有一定的物质基础和技术设备　不同类型的社会组织应具备相应的物质基础和技术设备的条件,否则,组织的存在和发展也是不可能实现的。

(4) 有一定的环境　任何社会组织都不是孤立存在的,没有环境的组织是不可思议的。组织的环境是其存在和发展的必要的客观条件。

2. 社会组织的特征

社会组织的特征与其构成要素直接相关。虽然社会学家们已经从不同角度给社会组织描述了多种多样的特征,但如果从研究公共关系的立场来说,或者从社会组织作为公共关系的主体的功能角度来说,社会组织有其鲜明的特征,具体表现在以下5个方面。

(1) 社会组织的目标性特征　任何社会组织都是为了实现一定的目标而建立起来的,组织目标是辨别组织的性质、类别、职能的基本标志,也是确定组织原则、组织宗旨、组织章程、组织计划的基础,对组织的活动起着指导和制约作用。任何社会组织的建立都有明确的社会目的,都有本身的目标追求,确定目标是建立社会组织的最重要的条件。共同目标是维系社会组织的基础,不同的组织有不同的目标。因此社会组织虽然形式多样,内容各异,但它们的活动都是围绕着自身的共同目标而展开的。例如,学校的目标是培养人才,医院的目标是救死扶伤,工厂的目标是生产产品等。

(2) 社会组织的系统性特征　社会组织是由其下属的各部门按一定的结构组合而成的整体。社会组织及其内部的公共关系部门和从业人员负责行使组织的公共关系职能;组织也为他们提供开展公共关系活动的条件,进行思想指导。社会组织是按照系统方式构建的,首先组织系统内部各部分之间是相互联系、相互制约的,其中任何一个部分发生变化都会影响整体变化。从内部结构看,组织成员按一定的人事关系形成系统;从外部环境来讲,社会是一个多层次的复杂的大系统,社会组织存在于一定的社会环境之中,组织系统与外部大系统都发生相互联系。因此,组织以系统的方式来进行构建才能最佳地发挥组织的独特功能。

(3) 社会组织的管理性特征　组织的管理是为了使组织的人力、物力能够实现组织的目标。目标决定结构，并为结构的合理性提供标准。但是组织结构并不是自发地起作用而实现目标，要想使组织活动与目标相一致，必须通过管理活动来实现。因此，管理是使组织结构发挥其实现目标的作用的关键性环节。任何社会组织都有组织的目标、组织的结构和组织的管理，这是社会组织存在和活动的三个显著特征。

(4) 社会组织的开放性特征　任何社会组织都是在一定的社会环境之中，与环境不断进行精神、物质、信息和能量的交流，以适应和影响变化着的环境。因此，社会组织是一个开放性系统，社会组织的生存与发展离不开环境，它既要受环境的影响，又要对环境产生作用。一方面组织要有适应性，根据环境输入的物质、能量、信息而调整自己的结构或功能；另一方面组织又要发挥自身的能动性，以自己的功能影响或改变与组织发生联系的环境。

(5) 社会组织的变动性特征　社会组织生存在社会环境之中，社会发展及其社会环境的变化对社会组织的生存与发展必然产生一定的影响。组织的新生与消亡，在某种程度上也往往要取决于社会环境的变化。组织的变动性具体指两方面：一是社会环境是不断变化的，要适应这一变化，社会组织就应适时地进行目标、功能、机构及人员的调整；二是社会组织本身也要不断发展变化，在不同的发展阶段，组织的形象目标也会有所不同。因此，随着环境的变化，组织也要不断修正、调整自身及其公共关系工作的目标、职能、机构、运作方式以及对人员的要求等，以提高和加强自己的应变能力，创造更有利于组织的生存和发展的条件。

3. 社会组织的环境

社会组织存在于复杂的宏观和微观环境之中，其存在和发展必然要受到环境的制约和影响。一方面，社会组织的运作方式要与一定的社会环境相适应，组织成员要通过对环境的监测和把握来选择、确定合适的运行方式和管理方法；另一方面，组织成员也必须想方设法创造有利的环境以实现组织的目标。因此，对所处环境的调节与控制，也自然成为社会组织公共关系工作的一项内容。

组织或企业的兴旺发达在很大程度上取决于它对周围生存环境和适应程度。这就如同植物的生长需要阳光、雨露和土壤一样。社会组织与环境相互依存、相互发展。任何社会组织都是环境的产物，是社会环境包括自然环境的一个组成部分，依赖于环境而生存和发展；同时，社会组织通过人的实践活动改造和影响着环境的变化和发展。

社会组织的环境大致分为两个方面：一是组织的内部环境，二是组织的外部环境。这两者构成了社会组织的环境系统。

(1) 社会组织的内部环境　社会组织的内部环境包括组织内部的人际关系环境、组织内部的管理环境及组织外观环境，其中人际关系环境是社会组织内部最普遍、最重要的内部环境。做好组织内部公共关系工作是组织搞好内部环境建设的重点。

在现代社会，一个组织要想生存发展，必须具有较强竞争力，而健全的运行机制、高效的工作业绩以及全体成员的精诚合作是一个组织立于不败之地的根本保证。现代社会组织往往是由相互依存、相互联系的若干要素组合而成的一个复杂的系统。组织内部各职能部门之间能否密切配合、步调一致，组织成员是否爱岗敬业、士气高昂，反映着这个组织是否具有生存和发展所必需的生机与活力。一个组织的公共关系目标能否得以顺利实现，首先也取决于组织内部公众是否能真诚接纳该目标。因此，协调组织内部各个部门、各个科室之间的关系，使组织内部上上下下的全体成员都为组织目标的实现献计献策，这是组织内部环境建设的重要任务。

（2）社会组织的外部环境　社会组织的外部环境主要是指组织的生态环境、社会文化环境、政治环境和经济环境等。如果说组织的内部环境重在影响组织本身的运作过程，那么组织的外部环境则重在制约组织的运行方向和目标。社会组织生存于确定的社会环境之中，其形象的塑造与推出必须要考虑环境的要求，并与之相适应。否则，再好的公共关系方案也不可能取得预期的效果。

1）生态环境是指社会组织所处的自然环境，包括土壤、气候、地理位置等。自然环境一般相对稳定。

2）社会文化环境包括人口数量、年龄构成、人口的生理状况、文化水平等。社会文化环境影响着社会组织成员的思想、观念和认识方法，同时也决定着对社会组织所开展的公共关系工作的评价。富有创意的公共关系活动，如果得不到外界公众的认可也是徒劳的。

3）政治环境主要是指对社会组织的活动有制约作用的社会政治制度、政治结构及政治关系等因素，政治环境与经济环境也是相互关联的。它主要通过组织体系的合理化和有效的权力分配状态与机制对社会组织产生影响。政治关系则表明一定社会中的各种社会角色在政治体系运行中所形成的关系。这种关系往往影响着社会组织公共关系目标的选择和实现的程度。

4）经济环境是影响社会组织生存与发展的最基本的因素，主要是指特定的经济制度和结构、经济实力和发展水平等相关因素，这些因素无论对社会组织的形态特征，还是制度特征或行为特征都有强硬的制约作用。

当然，对不同性质、不同规模的社会组织而言，环境因素的影响力和制约作用也会有所不同。正因为如此，组织决策者对不同环境因素的重视程度也会有一定的差异。

▶ **案例讨论 2-1**

习近平就埃塞俄比亚客机失事向埃总统、肯尼亚总统致慰问电

据中国之声《新闻和报纸摘要》报道，国家主席习近平2019年3月11日就埃塞俄比亚航空公司客机失事造成大量人员遇难分别向埃塞俄比亚总统萨赫勒·沃克、肯尼亚总统乌胡鲁·肯雅塔致慰问电。

习近平在慰问电中表示，惊悉埃塞俄比亚航空公司一架客机失事，造成包括埃塞俄比亚、肯尼亚、中国公民在内的重大人员生命损失，我谨代表中国政府和中国人民，并以我个人的名义，向遇难者表示沉痛的哀悼，向遇难者家属表示深切的慰问。相信埃塞俄比亚政府能够有效做好善后工作，中方将提供必要的支持和帮助。

同日，国务院总理李克强也就此向埃塞俄比亚总理阿比致慰问电，向遇难者表示哀悼，向遇难者家属表示慰问。

（资料来源：央广网　2019年3月12日）

问题：试运用公共关系学中的相关知识分析这一案例中的公共关系主体及做法。

2.1.2 社会组织的分类

不同类型的社会组织的性质、目标、职能、结构形式和活动方式不同,其公共关系工作的重点、具体对象、实务活动和运作方法也不同。这就要求我们掌握社会组织的有关知识,以便更有针对性地开展公共关系工作。对社会组织进行分类,是为了开展公共关系工作时,能够比较准确地判断其组织性质、任务,进而把握其公共关系行为和公众类型,为以后的公共关系工作寻找策划运作的依据。

1. 社会组织类型的划分

(1) 按组织成员之间的关系分类

1) 正式组织。这种组织成员之间关系明确,组织活动有一定的要求和规范。

2) 非正式组织。这种组织成员间的关系比较自由和随便,是一种自动、自发的关系。

(2) 按组织的功能和目标分类

1) 产业组织。指提供产品服务的生产性组织。

2) 整合组织。指调整社会关系、维持社会秩序的组织。

3) 政治组织。指为推动社会发展而进行权力分配的组织,例如政党。

(3) 按组织的社会职能分类

1) 政府组织。这类组织是为某种政治目的而组建的,包括政党组织、国家政权组织、国家力量组织、国家司法组织等。它代表着一定社会阶级的利益和意志,为其提出奋斗目标、制定方针政策、组织社会的经济建设、保卫国家政权、处理与他国的关系等。政治组织公共关系的主要任务是在人民中树立其良好的领导者、管理者、保卫者、服务者形象,得到广大人民群众的拥护、理解和支持,完成其政治职能。

2) 经济组织。这类组织是最基本的社会组织,担负着向人们提供衣、食、住、行和文化娱乐等物质资料的任务,并要实现其所有者和经营者的利益。其特点是,从事经济活动,具有经济职能。它包括工商企业、金融组织、交通运输组织、服务性组织等。经济组织公共关系的主要任务就是要建立一个良好的生产经营者形象,争取更多的顾客、消费者和其他公众的支持,以使本组织在发展中不断增强竞争力。

3) 文化组织。这类组织以满足人们的文化和精神需求为目标,以从事精神文化活动为任务,如文化艺术团体、教育科研单位、博物馆、文化馆、体育馆、俱乐部、医疗卫生部门等。这类组织公共关系的主要任务是:塑造优秀的精神文明建设者和文化、教育、卫生事业的服务者的形象,争取社会各方面和人民群众的支持、关心和参与。

4) 群众组织。这类组织是具有共同利益和共同志趣的个体组织起来的群体,包括群众性协会、团体、学术性组织等。在我国,工会、共青团、妇联、青联、文联、作协、科协及其他专业学会、协会等都是群众组织。这类组织公共关系的主要任务是:在人民群众中树立起社会利益和群众利益的捍卫者、呼吁者形象,取得社会各方面和人民群众的支持,为群体和广大人民群众服务。

5) 宗教组织。这类组织是由具有共同宗教信仰的人们组合起来的。中国佛教协会、中国道教协会、中国伊斯兰教协会、中国天主教爱国会等都是宗教组织。其公共关系的主要任务是：在信教群众和宗教界人士中树立一个组织者的形象，与有不同信仰的人和平共处，争取得到信教群众和宗教界人士的拥护和爱戴。

(4) 按组织目标与受益者的关系分类

1) 营利性组织。例如，工商企业、服务行业、金融机构、旅游服务性单位等，其公共关系工作的一个重要任务是如何为组织增进效益。营利性组织侧重开展促销型公共关系活动。

2) 服务性组织。这种组织是以服务对象的利益为目标，为服务对象谋求利益，不以营利为目标。这类组织有学校、医院、慈善机构、社会公共事业机构等。这类组织公共关系工作的重要任务是提高服务质量，以质量求信誉、求生存，通过提供各种高质量的服务显示组织的诚意和品位，密切与公众的关系。服务性组织侧重开展公益服务型、实力展示型的公共关系活动。

3) 互益性组织。这种组织以组织内部成员之间互相获得利益为目标，即组织内各成员之间相互都有好处，如党派、群众团体、宗教等组织。互益性组织侧重开展内部沟通型、社会公益型公共关系活动。

4) 公益性组织。这种组织是以国家和社会利益为目标，如政府、军队、治安机关。公益性组织侧重于开展公益服务型公共关系活动。

(5) 按照组织是否营利和竞争分类

1) 竞争性的营利组织。这类社会组织有明显的经济利益驱动，又是在激烈竞争中争取公众支持的，因此，这类社会组织的公共关系意识较强，公共关系行为也较自觉和主动。例如，工商企业就属于这类社会组织，他们十分注重对消费者的公共关系，因为消费者是其实现自身利润目标、求得发展的根本。这类社会组织一般容易偏重于对那些与市场活动直接相关的公众开展公共关系工作。

2) 竞争性的非营利组织。这类社会组织不以经济利益为根本追求，但由于他们需要在竞争中赢得舆论的理解和公众的支持，因此，也会十分重视自己的公共关系工作，尽可能广泛地建立和发展自己的公共关系。如学校、医院等就属于这类社会组织。

3) 独占性的非营利组织。这类社会组织不仅没有经济利益的驱动，而且还缺乏竞争压力，因此，他们往往会忽略自己的公众，其公共关系工作一般是比较薄弱的。例如，公安机关、法院等社会组织，其内部的成员如果不重视公共关系行为，就容易与公众脱离，影响自身形象和信誉。

4) 独占性的营利组织。这类社会组织对其产品或服务具有垄断性，即使自己与公众关系不好或自身形象不良时也能营利。例如，垄断的电力部门、自来水公司、煤气公司等。

2. 社会组织的关系协调

任何社会组织都不是孤立地存在于社会环境之中的，而是必然在其存在和发展的活动中与其他相关联的社会组织发生一定的联系和关系，因此，从一定意义上说，关系的好坏决定着一个社会组织的生死存亡。然而，关系的好与坏不一定是终身的，而是可以变化、可以转化的，因为矛盾的存在是普遍的，这就需要对其不断地加以协调和改善。不同的社会组织有不同的公共关系对象，不同的公共关系对象对社会组织发展又有不同的要求，因此，要分析不同社会组织公共关系协调的特征，提高协调能力。协调社会组织间的关系，这正是公共关系的特定任务。具体来说，协调的原因主要有如下几点。

（1）组织目标的原因　社会组织要实现自己的目标，必须不断地排除外界和内部的干扰因素，协调关系，消除矛盾，才能实现内求团结、外求发展的总目标。

（2）组织结构的原因　任何组织都存在着非正式的人际关系的潜在结构。这种潜在的结构力量在组织行为上往往会产生一股强大的斜拉力，使组织运行的方向出现偏移，甚至会表现为违背组织目标的非组织行为，例如拉关系、腐败受贿、结党营私、官僚主义、推诿内耗等现象。这些不但败坏了组织的形象，也恶化了组织间的关系。

（3）组织公共关系状态的原因　公共关系状态是直接反映社会组织之间关系的指示器。一个企业或组织的公共关系状态是由该企业或组织的内外公众的态度构成的，并且可以通过调查各类公众对企业或组织的了解、喜爱和支持程度来衡量。

意见不仅仅是人们表达态度的一种方式，同样可以导致不满行动的发生。当人们的意见趋向一致时，会引发集体行动。显然，公众影响企业或组织的方式是分三步的：态度→意见→行动。

协调社会组织间的关系的途径和方式主要靠公共关系的活动，除此以外，还要靠组织中各部门的总体协作，通过各自的工作不断协调和改善与其他组织的关系，例如互惠互利的组织行为，比如企业的合法经营、诚信经营、以顾客为中心的经营理念；党政机关组织的党风、政风的建设，工作人员的思想作风、工作作风的转变等等。

2.2　社会组织公共关系的手段与举措

2.2.1　政府组织公共关系

政府组织的公共关系是指以各级、各类政府组织为主体，以争取公众的了解与合作为目标，以树立良好的政府形象为目的，以传播与沟通为手段的各类活动。

1. 政府组织公共关系的特点

（1）政府公关以服务为宗旨　作为国家的政府机关，其根本宗旨即是"全心全意为人民服务"，因而政府组织的公关任务也是为人民大众提供相关服务，例如公安机关为人民提供安全保障等。

（2）政府公关以社会整体效益为目标　政府组织代表着国家的形象，面对的是人民大众，因而在公关工作中，是以社会整体利益为重，只有这样才能赢得公众的支持与信任。

（3）政府公关面临广泛而复杂的公众　政府组织面对的公众比较复杂，一般包括内部的工作人员、管辖范围内的人民和其他组织、管辖范围外的人民与组织。

（4）政府公关拥有最优越的信息传播条件　政府工作始终是社会公众关注的焦点，各类媒体需要通过报道政府工作的各方面信息来赢得广泛的读者，从而为政府的信息传播创造更加有利的条件。同时，政府具有一个组织严密的内部信息沟通网络，大量的信息与文件借助该网络进行传播，并最终传递给社会大众。

（5）政府公关的任务是提高政府的美誉度　政府公关几乎不存在提高知名度的问题，其主要任务就是运用各种公关手段，努力提高政府的美誉度，在社会公众中树立起"全心全意为人民服务"的良好形象。

2. 政府组织公共关系的要领

（1）政府组织内部的公共关系

1）上下级关系。对下级而言，要服从上级，尊敬上级，维护上级的威信；不要越权限，自作主张；帮助上级排忧解难。对上级来讲，主要是做到尊重下级、公平待人、实行民主决策、增强工作的透明度和公开性，充分信任下级。

2）部门关系。政府工作富有成效，客观上需要部门之间相互协调、合作，建立良好的关系。因此部门之间必须做到相互支持、相互沟通、相系尊重、相互配合。

（2）政府组织外部的公共关系

1）与人民代表大会的关系。政府组织要自觉接受人民代表大会的监督和领导；如实向人民代表报告政府工人情况，虚心接受人民代表的监督、质询和批评；认真处理人民代表的提案，切实改进政府工作；加强与人民代表的沟通，争取他们对政府工作的理解和支持，并力求在一些重大问题上达成共识。

2）与中国人民政治协商会议（简称人民政协）的关系。政府组织在重大问题上要征求人民政协的意见，自觉接受政协的监督。

3）与社会团体的关系。政府组织要尊重社会团体的相对独立性，不要任意干涉；采用深入细致的思想政治工作引导社团组织；经常与社团组织沟通，听取和吸收合理化建议。

4）与企事业单位的关系。政府组织要加强与企事业单位的沟通；为企事业单位的发展创造良好的宏观环境；加强监督，使企事业单位能够依法经营；政府组织同时要加强自律行为，杜绝政府官员利用职务之便营私舞弊，损害政府形象。

5）与社会公众的关系。社会公众是政府最广大的公关对象，处理好政府与社会公众的关系，对有效贯彻各项方针政策、维护安定团结的政治局面有着深远意义。开展与社会公众的关系要注重以下工作：一是要利用多种形式向社会公众宣传政府的政绩，传播政府的政策、法令、规划和意图，赢得公众的理解和信任；二是通过接待日、信访、见面会等形式，建立公众意见反馈通道，加强政府与公众的直接沟通；三是加强舆论监控，了解和掌握公众舆论，倾听群众呼声，及时了解所推行的政令是否符合社会公众的要求，是否受到社会公众的欢迎，主动进行政策纠偏，以赢得社会公众的好感、信任和爱戴。

另外政府组织还要注意处理好与国外政府组织及其他公众之间的关系，维护好国家形象。

▶ **案例讨论 2-2**

境外媒体热议《厉害了，我的国》：
中国发展成就引发共鸣民众爱国热情高涨（节选）

大型纪录电影《厉害了，我的国》于 2018 年 3 月在全国热映。这部影片自 2018 年 3 月 2 日登陆全国院线以来，掀起了持续的观影热潮，截至 3 月 16 日，其票房已超过 3 亿元，刷新中国纪录片票房纪录。《厉害了，我的国》的亮眼表现也引起了境外媒体的广泛关注。

美国知名新闻网站"Quartz"报道称，《厉害了，我的国》是由中国中央电视台和中国电影股份有限公司联合出品的大型纪录电影，全面展现了过去五年中国在科学、技术、基础设施和军事现代化等领域取得的伟大成就。《厉害了，我的国》成为中国史上票房最高的纪录片。

报道指出，根据娱乐业研究公司艺恩咨询（Entgroup）发布的数据，从2018年3月2日至15日，《厉害了，我的国》的票房已超过2.7亿元，超越了2017年由纪录电影《二十二》创造的中国影院纪录片票房纪录，"成为中国史上票房最高的纪录片"。

同时，《厉害了，我的国》票房表现亮眼，也再次证明了近年来爱国主义电影在中国大受欢迎。例如，2017年上映的《战狼2》在中国电影票房总排行榜上遥遥领先。

"一部讲述中国在军事现代化和科技领域取得的惊人成就的爱国主义电影，刷新了中国纪录片票房纪录。"英国《金融时报》报道称，影片集中展现了中国创造的工程壮举，例如深水港口、大坝、跨海大桥、卫星、潜艇、高铁以及世界上最大的射电望远镜。

据《澳大利亚报》网站报道，《厉害了，我的国》这部大型纪录影片中有不少令人惊叹的航拍镜头，以及展现大型基础设施建设项目的精彩片段，例如港珠澳大桥和高铁网络。"影片传达了一个关键信息，即中国正在改变自身，同时也在改变世界。"

（资料来源：中国日报网　2018年3月20日）

问题：试运用公共关系学中的相关知识分析案例中的公共关系主体及举措。

2.2.2　经济组织公共关系

1. 经济组织的类型

经济组织是经济实体，组织的最终目标是追求经济效益。从担负的社会功能看，经济组织分为生产企业、商业企业、服务性企业、旅游业和饭店业等。

（1）生产企业　生产企业是向社会提供实物产品的经济组织，包括从事工业品原料、农产品原料加工的工业企业和采掘自然资源的各种企业。生产企业是现代公共关系发展和应用最为广泛的一个领域。作为经济组织，生产企业的经营目标是通过提供适销对路的产品获得经济效益。

（2）商业企业和服务性企业　商业企业是以提供物质商品来满足顾客需要的经济组织，例如批发商、代理商、零售商、进出口商、饮食业等。服务性企业是以提供劳动力服务来满足顾客需要的经济组织，例如修理业、运输业等。两者都是以工作人员与客户的直接接触来开展经营活动，目标是通过向顾客提供各种形式的服务，满足社会需要和获取本组织的经济利益。

（3）旅游业和饭店业　旅游业是以旅游资源为基础、以旅游设施为条件，组织安排旅游活动并向旅游者提供旅行服务的经济组织。饭店业主要为旅游业、流动人员提供食宿设施的经济组织，包括宾馆、酒店、旅馆等物质设施，它是旅游供给的主要部分，也是旅游创收的重要场所。作为经济组织，旅游业的经营目标是通过组织旅行游览向游客提供服务，获得经济收入；饭店业是通过向旅客提供食宿服务，取得经济收益。

2. 经济组织的公共关系特点

不同的经济组织虽然有着不同的工作内容，但相同的经营目标导致它们的公共关系工作特点是相似的。从经济组织自身的特点出发，其公共关系有以下主要特色。

（1）以经济效益为中心开展工作　作为经济组织，在市场经济条件下，必须把一切经营活动纳入提高经济效益的轨道上来，用尽可能少的劳动耗费，提供尽可能多的符合消费者或顾客要求的产品或服务。通过确定正确的经营方向、发挥经营特色、提高产品和服务质量、改善组织经营管理、节约劳动耗费等，获得盈利，积累更多的资金，使本组织和员工获得更多经济利益。只有每一个经济组织都具有扩大再生产的能力和各方面的发展能力，员工的积极性才能充分调动，整个国民经济才能充满生机和活力。因此，经济组织必须以提高经济效益为其公共关系的重要目标。

（2）与市场营销紧密配合　市场是经济组织竞争、生存和显示活力的地方。经济组织只有根据自身经营和发展的需要，从市场上获取资金、信息、资源、技术和劳务等各种生产要素，提供有竞争能力的产品和服务，才能显示出活力。市场营销是经济组织经济活动的重要过程，在市场营销的整个过程中，包括市场研究、产品开发、定价、分销、促销、售后服务及意见反馈等环节，公共关系都可发挥其特有的职能。每个经济组织的公共关系活动必须与市场营销紧密配合，才能使组织在激烈的市场竞争中立于不败之地。

（3）以顾客为主要公众　经济组织是商品的生产和经营者，是劳务的提供者。只有源源不断地生产社会需要的产品，高质量地提供社会所需要的服务，经济组织才能生存和发展。由于作为产品购买者和服务接受者的顾客的态度、行为和偏好，会直接影响到经济组织的经济效益和生存发展，因而顾客成了经济组织最基本、最重要的公众。

（4）塑造良好形象　现代消费是感性消费时代，面对浩如烟海的商品，消费者的购买行为已不仅仅取决于一般的生理需要，更多地取决于对某个组织或产品的综合印象和感受。这种印象和感受就是公众心目中的组织形象和产品形象。它综合了该组织在历史规模、产品品种、质量、产量、技术水平、管理水平、价格、服务等方面的信息要素。购买某种商品，接受某种服务，能给消费者或顾客以一种信任、荣誉、感情、性格、爱好等方面的满足，产生一种心理上的认同。因此，在形象竞争的时代，经济组织仅靠技术、价格等因素，已难以战胜竞争对手，塑造良好的组织形象成为工业企业、商业企业、旅游服务业的共同追求。

3. 经济组织的公共关系要领

（1）产品质量是公共关系工作的基础　公共关系活动的目的是塑造组织良好的形象。对经济组织来讲，它的组织形象是由产品形象、成员形象、管理形象、实力形象等要素构成的。其中，产品质量是整个组织形象的基础。公众对组织印象的形成一般取决于对产品的认知。许多成功的经济组织都是从创立名牌产品入手，进而塑造名牌组织形象。

（2）促销是公共关系工作的重点　在市场经济条件下，经济组织的发展往往取决于其产品的销售情况。因此，经济组织必须树立市场观念，根据市场的需求进行采购，组织生产，制订价格，安排分销，根据自己的需求选择合适的促销手段开展促销，通过信息传播沟通引导顾客采取对自己有利的行为。一般而言，在推出新产品、进入新市场、转入新的生产领域,以及产品供应正常、不足或出现危机等都应取得媒体的配合,赢得公众信任,获得较大的市场份额。

(3) 销售服务是公共关系工作的关键　销售服务,包括售前、售中和售后服务。售前服务是购买行为发生之前向潜在用户提供的服务,例如主动提供样品、商品目录、说明书、现场操作表演等。售中服务是在用户购买成交过程中提供的服务,例如回答用户提问、提供和推荐商品、介绍产品性能特点等。售后服务是向已购买产品的用户提供的服务,例如技术培训、代包装运输、安装调试、维修、包退包换、定期走访用户、建立用户档案等。只有热情、主动、诚实、守信、耐心、周到、及时、充满人情味的服务,才能赢得顾客公众的信任,才能从根本上为产品销售开创良好局面。紧紧抓住销售服务这个突破口,就能使经济组织的公关落到实处,带动公共关系工作的全面展开。

▶ **案例讨论 2-3**

尺寸的不同

北京的唐女士花了 280 多万元人民币从国外某家具连锁专卖店购买了四十多件家具,其中一套沙发就价值 30 多万元,一张单人床也要 10 多万元。而这些昂贵的家具一进家门,唐女士就发现了问题,她告诉记者,这些天价家具竟然散发出了强烈的刺鼻气味。而且她买的那张价值 10 多万元的单人床,合同中约定的尺寸是 1.5 米,而实际送来的床却只有 1.2 米。当唐女士和专卖店的工作人员沟通的时候竟然被告知:"国内的尺寸和国外的尺寸是不一样的。"

问题:唐女士所遇到的问题的原因是什么?如何处理此事?结合相关知识进行分析。

2.2.3　文化组织公共关系

文化组织公共关系主要包含学校公共关系、医院公共关系等。单位不同,公共关系要领也不一样。

1. 学校公共关系的要领

学校是传播科学知识、培养造就人才的社会组织。学校公共关系工作的目标是宣传学校办学思想、办学水平和综合实力,打造学校品牌、赢得社会赞誉,争取来自政府、社区、教职工、学生及其他社会公众的广泛认同和支持。具体公共关系工作如下。

(1) 加强宣传　学校要利用各种媒体向社会公众宣传学校教育思想、办学方针、发展战略、培养目标、办学实力等,塑造学校良好的品牌形象,赢得内部公众和社会各界的赞誉和支持。

(2) 搞好内部公关

1) 教职工。与教职工之间要注重沟通,了解教职工的思想动态,注重解决教职工所关心的问题,尤其是教学条件、教学质量、福利待遇、培训进修等问题;还可以通过开展业余文化活动联络感情。采取各种措施从待遇、事业、感情等方面团结教职工。

2) 学生。对于学生,第一要注重宣传和展示丰富的、优质的教育资源,增强学生的学习信心和认同感;第二要借助墙报、校报、校刊、网站等媒体,提供丰富的信息资源,为学生了解学校、专业等情况提供有用的参考;第三要注重建立快速、有效的信息反馈系统,了解学生关心的问题并及时予以回复和解决;第四要经常举办各类讲座,帮助学生稳定专业思想,掌握学习方法,激发学习热情,提高学习成绩、健康水平和综合素质;第五要开展丰富的体育和艺术等文化活动,为学生的生活和素质的全面提高服务。

(3) 加强外部公关

1) 社区公关。各类学校的发展都必须依托所在的社区,其公关的目标是要争取一个安全、便利、舒适的社区环境。为此学校的社区公关要做好如下工作:第一,同地方政府部门保持密切的对口联系,以便及时协调解决有关问题;第二,为社区公众提供包括活动场所、交通、经营、文化、体育活动等某些方面的便利,赢得社区居民的好感;第三,注重宣传学校的办学成绩及对社区发展的积极影响,赢得社区公众的口碑和认同。

2) 政府公关。对学校构成直接影响的政府行为包括行政管理、业务指导、政策扶持、经费资助等,开展对政府部门的公关非常重要。主要包括以下工作:一是经常与有关部门对口沟通,及时汇报,让上级部门了解学校的运行状态;二是学校领导和各职能部门要经常保持与上级政府及其有关部门工作人员之间的个人联系,建立人员对口联络的快速通道;三是及时向上级部门报告学校建设与发展的设想、方案和运行状态等,争取上级的政策、资金、项目等方面的支持;四是积极参与政府部门举办的各种会议或活动;五是多站在政府的立场考虑问题,力所能及地帮助政府有关部门解决实际问题,主动承担政府部门委托完成的工作。

3) 企事业组织公关。学校也要积极与企事业组织沟通,争取他们的支持,如把企事业组织发展为实训实习基地等。

▶ **案例讨论 2-4**

"人生实苦,但请你足够相信"!

2017年,清华大学写给甘肃一名残疾高考生的信感动了无数网友,先来看看这封信:

亲爱的魏祥同学:

见字如面。

首先恭喜你即将来到清华大学,继续你的学习和生活。我们看到了你写给清华大学的文章《一位甘肃高分考生的请求》,相信你早已具备了清华人自强不息、厚德载物的品质,我们代表清华园欢迎来自甘肃定西的你!

《繁星·春水》中有这样一首小诗:"童年啊,是梦中的真,是真中的梦,是回忆时含泪的微笑。"想来这句话应该符合你的童年记忆吧。在梦一般的年华里,却要承受含泪的记忆,这泪水不包含欢喜,不代表留恋。不幸的人生,各有各的悲苦。但万幸的是,你在经历疾病和丧亲之痛后,依然选择了坚强和努力,活成了让我们都尊敬和崇拜的样子。

你说"一个多月的住院治疗,我和妈妈相依为命,身心深受煎熬,我的身体几经折磨,痛不欲生,妈妈的精神濒临崩溃,孤零零的她没了爸爸的陪伴和支撑,可怜无比。"只言片语,我们知晓你母亲道阻且长的育子之路,更深切地感受到了你作为儿子对母亲深沉的爱和歉疚。但正如你所说,今日以高分佳绩考入清华,就是给了妈妈一份殷殷的报恩之礼!

邱勇校长在2015级新生开学典礼上曾说:"我是1983年进入清华的。我知道,无论那时还是现在，能够来到清华上学都是不容易的，你们在成长过程中一定遇到过各种各样的困难和挑战。"同样，对于你来说，来路或许不易，命运或许不公，人生或许悲苦，但是请你足够相信，相信清华，相信这个园子里的每一位师生，因为我们都在为一种莫名的东西付出，我想这应该就是情怀。党委书记陈旭老师也曾寄语自强计划的学生："自强就要做到自主，大学能收获什么取决于自己怎么去努力。"所以也请你相信自己，可以在清华园里找到热爱，追求卓越。

读到你的来信后，清华大学招生办公室主任刘震老师在该微信文章下留言道"魏祥同学已经报考我校。我校老师已经与他取得联系，为他提供一切尽可能的资助！清华不会让任何一位优秀学生因为经济原因而辍学！"确实，清华大学多有与你有同样经历的学子，在家庭经济与身体因素的双重压力下，依然奋发图强。他们或携笔从戎，守护家国平安；或回馈基层，在公益组织中施展才能；或致知穷理，一举夺得清华大学本科生特等奖学金的殊荣……

现在，你的情况受到了清华师生、校友和社会各界的关注。昨天深夜（26日），邱勇校长专门打来电话，关心你的录取情况和入校后的生活安排情况；陈旭老师也请学生部门第一时间对接，妥善安排解决你的后顾之忧。清华大学学生资助管理中心的老师也极力配合，在你被确认录取后会立刻开始资助。清华大学多位校友也在看到消息的第一时间，主动提出资助和协助你治疗的意愿，后续学校相关部门都会跟进落实。请你相信，校内外有足够多的支持，清华不会错过任何一位优秀学子！

冰心赠葛洛的一首诗中说"爱在左，情在右，在生命的两旁，随时撒种，随时开花，将这一径长途点缀得花香弥漫，使得穿花拂叶的行人，踏着荆棘，不觉痛苦，有泪可挥，不觉悲凉。"在清华园里的所有学子，无论是生活困顿，抑或身体抱恙，都会有"爱"与"情"相伴。相信未来的你，也会和活跃在各领域的清华学子们一样，穿花拂叶，除却一身困顿，成就自己的不同凡响。

感谢社会各界人士对魏祥同学和我校本科招生工作的关注和关心。在此，我们想对在求学路上荆棘丛生的学子们说：人生实苦，但请你足够相信！

清华大学招生办公室
2017年6月27日

（资料来源：《南方都市报》2017年6月28日）

问题：试运用公共关系学中的相关知识分析这一案例中的公共关系主体及做法。

2. 医院公共关系的要领

医院公共关系的目的是在社会公众中树立自己的良好形象，赢得社会各界的好感、协作与支持，取得病人的高度信任。医院的良好信誉和形象是由高超的医术、热情负责的态度和上乘的配套服务三者最佳结合而成的。因此，医院开展公共关系工作要注意以下要领。

（1）传播高超的医疗水平信息　高超的医疗水平是医院取得良好形象与信誉的关键。医院公关要注重宣传装备设施、治疗手段、医治环境，还要重点塑造和传播知名医护人员的形象。

（2）提高服务质量　提高服务质量是医院公共关系工作的基础，要把公共关系工作贯穿到医护的全过程和各个环节。要树立全心全意为病人服务的思想，对病人要体贴入微、热情周到；正确处理与病人及其家属的关系。医护人员要严格按照医疗技术规范进行治疗操作，尽量杜绝技术性事故的发生。

（3）加强与社区的联系　医院的许多工作都需要社区的支持，很多服务对象来源于社区内，因而医院要注意处理好与社区公众之间的关系。一是严格遵守国家有关排放污染的规定，对医院废弃物品进行妥善处理，不得对周围居民构成威胁；二是定期为社区公众提供免费咨询或义诊活动，也可邀请社区公众来医院参观访问，与他们共同组织各种形式的联谊活动等。

▶ **案例讨论 2-5**

目前，医患纠纷频发，请分别站在医院和社会的角度思考一下如何减少这种情况的发生。

2.2.4　社会团体组织公共关系

社会团体组织是指具有共同利益或背景的人们为实现某种社会理想而自愿结合形成的非营利性组织，主要包括宗教组织、群众组织等。

1. 社会团体组织的公共关系特点

（1）实现社会效益是公共关系的目标　对于社会团体组织而言，确立一种高于一般社会认识水平和道德水准的组织形象是其公关目标，其最终结果则往往体现在社会效益上。比如，担当崇高社会道义责任，劝导、说服社会公众接纳某种有益于社会的新观念；具有为社会做贡献的献身精神，赢得公众对某项社会事业的支持；组织成员有较高的文化知识水平和社会公德规范，侧重塑造自身组织的形象，提高其知名度和信誉度等。

（2）与公众联系较松散　社团组织与其公众的关系较为松散，这是因为它们之间缺乏相对固定的利益性联系，或这种利益性色彩较淡，反映到具体的公共关系工作上，其公众针对性也较弱一些。例如，环境保护组织开展公共关系工作时，往往会从社会的宏观结构角度来制定自己的公共关系战略，并策划相应的公共关系活动方案，其公众涵盖面较宽。

（3）公关活动费用不够稳定与充足　社团组织开展公共关系工作很少有稳定的资金预算，他们通常只是在力所能及的范围内，争取少花钱、多办事，积少成多，以逐步形成某种活动声势。组织由于受资金等因素的影响，公共关系人员的配备不一定很齐整，有时甚至是临时选人组阁，专业素质因人而异。因而，从某种意义上来说，社团组织开展公共关系工作的难度要大一些。

2. 社会团体组织的公共关系要领

社会团体组织由于本身的特点，其公共关系除了具有一般公共关系的共性任务（如建立自身良好形象、扩大社会影响）之外，还有着自己的工作重点。

（1）保持和发挥自身的独特优势作用　社团组织在社会利益关系格局中处于较超脱的地位，故其对社会各种问题的看法往往会受到社会各个方面的重视。因此，社团组织公共关系可以在两方面显示作用。一是通过参政议政来显示自身价值,争取社会各界的理解与承认;二是以身作则,在社会各界公众中带头建立一种良好的社会行为作风,并对不良风气勇于抨击。

(2) 积极参与和组织各种社会活动　这类社会活动主要围绕某个公益目标进行,参加的原则是自愿、平等,而且无功利色彩,所以公众对此有着普遍接受的心理基础。社团组织一般财力有限,在活动中它主要起领导、发起组织、联络的作用。这类活动既可使广大社会公众受益,又扩大了组织自身影响,而且还能在与社会各界公众的沟通中得到帮助和支持。

▶ 案例讨论 2-6

信用让消费更放心

2019年3月15日,由中国消费者协会主办、人民网协办的"2019年3·15国际消费者权益日主题活动"在京举行,活动主题为"信用让消费更放心"。来自相关部门和行业组织的有关领导、专家以及消费者代表、有关企业和媒体代表等近110人参加了当日的活动。

主题活动包含聆听消费者对消费领域信用的要求和对更放心消费环境的期盼;围绕当前消费痛点,介绍政府有关部门开展专项行动举措;行业企业为满足消费者对信用消费的期望将采取切实有效的信用建设行动;消费者及媒体监督的表彰与建设等四个方面,诠释消协组织发挥社会组织平台优势,携手政府部门、行业、企业和社会各界共同推进消费领域信用体系建设,更好保护消费者合法权益,发挥消费在经济发展中的基础性作用。

中国消费者协会副会长兼秘书长朱剑桥在讲话中指出,加强消费领域信用体系建设,营造更加安全放心的消费环境,不仅是促进经济社会高质量发展的必然要求,也是亿万消费者实现美好生活向往的共同期盼。信用,是消费者基于消费体验在心中形成的品牌榜单。信用的积累,需要经营者把消费者优先的价值观真正融入血液,体现在每一件产品或服务的质量、每一个合同承诺的履行、每一次投诉纠纷的处理之中,诚心珍惜并耐心呵护消费者的信赖。建设消费领域信用体系需要整体谋划、统筹推进,需要多方参与、久久为功。中国消费者协会将继续认真履行《消费者权益保护法》赋予的公益性职责,以改革创新激发维权潜力,以制度规范提升维权水平,以问题导向破解维权难题,以科学专业提升维权成效,始终坚持"以人民为中心"发展理念,牢记"让消费者少一分担心,多一分放心"的责任重托,始终和广大消费者在一起!

主题活动中,相关部门介绍了针对当前消费痛点采取的监管举措,与此同时,中国消费者协会发布了"2019年年主题调查结果",点评了"个人信息屡遭泄露""保健品违规促销""农村消费假劣堪忧""预付式消费频现跑路"等当前最突出的四大消费痛点,中国汽车流通协会、中国电子商会、中国房地产业协会、中国洗涤用品工业协会、中国家用电器服务维修协会、中国连锁经营协会、中国银行业协会、中国保险行业协会、中国快递协会、中国营养保健食品协会、中国商业联合会、中国商业企业管理协会等12家行业协会响应"信用让消费更放心"年主题,开展"行业信用建设自律行动"。中国消费者协会与人民网共同启动了"315在行动"宣传报道平台,并公布了"2018年度寻找最美消费维权人物活动"结果。

主题活动中,中国消费者协会向勇敢揭露五星级酒店卫生乱象的消费者颁发"啄木鸟奖"，并宣布启动"啄木鸟行动"，以鼓励更多的消费者依法参与消费环境监督。中消协同时还发布"中消协消费维权志愿者行计划"。

（资料来源：中国网财经　2019 年 3 月 15 日）

问题：请结合所学知识分析本案例中的公共关系主体及所开展的活动。

本章总结

本章主要介绍了公共关系主体——社会组织，是按照一定目的，有计划地组织起来，并与公众发生密切关系的社会机构。社会组织可以按照不同的标准进行分类，每类社会组织都有其特点。社会组织的目的就是要协助处理好内外关系，以达到"内求团结、外求发展"的目的。

知识及技能检测

一、名词解释

1. 社会组织
2. 非正式组织

二、选择题

1. 金融机构属于（　　）。
   A. 文化组织　　　　B. 公益性组织　　　C. 竞争性的营利组织
2. 社会组织具备的特性有（　　）。
   A. 目标性　　　　B. 系统性　　　C. 管理性　　　D. 开放性　　　E. 变动性
3. 社会组织按组织成员之间的关系可分为（　　）。
   A. 正式组织　　　　B. 文化组织　　　C. 政治组织　　　D. 非正式组织
4. 进行社会组织关系协调的原因有（　　）。
   A. 组织目标的原因　　B. 组织结构的原因　C. 组织公共关系状态的原因

三、实训题

1. 项目：模拟组建一个学生社团。
2. 目的：了解学生社团组织的结构、功能与分工。
3. 内容：为你所在的学校或班级组织一个学生社团组织。
4. 组织：以小组为单位，利用课余时间完成各社团的模拟组建工作，根据不同的需要进行组织结构设计和组织分工，上课时推选代表就各小组拟组建的社团进行发言交流，老师做出点评。
5. 考核：将社团的组织情况及发言交流情况作为一次大作业，老师分别给出成绩，计入学生平时成绩。

拓展阅读

西贝：坚持"好吃"战略，与顾客建立亲密关系

近年来，餐饮业蓬勃发展，在北京各大商场经常能看见西贝醒目的红色招牌。作为一个起家于内蒙古的品牌，它是如何慢慢赢得消费者的喜爱，并在全国布局200多家门店的？在菜品研发及公关营销方面，又有哪些心得？抱着诸多好奇，记者采访了内蒙古西贝餐饮集团有限公司副总裁楚学友。

根据顾客的场景需求进行思考

1988年创立至今，西贝从内蒙古临河区发展到全国，已经是一个30岁的成熟品牌。然而，2010年开始，西贝的招牌几经变革，从最初的"西贝莜面村"到"西贝西北民间菜""西贝烹羊专家"，最终又回到了"西贝莜面村"。不同于主打菜品的更换，频繁地更改品牌名称，势必会加大消费者对品牌的记忆难度，而之所以坚持更改，想必也是在不断摸索合适的品牌定位。

楚学友对此强调，无论如何更改，西贝所坚持的都是"好吃"战略。不断更改后的西贝，已经融合了多重内容：来自内蒙古的牛羊肉、来自西北的莜面和五谷杂粮等。近年来出现了很多网红餐饮店，他们有很多营销手段，吸引消费者源源不断地前往打卡。而餐饮行业不论做什么营销，前提都是要好吃，除此之外都是附加分。

能够在激烈竞争的餐饮行业中划出西北菜的概念，并持续"走红"，西贝可以说是独树一帜。在楚学友看来，"大西北的地域概念，可以囊括内蒙古、新疆、宁夏、陕西等地，拥有更为广阔的空间，原材料和辅料的来源更广。菜系是餐饮行业给自己划分的标志，而西贝是根据场景进行思考的。"

有人说西贝的竞品是王品牛排，理由是想要精细吃肉就去王品，想要大口吃肉就去西贝。楚学友却觉得，肉有很多品类，而面食也分为汤面、拉面、拌面等品类，可选择性很大。顾客不是根据菜系划分，而是从自身的场景需求去选择餐馆，肉夹馍是为了快速饱腹，聚会场景中首选就是火锅，而西贝则是在商场中提供适合家庭聚餐的菜。

西贝主打的理念是营养健康，保证食物的新鲜，不使用鸡精、味精等材料。例如，西贝的一款大拌菜，其中包含六七种食材，因为氧化的时间不同，就要掌握好时间，才能保证口感。

除了菜品的质量和口感，时常更新菜单也能不断刺激老顾客的味蕾。为此，西贝设有约20人的研发团队，包括七大导师，分别负责面点、烧烤等不同的品类。

楚学友举例介绍了烤羊肉的研发过程。烤羊肉最重要的是选择一款合适的炭：少烟、燃点高、温度恒定，日本的备长炭是最适合的。因为商场内烧烤不能用明火，研发团队将所有备长炭的指标都复制到电烤炉上。经多次试验证实，羊肉串在80℃左右从烤架上拿下来能保证最好的口感。他还举例介绍了面点的烤箱，为解决烤箱无法控制湿度的问题，西贝从德国引进价值人民币十几万元的烤箱，从而实现了单笼的湿度控制，并在每个店配备了一台这种烤箱。

除了在技术和设备上的投入之外，西贝还坚持保证食材的新鲜和味道的统一。目前，西贝分部在40多个城市的200多家餐馆，均采取中央厨房统一采购的管理模式，还为每道菜

配备作业指导书，从温度、克数、油的用量等方面，都有明确的规定，以保证顾客在各地都能尝到同样的西贝味道。

与顾客建立亲密关系是更有效的营销

很多人是通过"舌尖营销"认识西贝的。2012年，纪录片《舌尖上的中国》捧红了多地美食，很多品牌开始借势营销。西贝结合自身特色，签约了《舌尖1》中出镜的黄老汉，聘请他当西贝黄馍馍形象代言人，使得西贝迅速被更多的人所知晓。两年后，西贝再次花费600万买断《舌尖2》中出镜的张爷爷的手工空心挂面，并宣布了一年至少1亿的销售计划。这两次营销均取得了品牌和销量的双重成功，西贝得以在全国迅速扩张。

楚学友还向记者介绍了背后的故事。其实，西贝对黄馍馍和空心挂面都做了很多改良，不仅增加了新的杂粮成分，还在口感方面做了提升。而且，与张爷爷共同研发出的酸汤挂面，也解决了之前产品无法大范围推广的难题。开发期结束后，当地成立了很多生产挂面的工厂，让更多人享受到了美食。

2013年，西贝参加"中华美食走进联合国"的活动，得到了前联合国秘书长潘基文的认可，潘基文还与厨师拍照合影留念。而后，西贝将这段故事成功推广，进行口碑营销，取得了不小的正面效益。

西贝投放广告的次数较少。2016年，西贝在央视春晚前投放了5秒钟广告，价格不菲。"虽然数据表现还可以，但更多的是引发了员工极强的自豪感，依然无法变换成长期的销售或口碑。餐饮行业的营销活动很难立刻'变现'。因为店铺的座位有限，我们的客户是以周边3公里的人群为主。所以，我们适合做长期的客户关系和口碑维护工作。西贝有2万多名员工，年均9000万的顾客，双方每一次美好的接触都是营销。"楚学友分析道。

西贝营销手段中最为典型的要数亲子营销。从2016年开始，每个周末，所有西贝店铺都会组织亲子活动，家长可通过西贝官方微信公众号报名，选择就近的店铺参加活动。由专业的"莜面妹"带领孩子们学习制作面点，玩一些小游戏，活动结束后，家长可以自由选择是否在此用餐。亲子活动并非是营利性质的，就是为了与顾客建立更为亲密的关系，提供体验的场景，让孩子和家长共同度过一段难忘的时间。

在品牌意义之上，楚学友还从数字角度解释了这类活动背后的价值。西贝平均每年举办6000场活动，每次约有30个孩子参加，这样就能覆盖18万个孩子，在他们背后又有五六十万的家长，这对餐饮行业来说是非常可观的数字。而且，来参加活动的顾客主要是周边住户，这也是西贝的目标消费者。

2018年，西贝推出了甄选商城，售卖相关产品。同时，还创新性地推出了会员卡。与其他餐饮店的储值卡不同，西贝推出的是售价299元的会员资格，可以享受菜品会员价、生日好礼、消费积分，以及甄选商城的特价活动等优惠。

楚学友表示，他们也是在探索中，看中国消费者是否能够接受这种会员制度。其实，会员卡带来的收益远远大于价格本身，除了以上优惠，会员还可参加西贝举办的喜悦读书会、亲子莜面体验活动、相亲活动等。只要消费者认可会员卡背后的价值，西贝就有自信能与顾客产生很好的互动，提升用户黏度。

（资料来源：中国公关网　2018年12月12日）

第 3 章 公共关系客体——公众

学习目标

知识目标：了解公众的概念、分类及公众的各种心理状态

技能目标：确定组织在特定时点的主要公众和目标公众，针对公众的心理特点制订出相应的公关策略。

引例

361°国际线专业跑鞋家族亮相成都双遗马拉松

2018年3月18日上午8点30分，"2018成都双遗马拉松"正式鸣枪开跑，来自全国各地上万名的跑者齐聚都江堰，在中国领先体育品牌361°的专业支持下，从飞龙体育馆出发一路奔赴终点。361°希望鼓励跑者尽情享受马拉松赛事的乐趣与魅力，通过跑步释放热情并深入感受"每个你，自带风"的运动态度。

作为成都双遗马拉松至尊合作伙伴，361°为赛事参赛者提供了全程专业运动装备支持，并在起终点展位设立跑者服务区、互动游戏区及赛前训练营。361°希望通过多方面科学、专业的服务，为跑步者提供优质的赛事体验。

（资料来源：新浪网 2018年3月19日）

案例分析：公共关系是公共关系主体社会组织与客体社会公众之间各种关系的综合表现，任何一个组织在任何时点上都与不同的公众之间存在着各种各样的关系，那么组织在特定时点上有哪些公众，哪些又是主要公众，这些公众心理状态如何，组织如何做才能融洽这种关系状态或是使这种关系状态朝更好的方向发展是每一个组织都要考虑的问题。案例中361°赞助在成都举行的双遗马拉松比赛，为赛事参赛者提供了全程专业运动装备支持，并在起终点展位设立跑者服务区、互动游戏区及赛前训练营。这些举措不仅让参赛者感受到了优质的赛事体验，同时也让人们充分感受到了企业的爱心，在参赛者心中树立了良好形象。

3.1 公众概述

社会公众是公共关系的三大构成要素之一，是公共关系的客体，是公共关系活动的对象，社会组织在开展公共关系活动之前，要充分了解有哪些公众，并确定自己的目标公众，以使公共关系活动有的放矢，取得成效。

3.1.1 公众的概念

公共关系也称"公众关系",即社会组织与其相关联的各种公众之间的关系。因而,研究公众对组织开展公共关系有着重要的意义。公众最初由英文单词"Public"翻译而来,有泛指公众、民众的含义,也有特指某一方面公众、群众的含义。在社会学中,公众即大众,指社会上大多数人;而日常生活中的公众并不包括政府机构、企事业单位,而是泛指社会大众。但在公共关系学中,公众有着特定的含义,它既不同于社会学中公众的概念,也不同于日常生活中公众的用法。公共关系中的公众指的是因面临共同的问题而与特定的公共关系主体相互联系及相互作用的个人、群体或组织的总和。

▶ **案例讨论 3-1**

以所在学校为公共关系的主体,分析其面对的主要公众有哪些。

通过讨论我们可以发现任何一个组织在任何时点上都面临着不同的公众,组织的公众是客观存在的,是不以人们的意志为转移的。

3.1.2 公众的特征

公众作为公共关系的客体,具有如下特征。

1. 相关性

公众作为公共关系的对象总是与特定的组织联系在一起,某一组织的公众与该组织必然具有一定的相关性。例如,某学校的学生对于该学校来讲就是一类公众,他们与所在学校存在着特定的关系。公众的意见、态度和行为等都会对该组织产生一定的影响,同时组织的决策和行为也会对公众产生现实或潜在的影响。另外,与某一组织没有任何联系,没有任何相关性的群体、组织或个人的总和就不是该组织的公众。例如,对于安徽某所大学来讲,北京某社区的群众就不是其公众。

2. 同质性

作为组织的某一大类公众,他们本身存在着某种内在的共同性。他们在与组织存在的关系状态中面临着共同的问题,具有共同的目的、兴趣、利益和价值观等,正是基于这些共同的特点使得他们往往具有共同或相似的态度和行为。例如,学生作为学校的一大类公众,他们都希望在学校接受良好的教育与管理,最终学到知识与本领。

3. 多样性

公众的多样性主要体现在公众形式的多种多样,一个组织的公众有可能是一个组织,也有可能是一个群体或个人的总和,公众的数目有可能达十几个甚至几十个,即使是某一大类公众也可能存在着背景、价值观、重要程度等方面的不同。例如,某企业所面对的消费者,他们的职业背景、家庭收入、对组织的态度等都存在着较大的差异性。作为组织要能够正确分析所面对的不同公众，并采取不同的公关举措。

4. 可变性

公众具有可变性，指公众是处在变动之中的。导致这种变动产生的因素既有组织本身的变化，也有公众自身或客观环境的变化。因为组织在运营的过程中始终处在变动之中，美誉度的变化或新产品的增加等变化都会引起公众对组织的看法或态度的调整。例如，组织美誉度大大提高，可能使公众对组织的信任度提高甚至产生购买行为。另外，公众自身也处在变化之中，如公众数量的增减等。客观环境的改变也可能导致公众态度或行为的调整，如世界环保大会的召开及对"低碳"生活的号召，可能会使公众的环保意识增强，进而体现在行为上，例如，对能耗比较大的产品的抵制等。作为组织必须要注意信息的搜集，及时分析公众的变化并调整生产和经营，要及时捕捉机会。

5. 整体性

公共关系处理涉及的不是单一的个人、单一的群体或单一的组织，即公众是由组织或个人组成的群体，具体表现为与某一组织相关的所有个人、社会群体、社会组织的集合，体现了与该组织运行有关的整体环境。这一整体环境是指该组织运行过程中要面对的公众关系、公众舆论的总和。这些公众关系、公众舆论有广阔的范围，涉及该组织内部和外部，而且相互影响。因此，公共关系工作不能只注意其中某一公众，却忽略了其他公众，对任何一类公众利益的疏忽都可能导致整个公众环境的恶化。就公众个体而言，是作为某一类公众中的一员出现的，而由于某个共同的问题把一些人或一些组织联系在一起，形成了公众，所以公众都是以整体形式出现的。在公众分析过程中，组织要运用全面、系统的观点，注意各类公众之间的整体平衡与协调，尽可能不要顾此失彼。

3.1.3 公众的分类

组织面对的公众具有多样性与可变性，即组织面对着纷繁复杂的公关对象，但是对不同的公众采用的公共关系举措不能一样，否则成效就会受影响，因而，组织需要对公众进行归类分析。公众的分类方法和标准主要有如下几种。

1. 按公众的隶属关系划分，公众可分为内部公众与外部公众。

（1）内部公众　内部公众主要指社会组织内部传播与沟通的对象，包括社会组织内部的全体员工和组织的所有投资人。内部公众一般与组织之间存在着隶属关系，他们与组织利益相关，在组织的公共关系活动中，他们既是公共关系活动的对象，又是公共关系活动的施动者，因而内部公众是与组织相关性最强的一大类公众。

（2）外部公众　外部公众主要指社会组织外部的、与组织存在着利益相关性的公众。这类公众不隶属于组织，他们与组织的关系没有内部公众那么密切，但由于外部公众对组织的生存和发展具有现实或潜在的影响力，因而也直接影响着组织的利益。例如，对一个企业来讲，消费者、媒体、社区公众等都是外部公众。

▶ **案例讨论 3-2**

按此标准，请指出本校的内部公众和外部公众。

2. 按公众对组织的重要性划分，公众可分为首要公众、次要公众和边缘公众。

（1）首要公众　首要公众指的是对组织最重要的公众，他们对组织的生存和发展有着重大的影响，甚至决定着组织的生死存亡，关系到组织的成败。例如，企业的消费者、内部员工等。这类公众是组织公共关系工作的主要对象，因此作为组织对待这类公众要投入最多的人力、物力和时间，来维持或改善与他们的关系。

（2）次要公众　次要公众指的是与组织不直接发生作用，但又对组织的生存和发展有相当影响力的公众，例如，社区居民、政府组织等。这类公众虽然对组织不发生直接的利益关系，但也会产生一定的影响，如果处理不好，对组织也会产生很大的负面影响，甚至转化为首要公众。因而作为组织在工作中也应关注到这一类公众，付出一定的人力、物力和时间，不断维持和改善与他们的关系，以争取他们的支持与合作。

（3）边缘公众　边缘公众即与组织有关系，但彼此之间的关系相对首要公众和次要公众要弱的公众。例如，慈善机构、宗教团体等。由于这部分公众对组织的生存和发展影响较弱，因而组织在平时的公共关系工作中，不需要投入较多的人力、物力和时间。

按这种标准所划分的公众，针对的是组织当时的正常运营状态，如果组织临时发生了特别的事情，那么这时公众的重要性可能会发生变化。例如，与社区公众关系没有处理好，导致社区居民封堵企业大门，使得企业停产等，这时首要公众便是社区公众。

▶ **案例讨论 3-3**

据《纽约时报》2018年12月5日报道，加拿大司法部发言人表示，华为公司副董事长孟晚舟于12月1日在温哥华被逮捕。上述发言人透露，美方要求引渡，但其未透露逮捕原因。应孟女士要求，不能提供任何进一步的细节信息。周五（12月7日）将举行保释听证会。

请指出华为此时的首要公众、次要公众及边缘公众。

（资料来源：《新京报》　2018年12月6日）

3. 按公众对组织的态度划分，公众可分为顺意公众、逆意公众和中立公众。

（1）顺意公众　顺意公众是指与组织关系良好，对组织的政策、行为和产品持赞赏、支持和合作的态度，在较大程度上与组织保持一致的公众，例如，组织的内部员工、忠实的消费者等。这类公众是组织生存和发展的积极社会环境因素。保持和扩大组织的顺意公众的数量，可以为组织赢得良好的社会环境。他们数量越多、队伍越大，对组织的发展越有利，因而作为组织一定要视他们为组织的财富，经常与他们保持沟通与联系，悉心维护好这种关系，促进组织的发展，尤其是防止这类公众被竞争对手争取过去，出现态度逆转的情况。

（2）逆意公众　逆意公众是对组织奉行的政策、采取的行为持反感、反对、不合作态度的公众。逆意公众是组织需要加强公关力度、促使其转化、尽力"化敌为友"的群体，例如，产品投诉者等。逆意公众的形成一般有两种原因：一是组织的政策、行为不当危害了公众的利益，或者组织和公众之间价值取向有差异致使组织和公众利益存在冲突；二是由于沟通不畅使公众对组织的政策或行为产生了误解。对于逆意公众，社会组织的唯一办法就是了解逆意公众产生的原因，根据具体问题采取必要的措施，扭转局面，改变其敌意的态度，从而重新获得这些公众对组织的好感。即使不能将其转化为顺意公众，也应尽力使其成为中立公众。

（3）中立公众　中立公众是对组织奉行的政策、采取的行为持中立态度或尚未表态、态度还不明朗的公众。中立公众的态度倾向往往成为公共关系竞争中的决定因素，因此常常是公共关系工作的"必争之地"。在工作中要重点防止他们被竞争对手争取过去，成为逆意公众。做好与中立公众的沟通工作，促使他们向顺意公众转化，是组织公关工作的重点。只要想办法争取这类公众，就有可能促使他们转变态度，变中立为支持，成为顺意公众。

组织公关工作的重要任务就是要通过多方沟通和协调，不断扩大组织的顺意公众，尽量减少逆意公众，努力争取中立公众。

4. 按公众发展过程的不同阶段划分，公众可分为非公众、潜在公众、知晓公众和行动公众。

（1）非公众　非公众是在一定的时空条件下，不和组织发生任何联系和影响的公众。组织认清自己的"非公众"，有利于减少公关工作的盲目性，加强公关工作的针对性。

（2）潜在公众　潜在公众是受到组织的某种影响，但本身还没有意识到问题存在的公众。随着问题的不断暴露，潜在公众迟早会成为现实公众。这需要公关人员关注事态的发展，尽可能将问题消灭在萌芽状态。

（3）知晓公众　知晓公众由潜在公众发展而来，指已经知晓自己的处境及其利害关系，迫切要求了解与该问题有关的各种信息，思考处理问题的方法，但还没有采取相应行动的公众。知晓公众一旦形成，公关部门应积极地开展公共关系活动，主动与公众进行沟通，尽力做到相互合作。

（4）行动公众　行动公众由知晓公众发展而来，指不仅意识到组织行为对自身的影响和作用，而且已采取某种行动，成为对组织产生影响和作用的公众。面对行动公众，公关人员应积极开展补救工作，变不利因素为有利因素，变危机为契机。

3.1.4　目标公众的概念及确定

1. 目标公众的概念

目标公众是指在具体的公关活动中，社会组织所选取的公关对象。组织所面对的公众是非常多的，但限于人力、物力所限而不能平均用力，所以在一定的时点上或较短的时期内，组织应找准公关的对象，这样公关才有针对性，也才容易取得公关效果。

2. 目标公众的确定

目标公众应当具有一定的代表性、影响力，在特定时间内与组织的关系密切，或对组织的生存发展影响极大。一般在确定目标公众时应做到如下几点。

(1) 系统分析、重出重点　在确定目标公众时，要对组织的公关目标进行系统分析，尤其是公众影响力分析。根据公众对决策的影响力大小，可把公众分成直接决策公众、间接决策公众以及影响决策公众。一般来说，对决策影响力越大，其地位就越重要。直接决策公众的重要性要大于间接决策公众，影响决策公众的重要性最小。组织公关策略的最终目标是影响目标公众的决策，使目标公众的决策与组织目标协调一致。所以在确定公众的重要性时不能出现失误，否则可能弄巧成拙。找准对象，事半功倍；找错对象，事倍功半。要在把握整体和全局的基础上，确定公关活动的首要公众和次要公众。另外，公众的重要性也不是一成不变的，随着时间的变化，公众的重要性也会随之发生变化，所以在确定目标公众时要根据组织当时所处的公关状态来定。

(2) 着眼大局、兼顾长远　在选取目标公众时，要站在全局的角度，同时放眼未来。站在全局角度容易做出正确的判断，而放眼未来则会产生长远的战略效益。在确定目标公众时不能近视和短视，近视只能看到眼前的一个点，不能看到组织所处的整体状态以及公众对组织所产生的全面影响，而短视往往只看到当前的时间段，不能够预见公众未来的影响力。

(3) 公开透明、注意回避　公共关系与庸俗关系的最大区别就是公共关系是一种公开透明的关系策略。在选取目标公众时，要尽量公开化，包括确定首要公众公开化、公关策略公开化。这样也可以减少不必要的猜忌，不给流言提供滋生的机会。此外，在组织内部要处理好公开决策与保密制度之间的关系，无关人员的回避是必要的，重要的公众资料及相应的策略，要注意控制知晓范围。

▶ **案例讨论 3-4**

结合所学知识确定案例讨论 3-3 中的目标公众。

3.2　社会公众的心理分析与公共关系举措

在现实生活中，对于同一件事，不同的人会有不同的反应，并采取不同的行为，这是由于公众的心理差异所造成的。同样，由于心理因素的作用，对于同一件事，不同的公众也可能会有一样的反应和行为。研究公众的心理因素，并分析这些心理因素对组织公关活动的影响，有利于组织有效的开展公关活动，营造良好的公关状态。

3.2.1　知觉

知觉是人脑对当前直接作用于感觉器官的客观事物的整体反映。知觉之所以在当前能够一下子反映事物的整体，是因为在此前，已经历了对该事物各种特性的感觉，并在脑中储存着相应的感觉信息组合。但知觉带有明显的主观意识性，人们的知觉有时与客观现实并不完全一样，有时甚至出现不同程度的变形或歪曲现象。造成这种现象的主要原因是由于知觉的偏见。

1. 知觉的偏见产生的原因

知觉的偏见是人们在感知事物的时候,由于特殊的主观动机或外界刺激,对事物产生一种片面或歪曲印象的心理过程。常见的原因主要有以下4个。

(1) 首因效应 即在人的心理中,第一印象具有先入为主的作用,而且这种作用具有持续影响人的认识活动的效应。第一印象一旦形成就很难消除。因此,在公关工作中要非常注意首因效应的作用,争取给公众留下良好的第一印象。

(2) 近因效应 近因效应指的是最近或最后印象对公众的强烈影响。事物给人留下的最后印象往往非常深刻,难以消失。公关工作中要注意不断采取更为有效的做法去巩固已形成的良好的第一印象,或是刷新原来的不良印象。

(3) 晕轮效应 之所以把它称为"晕轮效应",是说它像月晕一样,会在真实的现象面前产生一个更大的假象:人们隔着云雾看月时,在月亮外面有时还能看到一个光环,这个光环是虚幻的,只是月亮反射的光通过云层中的冰晶时折射出的光现象,事实上并不存在这样一个物质的、真实的光环。晕轮效应同首因效应一样带有强烈的主观色彩,往往容易产生一叶障目、不见森林的片面性。在公关工作中,要注意利用晕轮效应,美化组织的产品或形象,如采用"名流公关"等。同时也要注意避免因为滥用晕轮效应,使公众反感甚至讨厌,更要反对利用晕轮效应来蒙骗公众。

(4) 刻板效应 刻板效应也称"刻板印象""定型作用",是指人们头脑中存在的关于某一事物对象的固定印象,也是一种概括而笼统的看法。这种"先入为主"的成见,有时会妨碍正常的沟通或对事物的正常判断。公关工作中一方面要研究和顺应公众的某些刻板印象,使自己的形象与公众的经验相吻合;另一方面也要努力传播新观点、新知识、新经验,以改变公众某些成见和偏见,以及由此形成的误解。

2. 公关策略

面对由知觉形成的偏见,公关人员要了解偏见产生的原因,选择和采取相应的公关策略。同时,还要注意加强与公众的沟通,逐步消除已经形成的偏见并尽可能地防止出现新的偏见。

▶ **案例讨论 3-5**

TFBOYS是中国著名男子歌唱组合,除了演出外,他们代言了很多产品,例如,芬达汽水、蒙牛酸酸乳、纯甄、蒙牛随变雪糕、雅客肉松饼、梦幻西游动画片、康师傅红烧牛肉面、星钻积木、热力赛车游戏、步步高家教机、士力架、360手机助手、舒肤佳、OPPO手机、高德地图、肯德基、三只松鼠、自然堂等。

请站在公众心理的角度分析商家这样做的理由。

3.2.2 需要

需要是个体对内外环境的客观需求在头脑中的反映。它常以一种"缺乏感"体验着,以意向、愿望的形式表现出来,最终导致为推动人进行活动的动机。需要总是指向某种东西、条件或活动的结果等,具有周期性,并随着满足需要的具体内容和方式的改变而不断变化和发展。

1. 需求层次理论

早在1943年,美国心理学家马斯洛在《人类动机的理论》一书中首次提出了需求层次论,并于1954年在其名著《动机与人格》中做了进一步阐述。这种理论的构成是根据3个基本假设:人要生存,他的需要能够影响他的行为,只有未满足的需要能够影响行为,满足了的需要不能充当激励工具;人的需要按重要性和层次性排成一定的次序,从基本的(如食物和住房)到复杂的(如自我实现);当人的某一级需要得到最低限度的满足后,才会追求高一级的需要,如此逐级上升,成为推动继续努力的内在动力。马斯洛的需求层次理论基本内容如图3-1所示。

图3-1 马斯洛需求层次理论

(1) 生理需要 这是人类维持自身生存的最基本要求,包括饥、渴、衣、住、性等方面的要求。如果这些需要得不到满足,人类的生存就成了问题。在这个意义上说,生理需要是推动人们行动的最强大的动力。马斯洛认为,只有这些最基本的需要满足到维持生存所必需的程度后,其他需要才能成为新的激励因素,而到了此时,这些已相对满足的需要也就不再成为激励因素了。

(2) 安全需要 这是人类要求保障自身安全、摆脱事业和丧失财产威胁、避免职业病的侵袭等方面的需要。马斯洛认为,整个有机体是一个追求安全的机制,人的感受器官、效应器官、智能和其他能量主要是寻求安全的工具,甚至可以把科学和人生观都看成是满足安全需要的一部分。当这种需要一旦相对满足后,也就不再成为激励因素了。

(3) 社交需要 这一层次的需要包括两个方面的内容。一是友爱的需要,即人人都需要和伙伴之间、同事之间关系融洽或保持友谊和忠诚;人人都希望得到爱情,希望爱别人,也渴望接受别人的爱。二是归属的需要,即人都有一种归属于一个群体的感情,希望成为群体中的一员,并相互关心和照顾。感情上的需要比生理上的需要来得细致,它和一个人的生理特性、经历、教育、宗教信仰等都有关系。

(4) 尊重需要 人人都希望自己有稳定的社会地位,要求个人的能力和成就得到社会的承认。尊重的需要又可分为内部尊重和外部尊重。内部尊重是指一个人希望在各种不同情境中有实力、能胜任、充满信心、能独立自主。总之,内部尊重就是人的自尊。外部尊重是指一个人希望有地位、有威信,受到别人的尊重、信赖和高度评价。马斯洛认为,尊重需要得到满足,能使人对自己充满信心,对社会满腔热情,体验到自己活着的用处和价值。

(5) 自我实现需要 这是最高层次的需要,它是指实现个人理想、抱负,发挥个人能力到最大程度,完成与自己的能力相称的一切事情的需要。也就是说,人必须干称职的工作,这样才会使他们感到最大的快乐。马斯洛提出,为满足自我实现需要所采取的途径是因人而异的。自我实现的需要是在努力实现自己的潜力,使自己越来越成为自己所期望的人物。

2. 公关策略

了解公众的需要并对合理的需要进行满足，以取得公众的支持是公关工作中要考虑的问题。如组织采用竞聘制，选择最佳人选，实现人尽其用，更是实现员工自我实现需要的表现。

3.2.3 态度

态度是个人对他人、对事物的较持久的肯定或否定的内在反应倾向，通常表现为积极或消极、热情或冷淡、好或坏。这些倾向一经形成就比较稳定、比较持久地影响着人们对事物的判断和看法，影响着人们的行为方向和方式。

1. 影响因素

态度的形成和改变，是各种主客观因素相互作用的结果。客观因素是外因，以社会因素为主，而主观因素是内因，以思维和个性倾向为主。

（1）社会因素　是指社会上各种事物，包括社会制度、社会群体、社会交往、道德规范、国家法律、社会舆论、风俗习惯等，是外在的因素，影响着人们态度的形成和改变。社会上刚出现的新事物往往会遭到一些人的抑制和反对，但只要这种事物有利于社会和个人身心的发展，迟早会被人们所接受。

（2）团体因素　包括一定的信仰、目标、组织形式、规章制度、行为规范、成员与团体的关系等，也是强有力的外在影响因素。个人出于某种需要加入一个或几个团体，与团体建立一定的关系，而团体会通过一定的规章制度或他人的思想和行为影响个人的态度。团体影响力的大小取决于个人与团体的关系，个人与团体的关系密切则受团体影响力大，反之则小。

（3）宣传因素　是指在宣传过程中由宣传者的威信、宣传内容、宣传方式方法等结合在一起，形成的一种影响个人态度的因素。例如，在公关工作中，运用宣传手段在组织内部进行公关传播，让员工树立"质量第一"的意识和态度等。

（4）个性因素　主观的个性因素是内在的，包括个性倾向因素和个性心理特征。

1）个性倾向因素是指个体心理活动中稳定的意识倾向特征，主要有需要、动机、兴趣、理想、信念、世界观等因素。它们作为各种心理动力调节着主体的行为，态度受这个系统中诸因素的影响。

2）个性心理特征是指个体心理活动中稳定的心理特征，包括能力、气质和性格三个因素。例如，气质和性格，气质主要以其灵活性及可塑性影响着态度的改变和形成，灵活性和可塑性较大的多血质者，较容易改变态度；而灵活性和可塑性较小的黏液质和抑郁质则较不容易改变态度。

（5）特性因素　一个人的态度还受着个人特性因素的影响。例如，个人遭遇重大挫折后可能会改变其原有态度等。

2. 公关策略

了解公众的态度，分析态度的影响因素，组织在公关工作中可采取相应的公关举措，使不同类型的公众都能对组织产生积极的合作态度。

3.2.4 流行

流行、流言、舆论是大众心理现象的三种表现形式。流行是一种群众性的社会心理现象，是指社会上许多人去追求某种生活方式，使这种生活方式在较短时期内到处可见，从而导致彼此间发生连锁性的感染，即所谓的"一窝蜂"现象。

1. 特点

（1）新奇性　是流行最显著的特征，表现为不同以往的行为或事物。例如，某种发式的流行。

（2）时效性　流行一般表现为突然迅速地扩展和蔓延，又在较短的时间内消失。

（3）周期性　流行变化有周期性。今天作为时髦的事物，几个月之后可能就变成了陈旧的东西；而今天陈旧的事物，若干年后往往又被看作新兴事物。例如，唐装的流行。

（4）两极性　流行项目的变化总是从一个极端到另一个极端。例如，服装的长度，长到极端必回到短，短到极致又回到长等。

（5）地域走向上的规律性　从地域走向上来看，流行的规律性一般表现为从大城市到中小城市，再到农村。

2. 公关策略

根据流行产生的原因与特点，公关工作中要善于挖掘题材、"炒作"题材，制造社会流行，为企业推出新的产品和服务营造积极的市场环境，使公共关系成为营销的手段；另外，要遵循流行的地域走向上的规律性，推广新产品或开发新市场时应先从大城市开始，然后到中小城市，最后到农村。

3.2.5 流言

流言是指提不出任何信得过的确切根据，而在人们中相互传播的一种特定的虚假信息。

1. 流言类型

流言类型大致可分为愿望流言、恐怖流言和攻击流言。

（1）愿望流言　反映人们某种要求、期望、未实现的梦想以及未满足的需求。愿望流言是凭常识就能推测到这些流言将被有目的地、故意地传播给宣传对象。例如，第二次世界大战期间，有人散布流言说："圣诞节前要结束战争"等，大众受这种愿望流言的影响，等待着真实消息的公布，最终是大失所望。

（2）恐怖流言　反映出人们内心的恐怖情绪。这种流言常见于社会紧张时期，例如，自然灾害、战争、政变等，以及人们对某些事物产生明显的恐怖和悲观绝望的时候。例如，汶川地震过后，苏州黑客攻击广西地震局网站，散布9级地震谣言，结果造成了社会恐慌。

（3）攻击流言　与恐怖流言相似，攻击流言一般产生于社会紧张时期，通常起因于群体之间的矛盾，其作用在于制造分裂。但在激烈竞争的市场环境下，也可能产生攻击流言，例如，某厂商散布流言说竞争对手的产品掺假等。

2. 公关策略

由于流言缺乏事实根据，在社会上辗转传播之后，往往面目全非，对个人、企业、社会都会发生消极影响。因而对于流言要采取措施进行制止。例如，公布事实真相，或对散布流言者进行忠告等，切不可出现手足无措任其传播及蔓延。

▶ **案例讨论 3-6**

"双十一"后，有网民表示收到了一条署名为［菜鸟驿站］的信息，称快递车在高速路上被烧毁，快递无法送达，由于没有购买快递险，无法理赔。全国各地已经陆续有多位网民反映都收到了类似提醒短信，只是各地的路段名称不同。

邮政、顺丰、三通一达、百世等15家快递企业联合声明："我们从未许可或委托任何单位及个人从事主动理赔相关事宜。当快件出现问题时，请及时联系企业官方客服（全国统一服务热线、官方网站等渠道），请勿轻易相信私自赔付。若发现不法分子的诈骗行为，请主动向公安机关进行举报；若已遭遇资金损失，请及时向公安机关报案。"

淘宝物流平台菜鸟驿站也发布了声明："所有包裹信息以快递公司官方信息和物流详情为准，请勿轻信以给不法分子带来可乘之机。对于恶意谣言带来的影响，菜鸟驿站将采取相关法律措施。"

问题：请结合所学内容分析流言造成的危害及组织应采取的公关举措。

3.2.6　舆论

舆论是公众的意见与看法，是社会全体成员或大多数人的共同信念，是人们彼此间信息沟通后的一种共鸣。

1. 特征

1）舆论作为一种公众的意见，是多数人所赞成和支持的。
2）舆论总是涉及社会安宁与幸福的问题。
3）舆论本身含有合理性。
4）舆论是有效的，能推动或阻碍社会上的意见。
5）舆论一般不是政府的意见，是广大民众的呼声。

2. 公关策略

公关工作应注重研究舆论的发生、传播和作用的机制，重点搞好舆论的监控，建立预警机制，防止负面舆论的产生和扩散，同时注意制造和传播正向的舆论，营造有利于社会组织发展的舆论环境。

3.2.7 价值观

价值观是指一个人对周围的客观事物（包括人、事、物）的意义、重要性的总评价和总看法，是影响个体行为的重要因素。

1. 影响因素

价值观是后天形成的，是通过社会化培养起来的，受后天因素影响很大。
1）个人的成就感、事业心。
2）过去成功或失败的经历。
3）周围环境、生活条件的影响。
4）对目标的接近程度。距离目标越近，越容易提高人的向往水平。

2. 公关策略

公关工作中应注意协调组织自身的价值取向和公众对象的价值取向之间的距离和关系。一般来说，组织和公众对象的价值取向相一致或相类似，沟通就比较容易，效果比较好；而价值取向相矛盾、相冲突，沟通就比较困难，障碍比较大，不容易达成共识和理解。因此，与价值观相反的公众对象沟通难度比较大，必须更加注意传播内容的设计和沟通艺术的运用。

3.2.8 从众心理

从众心理指个人受到外界人群行为的影响，而在自己的知觉、判断、认识上表现出符合于公众舆论或多数人的行为方式。通常情况下，多数人的意见往往是对的。少数服从多数，一般是不错的。但缺乏分析，不做独立思考，不顾是非曲直地一概服从多数，随大流走，则是不可取的，是消极的"盲目从众心理"。

1. 产生根源

（1）主观原因是不愿意被孤立　当个人的意见与众不同时，心理上就有一种紧张、孤立的感觉，从而使个体产生不愿意标新立异，而愿意顺从多数人的倾向。

（2）客观原因是外来的影响和压力　当团体中出现不同意见时，为了保持团体行动的一致，达成团体目标，团体一般会对有异议的成员施加影响和压力。

2. 公关策略

从众作为一种社会现象，既有积极的一面，也有消极的一面。在良好的社会风气之下，与此相适应的社会舆论、群体氛围，往往使人感到有一种无形的压力，这种情况下产生的从众行为是积极的；反之则是消极的。了解和把握从众心理，对于组织的自身建设具有十分重要的意义。一方面，可大力向内部公众宣传组织的精神、规章制度等，形成良好的内部氛围；另一方面，不断完善自身，获得有利于组织的社会舆论。

3.2.9 逆反心理

逆反心理是指社会个体对外界引导在态度方面的非常规性质的逆向反应。逆反心理是一种个体心理特征，是一种反常心理，通过对逆反心理的成因分析，可以有效地防止受众逆反心理的发生。

1. 产生根源

逆反心理是作用于个体的同类事物超过了个体感官所能接受的限度而产生的一种相反的体验，使个体有意识地脱离习惯的思维轨道，而向相反的思维方向的探索。在社会观念与个体观念相差太大，团体要求超过了个体承受能力时，此种现象就可能发生。逆反心理的产生还基于个体的好奇心、好胜心、抵触心等，既可能产生于其独树一帜的个性特点，也可能产生于其炫耀思想。逆反心理会造成逆反行为、抵触行为。在某些情况下，个体的心理逆反甚至可能形成反社会性格。

2. 公关策略

公关工作需要注意防止公众对象产生逆反心理和抗拒行为，因而了解和掌握逆反心理，对于组织公共关系有很重要的意义。要善于分析和掌握公众心理，抓住其"逆反"状态与表现时机，制订相应的公关措施，出奇制胜。例如，一些走"小众"路线的产品受到消费者的欢迎。

本章总结

本章主要介绍了公共关系客体——公众的概念、特征、分类；目标公众的确定；公众的心理状态及组织的公关策略。

公众指的是与公关主体——社会组织存在着一定关联度的组织、群体或个人的总和。公众具有相关性、同质性、多样性、可变性及整体性特征。公众按不同的分类标准划分为不同类型，例如，按隶属关系可分为内部公众与外部公众；按公众对组织的重要性可分为首要公众、次要公众和边缘公众等。目标公众指的组织的主要公关对象，确定目标公众时必须遵循如下原则：系统分析、突出重点，着眼大局、兼顾长远，公开透明、注意回避。作为公众一般有知觉、态度、流行、舆论、价值观、从众心理、逆反心理，针对每一种心理，组织应采取相应的公关策略。

知识及技能检测

一、名词解释

1. 公众
2. 目标公众

二、选择题

1. 公共关系的客体是（　　）。
   A. 群众　　　　B. 大众　　　　　C. 公众　　　　　D. 民众
2. 公众指的是与组织相关联的（　　）。
   A. 团体　　　　B. 组织　　　　　C. 群体　　　　　D. 个人的总和
3. 公众的特征有（　　）。
   A. 稳定性　　　B. 可变性　　　　C. 整体性　　　　D. 多样性
4. 按公众对组织的重要性划分，公众可分为（　　）。
   A. 首要公众　　B. 次要公众　　　C. 边缘公众　　　D. 外部公众
5. 第一印象一旦形成就难以消除，因此，公关传播中应当十分注意（　　）的作用。
   A. 首因效应　　B. 近因效应　　　C. 晕轮效应　　　D. 定型效应

三、实训题

1. 项目：分析公众
2. 目的：掌握组织面对的公众分类，并学会分析公众的心理状态。
3. 内容：分析你所在学校的公众有哪些，选择一种分类标准进行归类分析，指出每一大类公众与组织之间关系。
4. 组织：把全班同学分成四组并选出组长，课余完成此项作业，作为调研报告呈现，下次上课时推选代表发言，老师做出点评。
5. 考核：调研报告及发言情况作为一次大作业，老师分别给出成绩计入学生平时成绩。

拓展阅读

气质类型及测试

　　心理学所指的气质通常是理解为人的"脾气""秉性"或"性情"。气质是指心理活动动力方面的个性心理特征。人们很早就发现，不同的人有不同气质的表现。心理学家把气质分为多血质、胆汁质、黏液质、抑郁质4种类型。不同气质类型的人在生活和工作中会表现出不同的心理活动和行为方式。不同职业对人的气质有特定的要求，如医务人员要求耐心、细致，飞行员要求机智灵敏、注意力集中。气质具有相对的稳定性，但后天也可以锻炼改造，况且纯粹属于某一气质类型的人很少，大多数人都是几种气质类型兼具的混合体。在选择职业时要注意扬长避短。

气质的类型及特点如下。

1. 多血质型

特点：活泼好动、善于交际、思维敏捷、容易接受新鲜事物，情绪情感容易产生也容易变化和消失，容易外露、体验不深刻。

表现：多血质又称活泼型，敏捷好动，善于交际，在新的环境里不感到拘束。在工作学习上富有精力而效率高，表现出机敏的工作能力，善于适应环境变化。在集体中精神愉快，朝气蓬勃，愿意从事符合实际的事业，能对事业心向神往，能迅速地把握新事物，在有充分自制能力和纪律性的情况下，会表现出巨大的积极性。兴趣广泛，但情感易变，如果事业上不顺利，热情可能消失，其速度与投身事业一样迅速。从事多样化的工作往往成绩卓越。

职业特征：导游、推销员、节目主持人、演讲者、外事接待人员、演员、市场调查员、监督员等居多。

2. 胆汁质型

特点：坦率热情、精力旺盛、容易冲动、脾气暴躁、思维敏捷，但准确性差，情感外露但持续时间不长。

典型表现：胆汁质又称为不可遏止型或战斗型。具有强烈的兴奋过程和比较弱的抑郁过程，情绪易激动，反应迅速，行动敏捷，暴躁而有力；在语言上、表情上、姿态上都有一种强烈而迅速的情感表现；在克服困难上有不可遏止和坚韧不拔的劲头，而不善于考虑是否能做到；性急，易爆发而不能自制。这种人的工作特点带有明显的周期性，埋头于事业，也准备去克服通向目标的重重困难和障碍。但是当精力耗尽时，易失去信心。

职业特征：管理工作、外交工作、驾驶员、服装纺织业、餐饮服务业、医生、律师、运动员、冒险家、新闻记者、演员、军人、公安干警等居多。

3. 黏液质型

特点：感受性低、耐受性高、随意性低、外部表现少、情绪具有稳定性、反应速度不快但灵活。

心理特点：稳重、考虑问题全面、安静、沉默、善于克制自己、善于忍耐、情绪不易外露、注意力稳定而不容易转移、外部动作少而缓慢。

典型表现：这种人又称为安静型，在生活中是一个坚持而稳健的辛勤工作者。由于这些人具有与兴奋过程相均衡的强的抑制力，所以行动缓慢而沉着，严格恪守既定的生活秩序和工作制度，不为无所谓的动因而分心。黏液质的人态度持重，交际适度，不做空泛的清谈，情感上不易激动，不易发脾气，也不易流露情感，能自制，也不常常显露自己的才能。这种人长时间坚持不懈，有条不紊地从事自己的工作。其不足是有些事情不够灵活，不善于转移自己的注意力。惰性使其因循守旧，表现出固定性有余而灵活性不足、从容不迫和严肃认真的品德，以及性格的一贯性和确定性。

职业特征：外科医生、法官、管理人员、出纳员、会计、播音员、话务员、调解员、教师、人力人事管理主管等居多。

4. 抑郁质型

特点：沉静，对问题感受和体验深刻、持久，情绪不容易表露，反应迟缓但是深刻、准确性高。

表现：有较强的感受能力，易动感情，情绪体验的方式较少，但是体验的持久而有力，能观察到别人不容易察觉到的细节，对外部环境变化敏感，内心体验深刻，外表行为非常迟缓、忸怩、怯弱、怀疑、孤僻、优柔寡断，容易恐惧。

职业特征：校对、打字、排版、检察员、雕刻工作、刺绣工作、保管员、机要秘书、艺术工作者、哲学家、科学家等居多。

下面60道题，可以帮助你大致确定自己的气质类型，请根据自己的情况在"很符合、比较符合、介于符合与不符合之间、比较不符、完全不符合"5个答案中选择一个适合自己的答案。

注：① 回答时请不要猜测题目内容要求，也就是说不要考虑应该怎样，而只回答你平时怎样，因为题目答案本身无所谓正确与错误之分；② 回答要迅速，不要在某道题目上花过多时间。

很符合：2分；比较符合：1分；介于符合与不符合之间：0分；比较不符合：-1分；完全不符合：-2分。

1. 做事力求稳妥，一般不做无把握的事。
2. 遇到可气的事就怒不可遏，想把心里话全说出来才痛快。
3. 宁可一个人干事，不愿很多人在一起。
4. 到一个新环境很快就能适应。
5. 厌恶那些强烈的刺激，如尖叫、噪音、危险镜头。
6. 和人争吵时总是先发制人，喜欢挑衅。
7. 喜欢安静的环境。
8. 善于和人交往。
9. 羡慕那种善于克制自己感情的人。
10. 生活有规律，很少违反作息制度。
11. 在多数情况下情绪是乐观的。
12. 碰到陌生人觉得很拘束。
13. 遇到令人气愤的事，能很好地克制自我。
14. 做事总是有旺盛的精力。
15. 遇到问题总是举棋不定，优柔寡断。
16. 在人群中从不觉得过分拘束。
17. 情绪高昂时，觉得干什么都有趣；情绪低落时，又觉得什么都没意思。
18. 当注意力集中于一事物时，其他的事很难使我分心。
19. 理解问题总比别人快。
20. 碰到危险情境，常有一种极度恐怖感。
21. 对学习、工作、事业怀有很高的热情。
22. 能够长时间做枯燥，单调的工作。
23. 符合兴趣的事情，干起来劲头十足，否则就不想干。
24. 一点小事就能引起情绪波动。
25. 讨厌做那种需要耐心、细致的工作。

26. 与人交往不卑不亢。
27. 喜欢参加热烈的活动。
28. 爱看感情细腻、描写人物内心活动的文学作品。
29. 工作、学习时间长了，常感到厌倦。
30. 不喜欢长时间谈论一个问题，愿意实际动手干。
31. 宁愿侃侃而谈，不愿窃窃私语。
32. 别人总是说我闷闷不乐。
33. 理解问题常比别人慢些。
34. 疲倦时只要短暂的休息就能精神抖擞，重新投入工作。
35. 心里有话宁愿自己想，不愿说出来。
36. 认准一个目标就希望尽快实现，不达目的，誓不罢休。
37. 学习、工作一段时间后，常比别人更疲倦。
38. 做事有些莽撞，常常不考虑后果。
39. 老师讲授新知识时，总希望他讲得慢些，多重复几遍。
40. 能够很快地忘记那些不愉快的事情。
41. 做作业或完成一件工作总比别人花费的时间多。
42. 喜欢运动量大的剧烈体育运动或参加各种文艺活动。
43. 不能很快地把注意力从一件事转移到另一件事上去。
44. 接受一个任务后，就希望能把它迅速解决。
45. 认为墨守成规比冒风险强些。
46. 能够同时注意几件事物。
47. 当我烦闷的时候，别人很难使我高兴起来。
48. 爱看情节起伏跌宕激动人心的小说。
49. 对工作抱认真严谨、始终一贯的态度。
50. 和周围人的关系总相处不好。
51. 喜欢复习学过的知识，重复做能熟练做的工作。
52. 希望做变化大、花样多的工作。
53. 小时候会背的诗歌，我似乎比别人记得清楚。
54. 别人说我"出口伤人"，可我并不觉得是这样的。
55. 在体育活动中，常因反应慢而落后。
56. 反应敏捷、头脑机智。
57. 喜欢做有条理而不太麻烦的工作。
58. 兴奋的事情常使我失眠。
59. 老师讲新概念，常常听不懂，但是弄懂了以后很难忘记。
60. 假如工作枯燥无味，马上就会情绪低落。

记分：

胆汁质型得分：计算题号为2、6、9、14、17、21、27、31、36、38、42、48、50、54、58的得分之和。

多血质型得分：计算题号为 4、8、11、16、19、23、25、29、34、40、44、46、52、56、60 的得分之和。

黏液质型得分：计算题号为 1、7、10、13、18、22、26、30、33、39、43、45、49、55、57 的得分之和。

抑郁质型得分：计算题号为 3、5、12、15、20、24、28、32、35、37、41、47、51、53、59 的得分之和。

确定气质类型的标准：

1）如果某类气质得分明显高出其他三种，均高出 4 分以上，则可定为该类气质。如果该类气质得分超过 20 分，则为典型；如果该类得分在 10~20 分，则为一般型。

2）两种气质类型得分接近，其差异低于 3 分，而且又明显高于其他两种，高出 4 分以上，则可定为这两种气质的混合型。

3）三种气质得分均高于第四种，而且接近，则为三种气质的混合型，如多血—胆汁—黏液质混合型或黏液—多血—抑郁质混合型。

第 4 章 公共关系中介——传播媒介

■ 学习目标 ■

知识目标：了解公共关系传播概念以及分类；了解公共关系传播的模式和传播媒介。
技能目标：培养合理选择和利用传播媒介的能力。

引 例

胡歌现身荣耀 9 发布会　变身最帅产品经理

2017 年 6 月 12 日，胡歌优雅亮相荣耀手机新品发布会。活动现场，"海归胡"笑容满分，与现场嘉宾和粉丝自拍合影。而由胡歌演绎的荣耀 9 全新广告大片首次在发布会上曝光。

胡歌说过，早在自己少年时期就只爱相机不爱篮球，在娱乐圈内摄影的功力也是少有人匹敌。而在近日曝光的广告大片拍摄花絮中，胡歌身穿英伦装，拿着荣耀 9 专心拍照的认真模样也让众粉丝狂赞。

在活动现场，胡歌不失以往的幽默风趣，大方分享使用新手机荣耀 9 的体验，而在谈到自己的摄影心得的时候，胡歌有一种"话痨"的即视感，和在场观众热情分享摄影体会和摄影小技巧。

作为荣耀品牌的全新代言人，胡歌此次亮相荣耀 9 发布会不仅让粉丝大饱眼福，更是带来了不一样"胡"式时尚心经。在活动现场，胡歌不停在手里把玩的高颜值荣耀 9 成为他最默契的颜值拍档。"口袋单反"荣耀 9 满足了胡歌对于摄影的痴迷，穿梭于各大片场、行走在纽约街头，荣耀 9 成为胡歌记录生活点滴的最佳伴侣。

（资料来源：天极网　2017 年 6 月 14 日）

案例分析：公共关系的主要任务是沟通组织与公众之间的相互了解，促进双方的良好关系，而这一切都离不开传播。案例中华为公司在产品销售过程中，意识到了娱乐明星代言人和新产品发布会的重要作用，选择了合适的明星代言人，成功组织了发布会，最终取得了良好的宣传效果。

4.1　公共关系传播的概念与分类

由于现代科学技术的发展和社会现实需要，传播在今天已成为极其复杂和无所不在的活动，甚至每时每刻人们都淹没在传播所提供的各种信息之中。可以说传播作为人类社会行为的一种重要活动，影响着公众感受和态度，是促进公众了解和信任组织的一种重要手段。作为公共关系的最重要的手段，公共关系工作人员应懂得传播的基本理论，掌握有关技巧，学会运用各种主要传播媒介。

4.1.1 公共关系传播的概念

"传播"一词源于"Communicate"，意为"共同分享"，它通常是指人与人之间通过一定的符号进行的信息交流与分享，是人类普遍存在的一种社会行为。1988年出版的我国第一部《新闻学字典》将传播定义为："传播是一种社会性传递信息的行为，是个人之间、集体之间以及集体与个人之间交换、传递新闻、事实、意见的信息过程。"

公共关系传播是组织通过报纸、杂志、广播、电视等大众传播媒介，辅之以人际传播的手段，向其内部及外部公众传递有关组织各方面信息的过程。这个定义包括三方面的内容：第一，公共关系传播的主体是组织，不是专门的信息传播机构；第二，公共关系传播的客体由两部分组成，一部分是组织内部公众，另一部分是组织外部公众；第三，公共关系传播以大众传播媒介作为主要手段，以人际传播作为辅助手段。

4.1.2 公共关系传播的分类

了解和研究公共关系传播的分类，主要是从公共关系主、客体关系及其规模大小的角度进行分析。

1. 自身传播

自身传播又称内向传播，是行为主体自身内部进行的信息传播，它集主传者与受传者于一身，表现为自我意识、自我表露、自我宣泄、内心冲突等。日常生活中人的内心独白、自言自语、自吟自唱、自问自答、三思而行等都属于这种类型的传播。自我传播是人类社会一切传播的基础和开始，自我传播的过程是行为主体不断完善自我、发展自我的过程，个人的不断完善才能最终推动社会的进步。一个自我传播丰富而频繁的人，才是一个成熟而稳健的人。自我传播是公关人员必备的基本素质，其特点通过以下方面表现。

（1）传播数量　自身传播是人在一生中累积从事时间最多，因而传播量最大的传播类型。它在人的头脑中不停地流动、变换。生命不息，自身传播不止。

（2）内在形式　自身传播是在人的思想意识领域进行的，因而虽然它的传播量很大，但却没有太多的外在表现，人们至多通过一个人的表情来推测他的内心活动。

（3）交流基础　人们之间的交流要通过语言、体语和文字等形式进行，这些外在形式所表达的内容则大多是人们自身传播的结果。人们在生活中耳闻目睹的一切都会在自己的思想意识中产生反响，最终通过自身传播使之系统化、明确化，成为认识和经验。这种自身传播的累积使人们认识社会、认识自身，形成各类外向传播中所表现出来的观点和态度。

2. 人际传播

人际传播是指人与人之间的信息沟通和情感交流活动，也是社会生活中最常见、最普通、最丰富的一种基本传播方式。人际传播形式多样，但大致可分为两种：一种是面对面的传播；另一种是借助中介物的传播。前者一般通过语言、表情、手势等直接沟通，能立即得到反馈；后者一般通过书信、电话、E-mail、QQ、微信等媒介进行沟通。人际传播的特点如下。

（1）传播方式随意　人际传播由于是个体之间的交流，因而范围小、影响小，所以在信息内容的选择方面比较随意，可以是严肃的主题，可以是轻松的话题，也可以是一笑置之的调侃。这种传播没有太大的心理压力，因此双方可以就一些不易在公众场合传播的内容进行深入的探讨，最终达成某种默契或共识，这种效果在其他传播方式中是很难达到的。

（2）信息反馈迅速　人际传播为及时反馈信息提供了有利条件，尤其是面对面的交谈使信息的双向沟通最易于实现。同时，传播的双方根据对方反馈的信息，获知自己的传播效果和对方的态度，并及时调整，修改和补充传播内容和传播方式，这无疑大大提高了双方达到一致的可能性。

（3）交流手段丰富　人际传播具有手段丰富、符号多样的特点。除了语言、文字、图像、声音之外，还有眼神、表情、动作、姿态、服饰、特定的物品等多种渠道或手段来传递信息，甚至特定的时间和空间也能成为信息符号，从而使对方从感官到理智都受到多方面的信息刺激。

（4）情感沟通方便　在所有的传播方式中，人际传播的人情味最浓。个人情感的沟通一般随着对象的增加而递减，在个人交往场合比在公众场合感情沟通的效果明显。人际沟通最有利于情感交流，最易于达到以情动人、以情感人的目的。

（5）主观制约性较强　人际传播主要在个人之间进行，因此最容易受个人主观因素制约。例如，受人的观念、态度、情绪、语言等因素的制约。与此同时，人际传播的传播面比较窄，传播速度慢，容易使信息在多次传播中失真。

3. 大众传播

大众传播是指大众传播机构及个人通过报纸、杂志、广播、书籍、电视、网络等大众传播媒介，将大量经过复制的信息传递给广大的受众的过程和活动。大众传播是组织公关活动中最主要的传播方式，大众传媒是公关传播中运用最多的媒介。大众传播的主要特点如下。

（1）传播主体职业化　大众传播是从事信息生产和传播的职业化媒介组织，包括出版社、杂志社、报社、广播电视台、电影和电视剧制作中心等，这些机构集中了大量的经过专业训练的职业传播人员，如记者、编辑、主持人、各类制作人等。

（2）传播对象大众化　大众传播拥有大量的受众，分布于不同的地域、不同的领域，相互之间没有紧密的联系，与传播者之间也没有直接的联系。

（3）传播内容通俗化　由于受众的广泛性，大众传播的内容以满足社会上大多数的信息需求为目的，因此大众传播的内容必须通俗易懂，深入浅出。

（4）传播手段现代化　大众传播运用了当今世界大量先进的技术成果，特别是电子技术、通信技术、印刷技术的飞速发展及其在传播领域的广泛采用，使大众传播能够高速度、大范围地复制和传播信息，促进公关活动的顺利进行，其传播的速度、广度和海量信息是人际传播无法比拟的。

（5）信息反馈缓慢弱化　大众传播影响广泛，但信息反馈比较困难。大众传播属于单向性很强的传播活动，缺乏直接和有效的反馈通道，因此反馈的过程比较长、比较缓慢。所以，大众传播是信息反馈比较弱的一种传播方式。

▶ **案例讨论 4-1**

请留心你家的后窗

20世纪50年代，好莱坞影片《后窗》曾风靡中国香港地区，该片描写了一个脑部受伤的新闻记者，在家养伤时闲着无聊，便买来一架望远镜，每日坐在屋子里从对面楼层的后窗窥视住户的家庭隐私，从而卷入了一场谋杀案。影片上映后，人们竞相观看，形成了"后窗热"。这时，一家生产百叶窗的企业成功地抓住了这一事件，在报上连续刊登题目为"请留心你家的后窗"的销售广告，生意一下子兴隆起来。

试运用公共关系传播学中的相关知识分析评点这一案例。

4. 组织传播

组织传播是指组织内部的信息交流活动。这种传播的目的是加强组织内部的联系与协作，使组织成员团结一致，提高组织的整体效能。组织传播可以分为上行传播、下行传播和平行传播三种方式。上行传播指组织内部下级向上级的传播，如反映情况、汇报工作、请示意见等。下行传播指组织内部上级向下级的传播，如通报情况、布置工作、传达指示等。平行传播指组织内部相互之间没有隶属关系的各部门、各机构之间的传播，如交流情况、讨论协作、开展联谊等活动。平行传播有利于加强联系，增进了解，消除误会，减少扯皮，协调行为。组织传播的特点如下。

（1）传播主体组织化　组织传播的主体是组织而不是个人，传播活动受组织目标和计划的制约，整个过程都在组织的管理和控制之下。组织传播是组织经营管理的一种手段。

（2）内部传播有序化　组织传播在相当大的程度上具有正式性，均应按一定的层级次序来进行传播。例如，逐级请示与汇报、针对性地批复与指导等。组织内部有序传播保证了组织系统运行效率。

4.1.3　公共关系传播的一般过程

传播活动是一个循环往复以至无穷的过程，它是传播各要素之间相互作用、相互影响的结果。其中最基本的5项要素即传播者、传播符号、传播媒介、受传者和传播效果，构成了传播过程的主要支架。公共关系传播的一般过程大约有几个环节，如图4-2所示。

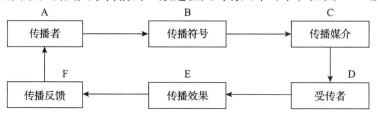

图4-2　公共关系传播的一般过程

A是传播过程的第一个环节，是信息的传播者或称主传者。在此，传播者要承担"制码"工作，即按受传者所能理解的方式将信息编制成传播符号，以便信息进入传播过程。制码一定要准确无误，避免干扰信息的传递。

B是传播过程的第二个环节，指组织需要公众知道的各种信息，往往用各类符号来表示。用符号来表达内容是人类传播的一个特点，但符号与内容之间没有必然联系，它们之间的关系是人们为了方便而约定俗成的。传播内容可以通过语言、文字、图表、数字、实物、色彩、时空等各类符号来表达。在把各类信息传播出去之前，传播者要使符号与内容一一对应起来，这项工作被称为编码。

C是传播过程的第三个环节，是信息得以传播的媒介或通道、载体，信息的传播符号通过它传给受传者。在这个环节里，要注意排除"噪声"的干扰。噪声在这里被定义为影响信息交流的任何干扰，包括时间的、空间的、客观的、主观的等各方面的干扰。

D是传播过程的第四个环节，是信息的接受者，即受传者。在这个环节中，受传者要承担"译码"的工作，即还原传播符号。实践证明，受传者总是按照自己的立场、观点、方法和喜好来理解传播符号所载来的信息，它不是简单地被动接受，而是主动分析，有选择地吸收。在其对信息的还原过程中，越能保持信息原貌，越能取得理想的传播效果。

E是传播的第五个环节，是传播效果。受传者获得信息后，产生一系列的心理活动。这些信息使他们产生喜怒哀乐，改变其言行，导致其新思想、新行为的发生，最终产生传播者预想到的或意料外的各种效果。一般来说，产生效果的过程，是由受传者接到信息后，"引起注意→情绪变化→态度转变→采取行动"四个环节来体现的。

F是传播过程的第六个环节，被称为传播反馈。信息传播的客观效果有积极的或消极的，有明显的或潜在的，有即效的或长久的，呈现出多样式。它们通过各种渠道反馈到主传者那里，使主传者总结经验，找出不足，为新一轮的传播做好准备。

4.1.4 公共关系传播模式与理论

由于传播要素的作用不同，传播过程处于不断变化之中。对于不同类型的传播，其传播渠道日益丰富、互相交叉且同步发展，这导致传播过程扑朔迷离，因此人们对传播过程的研究也各执己见，呈现多角度、多思维的局面。现已总结出几种不同的传播模式。

1. 拉斯韦尔的5W模式

传播学中，总体研究范畴的规划者是美国学者哈罗德·拉斯韦尔。1948年，拉斯韦尔发表了《社会传播的结构与功能》一文，使其成为传播学的始创者之一。在这篇论文里，拉斯韦尔提出了界定传播研究范畴的经典模式——5W模式。

5W模式用一句话来表示就是："Who says what in which channel to whom with what effects."意思是：谁通过何种通道对谁说了什么而带来什么效果，用图4-3来表示。

图 4-3 拉斯韦尔的 5W 模式

在对传播的研究中,拉斯韦尔所提出的研究对象的 5 大部分也完全可以视为传播研究的基本范畴。

(1) 传播的控制分析　主要包括传播的法规与政策;传播者的社会控制和自我控制;传播者对传播的影响;传播者的社会责任。

(2) 传播的内容分析　主要包括传播的分类;传播的符号;传播的宣传方法等。

(3) 传播的媒介分析　主要包括传播的媒介环境;传播的媒介特点等。

(4) 传播的对象分析　主要包括传播对象的心理;传播对象的劝服等。

(5) 传播的效果分析　主要包括传播的效果类型;影响传播效果的因素;测定传播效果的定量方法等。

2. 新型的控制论传播模式

新型的控制论传播模式是美国学者施拉姆和奥斯左德在 1954 年提出来的,其过程表现形式如图 4-4 所示。

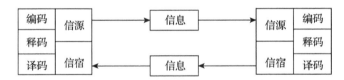

图 4-4　新型的控制论传播模式

这种模式是一种双向循环运动过程,它引进了反馈机制,把传播理解为一种互动的循环往复过程,揭示了传受双方要使传播维系发展下去,达到预期目的,就必须根据反馈信息,调节自身的行为,从而使整个传播系统始终处于良性循环的可控状态。

3. 把关人理论

(1) 把关人的概念　"把关人"又称"守门人"(Gate Keeper),是指在信息传播过程中,对信息的提供、制作、编辑和报道能够采取"疏导"与"抑制"行为的关键人物。这个概念出于德国著名社会心理学家库尔持·卢因在 1947 年所写的《群体生活的渠道》一文。他在研究群体传播过程时提出,信息总是沿着包含有"门区"的渠道流动着。信息或商品是否被允许进入流通渠道,总是根据某种"守门人"的意见。

传播学学者十分重视这种信息传播过程的枢纽作用,并且认为这是一种信息传播的普遍现象,即在一个传播系统中,信息总是通过某些决策点和关口来完成传递过程的。在信源与受众之间,存有决定中止或中转信息的把关人。把关人有时指个别人,有时指一个集体。在社会信息的提供、制作、编辑和报道的过程中,就有许多把关人。而编辑取舍新闻和传播媒介对制品的审核则是典型的把关行为。

(2) 把关人的传播行为："疏导"与"抑制"　一般来说，把关人的传播行为包括"疏导"与"抑制"两个方面。把关人对某些信息准予流通便是疏导行为，对另一些信息不让其流通或暂时搁置便是抑制行为。

把关人之所以对信息交流采取不同的态度和行为，主要是出于自己的预存立场。所谓"预存立场"，就是自己原有的意见、经验、兴趣和精神状态的总和，同时也受到周围信息的影响。

在传播过程中，把关人的存在方式可以从韦斯特图中观察到（见图4-5）：其中X代表周围的信息，A代表倡导角色，C是把关人，B是消费者。

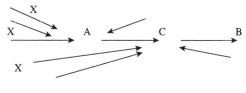

图4-5　"把关人"的作用

在这一模式中，社会中的一部分信息经过倡导人A（包括公司）而进入了信息传播渠道。渠道之中的把关人C，如新闻媒介中的工作人员将对此进行必要的审核，由他们决定是否通过传播媒介和何时通过传播媒介进行传播。把关人也有权就版面、时间等要求，对其做更加细致的把关。

经过把关人C的"过滤"之后，倡导人A所提出的信息才流向消费者B。

4. 两级传播模式

"两级传播论"是由美国著名社会学家拉扎斯菲尔德提出的。在两次世界大战之间的几十年内，对大众传播的效果流行着一种"魔弹说"或"皮下注射说"。这是一种大众传播的强效果论观点，即认为大众媒介具有一击即中的"魔弹"效果或类似药到病除的"皮下注射"的效应。

1940年，拉扎斯菲尔德在美国俄亥俄州开展了一项有关总统选举的社会调查。但是，调查结果却使他们开始对"魔弹说"产生了怀疑。调查结果表明，只有大约5%的人确认他们是受了大众传媒的影响而决定投票倾向的，而真正影响人们投票行为的仍然是个人之间的接触和方方面面的劝说，于是，他们提出了"两级传播"的假设，即"观念总是先从广播和报刊传向'意见领袖'，然后再由这些人传到人口中不那么活跃的部分。"也就是说，信息的传递，是按照"媒介——意见领袖——受众"这种两级传播的模式进行的。这里所提出的中间环节"意见领袖"，其作用与意义举足轻重。意见领袖又称"舆论指导者"，指社会活动中能有较多机会接触来自各种渠道的信息的那一部分人，即"消息灵通人士"，或对于某一领域有丰富的知识与经验的那一类人，即"权威专家"，其态度和意见对广大公众影响较大。

在传播活动中，信息传播者大多是通过大众传播媒介来接触社会消费者的。在我们看到报纸厚厚的版面和每隔十几分钟就要跃上荧屏的电视时，应当意识到：大众传播媒介力量是巨大的，但不是"法力无边"的。人们在进行传播之时，千万不可忽略那些卓有成效的以人际传播和组织传播方式所达到的传播效果，即千万不可忽略"意见领袖"的指导作用。例如，如果大众报刊今天告诉人们面向左侧睡健康，明天又宣称面向右侧睡长寿。在大众传播媒介中出现"信息冲突"时，人们往往无所适从，便会去向保健医生请教，应该面向哪个方向睡眠才好，从而采取相应的做法。这位保健医生，就是"意见领袖"。

在公关传播中，人们已十分注重"意见领袖"的作用。例如，女影星娇嫩的肌肤使其成为护肤和化妆方面的"意见领袖"；篮球运动员的雄健体魄使其成为运动服装及器材的"意见领袖"；营养专家当然是食品方面的"意见领袖"；医生肯定是药品方面的"意见领袖"……如何发挥"消息灵通人士"或"权威专家"的舆论指导，对公关传播工作都有重要的意义。

5. 受众选择"3S"理论

信息传播者往往把一些符合自己意图的信息编成特定的符号，然后通过一定的渠道到达目的地。这个目的地就是传播者企图与之共享信息的接收对象，即受众。但是，时常发生的结果是信息在受众那里受到冷遇：视而不见、充耳不闻。人们可以在阅读报纸杂志时跳过某些版面的内容，可以随意转动旋钮调换广播波段，也可以随意按动遥控器调换电视的频道。经过长期的观察和研究，传播学者发现受传者在接触媒介和接收信息时有很大的选择性，这就是受众心理上的自我选择过程。

这个选择过程表现为三种现象，简称为"3S"：选择性注意（Selective Attention）；选择性理解（Selective Perception）和选择性记忆（Selective Retention）。

（1）选择性注意　注意是指心理活动对一定事物或活动的指向和集中。而选择性注意就是指在信息接收过程中，人们的感觉器官虽然受到诸多信息的刺激，但是他们不可能对所有信息都做出相应的反应，只能是有选择的加以注意的心理状态。

从选择性注意的角度来看，如何提高信息的竞争能力，有以下几个因素值得关注：

1）对比。在版面和播出程序上，将内容大不相同的稿件或节目编在一起，表现为强烈的对比，以引起消费者较大的注意，而不致被忽略和舍弃。

2）强度。当许多信息同时呈现时，在其他条件相同的情况下，刺激强的容易引起人们的注意。例如，在报纸的编排中，字号、字体、色彩等都可以加强信息的刺激强度而引人注目。

3）位置。在传播时，报纸的版面位置、广播和电视的播出时间、杂志的中页或封底，都显出信息传播中空间信置和时间位置的重要性。如果说某个时段或位置能够减少或避免与不相干信息的碰撞与干扰，那么此时此处就会显现出良好的传播效果。

4）重复。对消费者的重复刺激是引人注意的一个重要手段。一般来说，重复的次数越多越容易被注意。例如，在报纸、电视和广播中，往往一条内容相同的广告信息连续出现，短则两三次，长则数月数年地反复播出。

5）变化。一则信息刺激虽然很强，位置也很显要，但持续时间太久，人们就会充耳不闻、熟视无睹，因失去新鲜而失去注意，因此，变化是吸引注意的另一个必要条件。

（2）选择性理解　选择性理解是受传者心理选择过程的第二个环节，也就是消费者接受信息传播的第二关，是指不同的人对于同一信息做出不同的意义解释和理解。

影响受传者的选择性理解的心理因素，包括需要、态度和情绪三个方面。

1）需要。信息受传者对于一条信息的理解往往是为了满足自己的某种需要。美国学者麦克莱兰和阿尔金森曾做过这样一个实验：被试者分为 A、B、C 三个小组。A 组被试验者有 16 个小时未进食，B 组被试验者有 4 个小时未进食，C 组被试验者则只有一个小时未进食。实验者拿出一张极为模糊的图片，分别让 3 组的被试者看后说出该图片上的图形。结果，停食时间较长的被试者中，理解与食物有关的物体明显地比其他物体多得多，而刚吃过东西不久的被试者的判断却显然不同。

2）态度。态度表现为对事物的肯定或否定、赞美或批评、爱好或厌恶等心理倾向。对一种信息的理解，必然受到消费者固有观念的影响。

3）情绪。情绪指那种与人的需要是否获得满足相联系的内心体验。对同一则信息，公众可能因为情绪与心境的不同而产生不同的理解。

（3）选择性记忆　记忆是一定时期内神经联系的形成和巩固。如果人们感知过的事物，在事过之后并不消失，在大脑皮质上形成暂时神经联系，以痕迹形式保留在头脑中，这就是记忆。记忆是一种极其主观的脑的活动。人们往往只记忆对己有利的信息，或只记自己愿意记忆的信息，而其余信息则往往烟消云散。这种记忆上的取舍叫作选择性记忆。选择性记忆可以分为如下三个阶段。

1）输入。人们对一则信息的记忆往往只记大意。例如，某句精彩的口号、某个令人赏心悦目的镜头或某段令人难忘的音乐旋律。人们记忆的不完整，还表现在往往把原有的信息按自己的惯用符号重新编排。因此，信息的传播者要设法在信息的构思和符号制作上多下功夫。

2）储存。从心理学上看，人的记忆能力是有限的。一般地说，一个人一次只能记住 8 个不相关的数字，或 7 个不相关的字母，或 6 个不相关的单词，这个成果又往往只是一种短期记忆。因此，在广播和电视广告中，频繁出现一些复杂的数据、厂家的电话号码、店址、厂址、门牌号码等做法，是不可取的。

3）输出。记忆的输出有两种方式：辨认和回想。辨认是人们接收到某则信息后，可以辨别出自己以前是否看过或听过。回想则是人们能够把看过或听过的信息用不同的符号予以复述。一则信息的反复出现，使得人们能够多次在记忆库里对此信息加以辨认。而记住这条信息内容，再向其他人转述此内容时，便是凭借回想的记忆输出。

6. 议题设置论

议题设置论是大众传播媒介的一个重要功能。1972 年，美国学者麦库姆斯等人经过研究认为，大众传播媒介具有一种选择并突出某种问题，从而使这些问题引起大众和社会重视的功能，这种功能也是大众传播最重要的社会效果之一。科学调查的结果表明：大众传播对某些议题的着重强调和这些议题在受传中受重视的程度构成强烈的正比关系。或者说，在大众传播中越突出某一事件，多次、大量地报道某一事件，就会使社会中的公众突出地议论这一话题，这便是"议题设置"。

议题设置的理论基于以下两个观点。

第一个观点，各种传播媒介对传播信息的"过滤作用"。传播媒介对极为浩繁的信息是经过选择后才传达给公众的。当大众传播媒介热情介绍某个新闻事件，也就意味着这个新闻事件可能成为公众关注的"议题"。

第二个观点，面对传播过多的信息环境，公众常常感到无所适从。他们需要有人出面对复杂的信息加以整理，划出重点和优先顺序，为他们选出那些值得关心和注意的事件，这正是"把关人"的作用所在。

在公关传播活动中，可以通过大众传播媒介在社会中形成一个热门话题，让这个话题直接间接地与组织及其产品挂上钩，从而达到良好的传播效果。一般做法可能是，别出心裁地搞出一个奇特的创意，以吸引公众的注意力。

4.2 公共关系传播媒介及选择

媒介是英语"Media"的汉译，指大众传播工具，如报纸、杂志、电视、广播等。作为实物，大众传播媒介早已产生，如第一份报纸《公共事务报》1690年在美国波士顿出版，但作为一个名词则是在20世纪20年代随广播出现而产生的。

不同的传播方式有不同的传播媒介。媒介作为沟通传播主体与传播对象的桥梁，在传播系统中是非常重要的环节。在传播媒介日益丰富的现代社会，了解各种媒介的特征并做出正确的选择，对于最终形成什么样的传播效果起关键性的作用。这里我们仅介绍公共关系活动中几种最常见、最普遍的传播媒介，其中报纸、杂志、广播、电视被称为大众传播媒介的四大支柱。

4.2.1 公共关系传播媒介及其特点

1. 广播

广播是覆盖面最广的一种电子类大众传播媒介。它以声音作为传播的符号，声音有语言、音乐、音响等三种形式。声音形式的不同组合可以构成多种多样、多姿多彩的节目，并具有较强的写实性与表现力。广播的优点如下。

1）制作成本低，其广告制作成本是电子类大众传播媒介中最经济的。
2）制作简便快捷，因而在新闻报道中，它是最迅速的传播媒介。
3）互动性强，它很容易与电话、手机等其他媒介连接，与听者双向交流。
4）频道多、容量大，其语言节目可以对新闻、社会热门话题做系统、翔实的报道与深入的讨论。
5）收听对象非常广泛，文化程度稍低、视力不佳或行动不便的公众都可以收听，人们甚至可以边做其他的事情边收听。例如，向农民进行化肥的宣传等。
6）广播的接收机已实现小型化，人们可随身携带、随时收听。

但广播信息稍纵即逝，如果不及时录音，内容就无法保存；而且广播能有效利用的电波频道也是有限的，不能像印刷品那样无限量地增加；另外，广播自由选择节目的范围有限，也不能任意改变收听的时间和顺序，听众处于被动地位。

2. 电视

电视是现代强有力的一种大众传播媒介。它使用各种视听符号进行传播，视听兼备，音像并茂，具有很强的写实性与表现力，是各类公众最喜爱的媒介之一，因而它对社会生活的影响力也非常大。

电视的特点非常鲜明，电视新闻具有最强的形象表现力，它真实、生动，可以实时播报，也可以深入分析新闻事件。电视的娱乐功能在新闻媒介中最强，这是它吸引受众的重要因素。当电视与卫星结合后，就成为超越地域、国界的媒介，其作用大大提高。

但是电视制作播出的设备和技术比较复杂，这在一定程度上影响了新闻报道的速度；它的传播信号与接收的特点也影响了它的广度；它的节目制作费用较高，节目的多少与一国一地的经济状况有密切关系。

3. 报纸

报纸是以刊载新闻和时事为主，评论现实生活，引导社会舆论的定期的公开出版物。它是受众面最大的一种印刷类的大众传播媒介。报纸的优点如下。

（1）普及性　报纸一般不受数量上的限制，如果报道的内容较多可以增加版面，而广播的频率却不能任意增加。在全国上千种报纸中，读者可以根据自己的喜好、职业和年龄等进行广泛的选择，这就使得报纸成为比较普及的传播媒介。

（2）可选择性　广播和电视都在固定的时间播放，错过时机就难以再次接收，受众缺少选择的主动权，而报纸的读者却可按照自己的需要、阅读的习惯和时间自行决定阅读的时间、地点、顺序、速度和次数，并且还可以把几种报纸对同一事件的报道进行对比，将某一种报纸在不同时间里的报道进行对比。

（3）深刻持久性　广播和电视在传播上注重时间，往往比较直观、表面，而报纸却因为时间充分、篇幅充足，可以对事件进行更深入、详尽的报道，甚至可以反映某些用口语和图像难以表述的事物。人们还可以把自己感兴趣的资料进行保存，作为历史资料和专门知识反复使用。

（4）方便性　报纸制作容易，成本较低，读者接受信息时不需要任何设备。但报纸也有自己的缺点：在传播速度方面，缺少同时性，不能像广播、电视那样迅速报道新闻事件；在生动形象方面，报纸传递信息主要以文字形式表达，有时附以图片，需要抽象思维，不够生动形象，不能直观地报道，感染力相对较差；要求读者有一定的文化水平，专业性印刷品更需要读者有专业知识才行。

4. 杂志

杂志又称期刊，是定期或不定期成册连续出版的印刷品，它是受到普遍欢迎的一种印刷类大众传播媒介。按其内容，杂志可分为知识性、趣味性和专业性三类，其优点如下。

（1）全面性　在我国，各类杂志达几千种，涉及各行各业，发行量大，读者范围广。

（2）深入性　杂志由于编辑时间较长，可以免受时间因素的影响，因此在报道事件时可以有充分的时间去采访和分析，广泛收集资料，详加解释，还可以配置必要的图片和图表，提供详尽而深入的报道，比报纸等其他媒介系统完整，具有独特的参考价值，能给读者留下深刻而完整的印象。社会组织可在周年庆等特殊时机，利用杂志媒介来进行详尽报道，使公众全面了解组织的经营理念、组织精神及各方面情况等。

（3）专业性　杂志的专业性是十分明显的，针对性强，使公众便于选择自己感兴趣的类型。但杂志的缺点也十分明显，一是出版周期长，因而不能迅速地报道新闻事件，缺乏时效性；二是杂志要求读者具有相当的文化水平和理解力，对于专业性杂志来说，还要求读者具有一定的专业知识。

5. 网络

网络属于新兴的大众传播媒介。互联网的出现，标志着人类传播史上又一次重大革命的到来，这场革命从根本改变了人类的信息意识、传播方式和传播行为，并影响人们的思维方式、工作方式和生活方式等方方面面，尤其是人们对移动网络的使用更使得人人都成为媒体人，微博、微信等让每个人都拥有了在网络上发声的权利和平台，而微博和微信公众号更是成为组织进行互动传播的很好载体。网络这种全新的媒介，具有与其他传统媒介不同的传播特征，具体体现在以下几个方面。

（1）超越时空　时至今日，互联网已延伸到世界上任何一个角落，信息在网上的流通已不再受到时间和空间的限制。在这个高度开放的虚拟世界中，无论是传播者还是受传者，都拥有高度的自由：没有红灯，没有障碍，不分种族，不分国家，不论年龄大小、地位高低，任何人都可以利用网络平台，平等地获得信息和传递信息。

（2）信息量大　互联网是由无数个局域网联结起来的世界信息传输系统，拥有一个巨大无比的数据库。网上的信息无所不包、无所不在，与传统媒体相比，其信息量是前所未有的。例如，上海东方网设有 80 个主体频道，200 多万日均用户，4000 多万日均页读数（PV），其信息总量比上海市 10 家主要新闻媒体的总和还要多。

（3）互动性强　在传统媒介的传播理念中，传播者和受传者是严格区分的。前者主动地传播信息，后者被动接受信息。也就是说，受众对于传播的内容没有挑选的余地。现在，网络媒体的受众除了可以在极大的范围内选择自己需要的信息之外，还可以参与信息的传播，并对所获得的信息做出迅速、及时、有效的反馈，甚至对传播的内容进行控制。这种功能是任何传统媒体都无法比拟的。

（4）成本较低　相对其巨大的功能来说，网络的使用是比较便宜的，因为网络充分利用了现代的全球通信网络，无须重新投资，建设新的通信线路设施。在通信费用方面，无数局域网分担了区域之间的通信费用，因此，即便是进行全球性的联络，也只需支付地方性的费用。

4.2.2　公共关系传播媒介的选择

媒介是传播信息的载体和工具，是公共关系传播过程的基本要素之一。公共关系工作者在制作好信息之后，必须考虑采用何种媒介来传递信息。熟悉各种媒介的性质、特点和用途，了解并恰当地选择媒介，是公共关系工作的一项重要理论和实务。从上述各种不同媒介的优缺点来看，应该根据不同的情况选择不同的媒介。要想取得最好的宣传效果，必须要科学地进行媒介选择，要根据所传播的对象、内容以及传播者的经济状况等方面来综合考虑。

1. 传播对象的特点

不同部门在不同时期有不同的公关工作目标，面临的公众也存在差别，应进行分析研究。

（1）公众受教育程度　公众的受教育程度高低与媒介选择存在密切关系。一般来说，受教育程度高者多选用印刷媒介进行阅读分析，获取信息；相反，受教育程度低者多选用电子媒介来获取信息。

（2）公众年龄结构　年龄结构水平与媒介选择存在的关系是：中老年多选用印刷媒介，青少年更喜欢电子媒介。

（3）公众生活、工作习惯　不同的公众，生活和工作习惯不同，接受信息的时间和采用的方式都不同。生活习惯没有规律的公众无法在规定时间内收听或收看信息，印刷媒介更适合他们。

（4）公众经济状况　经济生活水平高者，有可能接触费用较高的媒介；经济生活水平低者，只能接触费用较低的媒介。

2. 传播信息的内容

（1）传播信息内容的复杂程度　如果要传播的信息是难以理解的，适合用印刷媒介，便于公众反复深入思考、研究和理解；相反，使用电子媒介更合适。

（2）传播信息内容的保存价值的大小　如果传播的信息有较大参考价值，需要保存，宜用印刷媒介。尽管电子媒介有时也可保存，但费用较高，可选择性较小。

（3）传播信息内容的详细程度和趣味性　传播信息要求较详细但趣味性较小，宜用印刷媒介；相反，配以声音、图画较易感人，易于理解，直观性强，能引起兴趣，这是电子媒介的特长。

（4）传播信息内容的性质　传播信息内容不同，会吸引不同公众。总的来看，随着年龄增长，公众更愿接受知识性、政治性、公共事务性较强的信息，宜较多使用印刷媒介；年龄水平低者更愿接受趣味性较强的信息，宜多使用电子媒介。

3. 经济合理的原则

运用各种大众传播媒介传递信息都需要支付一定费用，其费用与效果大小成正比。例如，电视效果较好，但费用较高，通常以秒来计算费用；印刷媒介效果较差，费用水平也低。因此，公共关系工作人员在选择传播媒介时，还应考虑组织自身的经济负担能力和传播价值问题，充分利用现有各种条件，以最少的费用来争取最好的传播效果。当然，也不能因噎废食，失去传播信息的良好时机。

此外，选择传播媒介时还应当考虑受众的心理因素。受众的心理因素主要指信息接收者的情感心理状态，在不同的情感状态下，人们接收信息的效果是不一样的。心理学原理揭示了这样一条规律：凡是在一定活动中伴随着使人"愉悦"的情绪体验，都能使这种活动得到强化，而令人"不满意"的情绪体验，则使这种活动受到抑制。因此，传播者应该考虑受众的情绪反应，选择最佳的传播方式。

本章总结

本章主要介绍了公共关系中介——传播的概念、分类、模式；常见传播媒介的特点及合理选择。

公共关系传播是组织通过报纸、杂志、广播、电视等大众传播媒介，辅之以人际传播的手段，向其内部及外部公众传递有关组织各方面信息的过程。公关传播可以分为自身传播、人际传播、大众传播、组织传播。最常见、最普遍的传播媒介主要有报纸、杂志、广播、电视和网络。公关工作者要从传播对象的特点、传播信息的内容、经济实力等方面来合理选择传播媒介。

知识及技能检测

一、名词解释

1. 公共关系传播
2. 大众传播

二、选择题

1. 1948年，（　　）发表了《社会传播的结构与功能》一文，使其成为传播学的始创者之一。
   A. 拉斯韦尔　　　　　　B. 库尔特·卢因
   C. 拉扎斯菲尔德　　　　D. 麦库姆斯
2. （　　）又称"守门人"，它是指在信息传播过程中，对信息的提供、制作、编辑和报道能够采取"疏导"与"抑制"行为的关键人物。
   A. "公关人"　B. "意见领袖"　C. "把关人"　　D. "负责人"
3. （　　）是由美国著名社会学家拉扎斯菲尔德提出的。
   A. "议题设置论"　　　　B. "3S论"
   C. "两级传播论"　　　　D. "把关人"理论
4. "两级传播论"认为：信息的传递是按照（　　）的模式进行的。
   A. "意见领袖——媒介——受众"
   B. "媒介——意见领袖——受众"
   C. "意见领袖——受众——媒介"
   D. "受众——媒介——意见领袖"
5. 关于报纸传播信息的优势，以下说法错误的是（　　）。
   A. 传播面广　　　　　　B. 可选择性
   C. 文字表现力强　　　　D. 生动、直观、口语化

6. 拉斯韦尔5W模式回答的问题包括（   ）。
   A. 谁传播　　　　　　　　　B. 传播什么
   C. 通过什么渠道　　　　　　D. 向谁传播
   E. 传播的效果怎样
7. 电子媒介在信息传播中具有的特征是（   ）。
   A. 周期性　　B. 时效性　　C. 远播性　　D. 生动性　　E. 技术性

三、案例分析题

抖音成为央视春晚独家社交媒体传播平台

2019年1月18日下午，中央电视台与抖音短视频举行新闻发布会，正式宣布抖音将成为2019年中央电视台《春节联欢晚会》的独家社交媒体传播平台，会上公布了2019年央视春晚"幸福又一年"的新媒体行动，抖音将同央视春晚在短视频宣发及社交互动等领域展开全方位深度合作，调动广大年轻群体，面向全球华人，以参与代替评论，用参与引导关注，助力春晚传播。

春节和春晚承载了中国人太多美好幸福的情感，而抖音正是一个致力于记录美好生活的平台，如何用短视频记录春节期间的"小确幸、大美好"成为一个全新的命题。对此，抖音将与央视春晚共同发起"幸福又一年"主题活动，以"春晚官方抖音账号"为阵地，带来全新全民互动热点。

围绕这次"幸福又一年"的主题，抖音将会通过设置话题挑战、创意玩法，结合AR、贴纸等人工智能技术，带动用户拍摄好玩、有趣、美好的小视频，鼓励大量海内外用户参与拍摄互动，传递浓浓的节日氛围、年俗文化、团聚时刻，记录下每一个幸福瞬间。通过各行各业，各领域的快乐与凝聚，彰显中国精神与中国力量，具象地表达喜气洋洋、欢乐吉祥的新年氛围。

在除夕当晚，抖音站内将上线"模仿秀"，以全新的互动方式让抖音用户身临其境感受春晚现场。同时，TikTok（抖音海外版）平台也将通过合拍、抢镜等独特玩法，为海外华人华侨营造热烈的春节氛围。

此外，依托人工智能技术，抖音还研发了一系列春节主题的贴纸、特效，比如"吃饺子、拉春联"等，用户做出拜年手势时，在相机屏幕中会出现金元宝、灯笼、春联等春节元素，同时触发春节背景音乐，帮助大家更好地记录春节团圆时刻。

在春节期间，抖音也将上线随拍功能，展开"集音符，迎彩头"等活动，利用抖音的社交属性，打通年轻群体，助力春晚的联欢性与互动性；参与春节期间、春晚直播时的互动，还能够搜集象征美好生活的音符，集齐七音符，收获新年惊喜。

抖音是目前国内领先的短视频社交平台。截至2019年1月，抖音的日活跃用户已经超过2.5亿，月活跃用户超过5亿，其中35岁以下用户占比超90%。抖音在全球范围内覆盖超过150个国家和地区，根据应用市场研究公司Sensor Tower的数据显示，2018年一季度抖音及TikTok下载量达4580万次，超越Facebook、Youtube、Instagram等，成为全球下载量最高的iPhone应用。

春晚是全球华人共同的记忆，也是全球华人除夕之夜的期盼焦点。此次与央视春晚合作，抖音将利用自身领先的产品技术能力，为这份浓浓的团圆情、幸福感增光添彩。

（资料来源：央广网 2019年1月18日）

问题：请分析抖音和央视春晚的各自优势，以及传统媒体和网络媒介的特点。如何合理利用各种媒介做好信息的有效传播？

四、实训题

1. 项目：公关传播。
2. 目的：掌握公关传播媒介的选择。
3. 内容：以所在学校为主体，策划招生宣传内容及所用媒体。
4. 组织：把全班同学分成4组并选出组长，分别讨论，推选代表发言，老师做出点评。
5. 考核：发言情况作为一次大作业，老师分别给出成绩计入学生平时成绩。

拓展阅读

《战狼2》为什么这么火？

《战狼2》上映4天即创下超过10亿元的票房，这部电影延续了《战狼》的热血，且在场面和气势上更胜一筹，其中塑造的中国军人硬汉、铁血、忠诚的形象，令观众感动不已。《战狼2》采用了哪些营销方式呢？

1. 口碑营销。

众所周知，《战狼》的市场反响非常好，第二部携第一部之口碑席卷而来，自然会受观众认可。

2. 事件营销之女主换角事件。

《战狼2》拍摄期间爆出女主角更换事件，原定女主角因价格问题被更换。对此，吴京的解释是要把制作经费用于拍摄而非演员的片酬，这让《战狼2》一时成为一个热门话题。

3. 事件营销之拍摄现场实录宣传。

在《战狼2》的拍摄过程中，就有大量拍摄细节爆出，例如，《人民的名义》中达康书记的扮演者吴刚在拍摄间隙表演的单手持枪换弹夹视频，吴京和其他剧组人员在拍摄过程中克服各种艰苦困难甚至受伤的视频等。这使本来就对《战狼2》充满期待的观众更加热血沸腾。

4. 事件营销之参加综艺节目宣传。

参加综艺活动进行宣传，让尚未出炉的《战狼2》持续走热。

5. 上映档期选择。

《战狼2》这部电影上映的档期安排在2017年7月27日。2017年8月1日是建军节，同时也是中国人民解放军建军90周年。2017年7月30日，庆祝中国人民解放军建军90周年阅兵在内蒙古朱日和训练基地举行。于是，军旅题材的电影作品在此期间受到观众的热捧。

第 5 章　组织形象策划与管理

05

■ **学习目标** ■

知识目标：了解组织形象的概念及其构成，熟悉企业识别系统（CIS）及顾客满意战略（CS）的相关知识。

技能目标：能根据 CIS 的相关知识设计理念识别系统、行为识别系统和视觉识别系统。

引　例

伊利品牌升级　换品牌标识

2018 年 11 月，中国乳业巨头伊利启用新的品牌标识，此次调整后的新版品牌标识将围绕"伊利"的三道"月牙"变成两道，同时去掉了渐变色和右上角的阳光元素，直接使用绿色和蓝色两种颜色。标识中的"伊利"两个字则继续以红色为主，不过原来字体中应用的浮雕效果被移除，字体结构也做了相应的调整。此次伊利品牌升级尽量以简为主，椭圆形的蓝绿线条更为分明，字体也更突出。同时每个颜色的寓意也发生了变化：绿色代表天然和健康，蓝色代表了创新和智慧，而红色则代表了品质与梦想。

案例分析：企业识别系统是用以塑造企业行动的一套体系，品牌标识是企业视觉识别系统的重要组成部分。一般来说，品牌标识应该保持稳定的，但适当的时候也应该与时俱进而更新，例如，原有的品牌标识已经不能适应人们审美观的要求，企业的经营范围发生变化，企业的经营理念发生变化等。此外，企业发布新的识别系统还能吸引媒体注意，这也是一种品牌形象传播。

5.1　组织形象概述

塑造组织形象是公共关系的核心，它通过整合组织资源，寻求真诚与沟通、信任与合作，系统、协调地展开公关职能，建立社会与组织的和谐关系，为组织在社会公众中全面塑造良好的形象。

5.1.1　组织形象的概念

从心理学的角度来看，形象就是人们通过视觉、听觉、触觉、味觉等各种感觉器官在大脑中形成的关于某种事物的整体印象，简言之是知觉，即各种感觉的再现。形象不是事物本身，而是人们对事物的感知，不同的人对同一事物的感知不会完全相同，因而其正确性受到人的意识和认知过程的影响。由于意识具有主观能动性，因此事物在人们头脑中形成的不同印象会对人的行为产生不同的影响。

组织形象是指社会公众对一个社会组织的总体评价，是社会组织的实际表现在社会公众心目中确立的综合印象。把握这个概念需要注意：首先，组织形象评价的主体不是组织自身，而是社会公众；其次，公众对组织的评价不是凭空产生，而是基于对组织的实际表现；最后，组织形象是对组织的总体评价，也就是说，公众评价一个组织的角度是多方面的，具体来说，包括组织的产品、服务、人员、管理和环境等方面。

5.1.2 组织形象的特征

1. 整体性

组织形象是一个有机的整体，形象是由组织内部诸多因素共同作用的结果。这些不同的因素形成不同的具体形象，但这些具体形象只是构成企业整体的基础，而完整的企业形象是各个形象要素所构成的具体要素的总和，这才是对组织具有决定性意义的宝贵财富。当然，对有些组织而言，可能会因某一方面的形象比较突出，进而掩盖其他方面的形象，导致组织形象片面性。其实这也是正常的，因为组织宣传有侧重点，公众也不可能全面了解组织的所有情况，他们的印象大部分都是源于他们所能接触到的组织的一个或少数几个方面的情况，这就要求组织要认真对待每一个方面、每一个环节，从而在公众心目中形成良好的总体印象。

2. 独特性

独特性又称企业形象的差异性。社会竞争的加剧，竞争对手的增多，以及商品世界的繁华，迫使每个企业必须做到其形象的鲜明性和独特性，以显示其与众不同之处，给公众与众不同的新鲜刺激，便于公众认知、识别，吸引其注意，从而在公众头脑里留下难以忘怀的美好印象。

独特性要求企业具有与众不同的企业理念及在此基础之上所建立起来的经营作风和企业文化；独特性要求企业生产出具有独特性的产品和提供与众不同的服务项目及服务质量；独特性要求企业以简洁生动和富有感情的语言表达本企业产品的功能与质量，切忌人云亦云，盲目模仿别人；独特性要求企业精心设计自己的外显形象，包括企业的名称、商标，企业厂区的建筑式样和门面装潢，社区环境的绿化和美化等，使公众在一见之下就留下难忘的印象，增强认知效果。

3. 主观性和客观性

组织形象是公众对组织的意见或看法，因而是一种主观性的东西。企业形象的主观性表现在企业外在形象并不等同于企业的内部实态。因为社会公众本身具有差异性，他们的社会地位、价值观念、思维方式、认识能力、审美标准、生活经历等各不相同，他们观察组织的角度也不相同，这样社会公众对同一企业及其行为的认识和评价就必定有所不同，"公说公有理，婆说婆有理"就是这个道理。企业形象的主观性特征，要求企业在进行形象塑造时，其一切活动都要适应社会公众的价值观念、需求层次、思维方式以及情感要求，赢取公众的信任，树立良好的形象。

形象是一种观念，是人的主观意识，但观念的反映对象却是客观的，也就是说，组织形象所赖以形成的载体都是客观的，建筑物是实实在在的，产品是实实在在的，组织的员工也是具体的，组织的各种活动也是实实在在的。所以，组织形象作为客观事物的反映，是不以人的意志为转移的，不能在虚幻的基础上构筑组织形象。此外，组织形象是公众的意见或看法，这个公众不是单个的人或少数群体组织，而是一个公众的集合。个人的意见是主观的、可变的，但作为一个整体的公众或大多数公众的意见则是客观的。

4. 稳定性和变化性

所谓的稳定性，从组织方面来说，组织形象的树立要经过长期不懈的传播努力，组织的人员、产品政策、行为等要具有相对稳定性、连贯性；从公众的角度来看，当社会公众对组织产生一定的认识和看法以后，一般会保持一段时间，而不会轻易改变或消失，这就是组织形象的相对稳定性。

但是，组织形象不会一成不变。所谓的变化性，是说其产品、人员、行为等方面的变化必然会引起形象的相应变化。而且出于组织经营策略的调整，也需要对其形象进行重新定位，这时的变化是出于经营的需要。

5.1.3 组织形象的构成要素

从组织形象的定义可以看出，组织形象是公众对组织的"总体评价"，也就是说，公众评价一个组织可以从多个角度进行，具体来说，主要包括以下几个方面。

1. 产品形象

产品是企业的生产成果，是企业提供给市场用来满足人们某种需要的物质保证。企业能否给顾客提供满意的产品，直接影响着消费者对企业的看法，并且就产品与企业的其他要素相比，它对企业形象的影响更大。因为广大消费者真正关心的并不是企业的管理及其人员，而是企业的产品，公众是通过认识产品来认识企业的。从某种意义上说，创造出一流的产品就等于塑造出了良好的企业形象。产品形象是企业销售商品的品种、质量、规格、档次、款式、包装、价格等在社会公众中留下的总体印象。产品是企业的面孔之一，是企业形象最重要的缩影或代表。产品的形象是最直观、最具体的形象，是公众认识企业的第一个接触点。塑造产品形象的目标是塑造一个内在质量和外观质量相一致的、使消费者满意、称心的产品形象。

2. 服务形象

任何一个社会组织都可以以自己的独特方式向相关公众提供必要的服务。从企业的角度来分析，世界知名企业往往都把自己的业务称作服务。他们努力追求尽善尽美的服务，并且因此取得巨大成功。由于科技进步所导致的企业间产品的规格、性能、技术指标、质量十分接近，业务上的独占性越来越小的情况下，就剩下最后一个可以一争高低的战场了，那就是服务。今天，顾客走进企业和商店，与其说是为了买商品，不如说是为了买服务。

3. 人员形象

形象主体是企业形象的塑造者——人。从全员公关的角度来说，企业的每个成员都是企业形象的代表，每个人的一言一行、一举一动都折射出企业的总体风格特征。从形象主体的形象设计来看，主要有如下两个方面的内容。

（1）领导形象　指公众对领导者的总体看法和评价。领导形象既包括领导的外在形象，例如，领导者的仪表、气质、工作方法和作风、交际方式等，又包括领导者的内在素质形象，例如，理论水平、决策能力、创新精神、道德水平、信念和意志力等。

（2）员工形象　员工是塑造和传播企业形象最活跃的决定性因素。员工是企业中最基层的实践者，企业的产品质量、服务质量、工作水平的状况，最终取决于员工的素质、责任心和敬业精神。员工是企业形象的代表者和展示者，他们的一言一行、一举一动随时都在传播企业的有关信息。

4. 环境形象

环境形象主要是指组织的生产环境、销售环境、办公环境和组织的各种附属设施。企业厂区环境的整洁和绿化程度，生产和经营场所的规模和装潢，生产经营设备的技术水准等，无不反映企业的经济实力、管理水平和精神风貌，是企业向社会公众展示自己的重要窗口。特别是销售环境的设计、造型、布局、色彩及各种装饰等，更能展示企业文化和企业形象的个性，对于强化企业形象有更直接的影响。

5. 业绩形象

业绩形象是指企业的经营规模和赢利水平，主要由产品销售额（营业额）、资金利润率及资产收益率等组成。它反映了企业经营能力的强弱和赢利水平的高低，是企业生产经营状况的直接表现，也是企业追求良好企业形象的根本所在。一般而言，良好的企业形象特别是良好的产品形象，会为企业带来良好的业绩形象。而良好的业绩形象又会增强投资者和消费者对企业及其产品的信心。

6. 社会形象

社会形象是指企业通过非营利的以及带有公共关系性质的社会行为塑造良好的企业形象，以博取社会的认同和好感。包括：奉公守法，诚实经营，维护消费者合法权益；保护环境，促进生态平衡；关心所在社区的繁荣与发展，做出自己的贡献；关注社会公益事业，促进社会精神文明建设等等。

▶ **案例讨论 5-1**

请结合组织形象的构成要素谈谈你对某一企业形象的看法。

5.2 组织形象策划

良好的组织形象不是自然形成的，而是组织通过一定的手段塑造来的。CIS 就是当今国际上盛行的一种组织形象塑造方法，适用于一切类型的组织（本章主要以企业为例）。

5.2.1 CIS 战略策划

1. CIS 的概念及其构成

CIS 是英语"Corporate Identity System"的缩写，通常译为"企业识别系统"，是组织对自身的理念、行为方式及视觉符号进行系统的设计并加以传播，以塑造出富有个性的形象并获得内外公众认同的体系。这一体系由如下三个部分构成。

（1）理念识别系统（Mind Identity System，MIS） MIS 是企业在长期发展过程中形成的、具有独特个性的价值观念体系，它是企业的精神资产和企业不断成长的内在驱动力，也是 CIS 的核心和 CIS 运作的原动力及实施的基础，完整的企业识别系统必须建立在明确而独特的经营理念基础之上。一般来说，理念识别包括企业使命、企业价值观、企业精神和企业愿景等方面的内容。

（2）行为识别系统（Behavior Identity System，BIS） BIS 是企业理念识别系统的外化和表现，它通过各种行为或活动对企业理念进行执行和实施，是一种动态的识别形式。企业行为识别是在企业理念的指导下逐渐培育起来的，是企业全体员工自觉遵守的工作方法和行为方式。行为识别的要旨是企业在内部协调和对外交往中应该有一种规范性准则。这种准则具体体现在全体员工上下一致的日常行为中。也就是说，员工们在工作中的一举一动都应该是一种企业行为，能反映出企业的经营理念和价值取向，而不是独立的随心所欲的个人行为。

（3）视觉识别系统（Visual Identity System，VIS） VIS 是理念识别的具体化和视觉化，它是通过组织化、系统化的视觉表达形式来传递企业经营信息的。视觉识别是静态的识别符号，也是企业识别系统中最具传播性与感染力、最容易为社会大众所接受的，因此，它的传播效果最直接，也最明显。

视觉识别的内容较多，涉及的面也较广，可分为基本要素和应用要素两个方面。视觉识别中的基本要素有企业名称、品牌标识、标准字、标准色、企业造型、吉祥物等；应用要素包括产品、事务用品、交通工具、建筑物、广告媒体、服装等。

根据心理学理论，人们日常接受外界刺激所获得的信息量中，以视觉感官所占的比例最高，达到 83% 左右，而且视觉传播最为直观具体，感染力最强。因而，采取某种一贯的、统一的视觉符号，并通过各种传播媒体加以推广，可使社会公众能够一目了然地掌握所接触的信息，造成一种持久的、深刻的视觉效果，从而对宣传企业的基本精神及独特性起到很好的效果。

CIS 所包含的理念识别系统、行为识别系统和视觉识别系统三部分相互联系、相互促进、不可分割；功能各异、相互配合、缺一不可。它们共同塑造企业的形象，推动企业的发展。

在 CIS 中，理念识别系统处于核心和灵魂的统摄地位。因为企业识别正是将企业的理念贯彻于其各种行为之中，并运用整体传媒系统，特别是视觉设计，传播给企业的内、外部公众，使其对企业产生识别和认同。企业理念识别是导入 CIS 的关键，能否设计出完善的企业识别系统并能进行有效的贯彻，主要依赖于企业理念识别系统的开发与建立。企业理念属于思想、文化的意识层面，因而，它对企业的行为、视觉设计和形象传达具有一种统摄作用。没有理念的指导，企业将成为一盘散沙，既无规范的行为可言，也无统一的视觉形象可言。

企业理念系统虽具有丰富的内涵，但如果没有实施与应用，它将毫无意义，应用或实施需要靠人的行为。然而，企业仅通过人的行为来传达和树立形象毕竟是困难的。在企业的行为活动过程中，只有借助于一定的视觉设计符号、一定的传播媒介，并将企业理念应用其中，形成对广大公众的统一视觉刺激态势，才能真正提高公众对企业的认识和记忆。

▶ **案例讨论 5-2**

有人说如果把 CIS 比作一个人，MI、BI 和 VI 分别代表人的大脑、手和脸。你是怎么理解这句话的？

2. CIS 策划及导入

（1）理念识别的策划　在具体设计时，应将企业的经营理念分解成若干组成部分，对每一组成部分以极其简练的语言描述出来。一般说来，理念识别的策划包括如下几个部分。

1）企业使命。企业使命即企业应该承担的重大责任，使命感是激发自觉性的强大动力。企业的使命实际上是企业生存的目的定位。企业要明确自身的存在是为了"提供某种产品或者服务"，还是"满足某种需要"或者"承担某个不可或缺的责任"，就像人应该经常问问自己"为什么活着"的道理一样。

2）企业价值观。企业的价值观是企业员工评价事物价值时所持有的观点和标准。对于任何一个企业而言，只有当企业内绝大部分员工的个人价值观趋同时，整个企业的价值观才可能形成。

3）企业精神。企业精神指企业员工所具有的共同内心态度、思想境界和理想追求，它表达了企业的精神风貌和企业的风气。企业精神的特殊内涵决定了它具有个性和共性特征。企业精神的个体特征是指每一个企业都有自己独特的企业精神，由于企业哲学、价值观念、行为准则、道德规范的不同，企业精神也必然各有特点。企业精神的共性特征是指企业精神对企业全体职工信念和追求的高度概括，同时又使这种共同信念和追求根植于每个职工的心中，从而产生共同的思想和行为。

4）企业愿景。企业愿景指企业的长期愿望，是组织发展的蓝图，体现组织永恒的追求，是企业的发展方向及战略定位的体现，是企业的理想和信念的具体化。愿景可以有不同风格的表述方式，但优秀企业的企业愿景有着突出的共性，即目标宏伟、语言令人振奋、有明确的途径可循。

（2）行为识别的策划　企业的行为包括的范围很广，它们是企业理念得到贯彻执行的重要体现领域，包括企业内部行为和企业市场行为两个方面。内部行为有：员工选聘行为、员工考评行为、员工培训行为、员工激励行为、员工岗位行为、领导行为、决策行为、沟通行为等。企业市场行为包括企业创新行为、交易行为、谈判行为、履约行为、竞争行为、服务行为、广告行为、推销行为、公关行为等。上述各种行为只有在企业理念的指导下规范、统一，并有特色，才能被公众识别认知、接受认可。

（3）视觉识别的策划　视觉识别系统是对外传达企业的经营理念的系统的、统一的视觉符号系统。根据心理学理论，人们日常接受外界刺激所获得的信息量中，以视觉感官所占的比例最高，达到83%左右，另外11%来自听觉，其他6%来自味觉等。在CIS的三个组成部分中，以视觉传播最为直观具体，感染力最强。很多企业甚至认为VIS就是CIS，尽管这种认识是错误的，但由此可见VIS的重要性。

1）标识设计。标识是用以识别某一商品或服务的文字、图形、图案、色彩等视觉语言。在企业识别系统的视觉设计要素中，应用最广泛，出现频率最高者，首推标识设计。标识可以是文字，可以是图形，也可以是文字和图形的结合。

2）标准字体设计。标准字体是指经过设计的专用以表现企业名称、品牌、口号或其他要素的字体。标准字体是企业形象识别系统中基本要素之一，应用广泛，常与标识联系在一起，因此，它与标识设计具有同等的重要性。

经过精心设计的标准字体与普通印刷字体的差异性在于，除了外观造型不同外，更重要的是它是根据企业或品牌的个性而设计的，对字体的形态、粗细、字间的连接与配置，统一的造型等，都做了细致严谨的规划，比普通字体相比更美观，更具特色。

3）标准色设计。标准色设计是指企业指定某一特定的色彩或一组色彩，通过色彩的视觉刺激和心理反应，以表现企业的经营理念。通常把这样一种或几种色彩称为标准色。标准色一经确定，将会应用到所有视觉传达的相关媒介上。

4）吉祥物设计。企业吉祥物是以平易近人、可爱的人物或拟人化形象来唤起社会大众的注意和好感。企业吉祥物的设计是基于提高广告宣传趣味性的需求，此外，还可以赋予广告更多的内涵。近年来，已有越来越多的企业开始重视这一方面的设计。例如，麦当劳快餐店的"麦当劳叔叔"形象活泼可爱，深受消费者喜爱。

▶ **案例讨论5-3**

你觉得哪些企业的吉祥物设计得比较好？

以上4个方面为视觉识别系统的基本要素，这些基本要素出现的场合称为应用要素，包括产品、包装、礼品、车辆、服装、媒体、厂房等许多方面。

（4）CIS的导入　CIS的导入一般包括以下几个环节。

1）前期准备。导入CIS的前期准备包括以下两个方面的内容：

首先是导入CIS提案书。企业导入和实施CIS战略，必须先提出议案。CIS计划的提案方式通常有以下3种形式：公司最高领导人基于对CIS的了解和企业所处环境的认识率先提出，公司内部的人员向主管提出以及外界人士建议提出。无论导入CIS的议案由谁提出，但要保证CIS议案能为企业所接受，均应写出详细的"导入CIS提案书"。一般来说，"导入CIS提案书"的内容包括以下几个方面：标题、提案的目的，导入CIS的理由和背景，CIS

的计划方针，具体的施行细则，导入计划，CIS 计划的推动组织和协办者，实施 CIS 计划所需要的时间和费用等。

其次，成立 CIS 委员会。为了保证 CIS 计划的落实，欲导入 CIS 的企业，必须设置 CIS 计划的推进主体——CIS 委员会。CIS 委员会的组织形式可以是计划团体型，这种类型的 CIS 委员会是由企业内部各部门的代表组成的，人数约 10～15 人，大部分委员是兼职性质的；也可以是部门负责型的，这种类型的 CIS 委员会是由企业的某一部门，例如公关部、广告部或宣传部等来具体负责的。CIS 委员会主要行使协调职能和推进职能。

2）企业实态调查。企业实态调查是企业形象建设的初始和基础工作，如果不进行科学和实事求是的调查，就难以发现企业存在的问题，从而使 CIS 作业流于形式，或只是表面热闹，而不能反映企业实际。一般来说，企业实态调查的内容包括企业现有形象调查、企业经营状况调查、企业信息传达情况调查和企业现存理念的调查。调查的方法包括文献法、询问法、问卷法等。企业实态调查结束后，应当将调查结果写成调查报告书。

3）CIS 设计与开发。即 MIS、BIS 和 VIS 三个方面的策划。这部分内容前面已有论述，此处不再赘述。

4）CIS 的发表。当企业新的识别系统开发完毕后，接下来的工作就是对内和对外发表 CIS，以便让社会公众认识、了解并记住企业新的识别系统。一方面要对内发表。为了明确传达公司的 CIS 主旨，尽早使公司全体员工熟悉企业新的识别系统，并激励全体员工的士气，当 CIS 设计、开发完毕后，应及时在企业内部发表，让员工了解企业导入 CIS 的原因和意义、企业员工与 CIS 的关系，说明新的企业理念，解释新的企业标识，介绍新的标准字和标准色，讲解新的企业行为规范等。更重要的是对外发表。为了尽快让社会公众了解企业新的识别系统，提高企业的知名度和美誉度，树立良好的企业形象，企业 CIS 设计开发完毕以后，应及时通过各种媒体向外界公众进行传达。

5）CIS 的实施与管理。企业的识别系统开发出来以后，决不能仅仅当作对外炫耀的装饰物，而必须加以具体实施，这也是企业形象战略能否取得良好效果的关键。为了保证企业的 CIS 方案能够得到彻底贯彻与实施，一般应做好以下 4 个方面的工作：首先，在企业内部设立专门的 CIS 管理与控制机构，该机构应是企业的常设机构，也可由公司的公关部或广告部等原有机构承担；其次，在 CIS 的实施过程中，所需经费一定要全部按时到位，防止半途而废；再次，CIS 手册要以企业立法的形式肯定下来，坚决防止因企业领导人的更换而随意改变企业识别系统；最后，企业形象的提升是一个永无止境的过程，企业导入 CIS 的结束，并不意味着企业 CIS 计划的结束，企业的 CIS 管理与控制部门应不断推动第二、第三轮的 CIS 企划运动。

6）CIS 成效评估。评估 CIS 成效的方法多种多样，按照评估主体的不同，有公众评估、自我评估、专家评估、组织评估等。公众评估是指依据公众的反应来进行评估。公众的反应要通过调查研究来获知，既可以通过个人接触、邮件分析，也可以搞大型的社区调查、用户调查等；自我评估是指由主持和参与形象战略设计和实施的人员凭自我感觉来进行评估。这是依靠他们的职业敏感性来评价的；专家评估是指聘请企业外部的形象战略专家进行评估。这是一种较为客观的评估方法，因为专家们不是这一方案的设计者，他们更能够从目标与效果的比较分析中做出较为中肯的评估，并能对今后的工作提出有价值的建议。组织评估是指由企业负责人主持召集有关人员参加，以集体讨论的形式进行评估。

3. CIS策划及导入实例分析

麦当劳公司的CIS

麦当劳公司是世界上最大的快餐集团，三万多家麦当劳快餐厅几乎遍布全球，其著名的M型商标赫然闪耀，使人们容易辨认，麦当劳已成为一种全球商品，在世界市场上形成一种快餐文化，其企业形象已在消费者心中扎下了根。影响麦当劳公司成功的因素有很多，CIS战略无疑是其中重要的一个。具体地说，可分如下几点：

（1）明确的企业理念　麦当劳公司的企业理念是"Q、S、C、V"，即向顾客提供高质量的产品，快速、准确、友善的优良服务，清洁优雅的环境及物有所值。麦当劳公司几十年遵守这个理念，始终如一地落实到每项工作和员工的行动中去。正是这种企业理念，使麦当劳公司在激烈的竞争中始终立于不败之地，跻身于世界强手之林。

1）Q（Quality）——质量。麦当劳公司制定了一套严格的质量标准。例如，要求牛肉原料必须挑选精瘦肉，不能含有内脏等部分，脂肪含量也不得超过19%，牛肉绞碎后，一律按规定做成直径为98.5毫米、厚为5.65毫米、重为47.32克的肉饼。马铃薯要贮存一定时间，以调整其淀粉糖的含量，并使用可以调温的炸锅来炸不同含水量的马铃薯。麦当劳的食品达到了标准化，做到了无论国内还是国外，所有分店的食品质量和配料都一样。麦当劳公司还规定了各种操作规程和细节，例如，"煎汉堡包必须翻动，切勿抛转"等。在保证质量的同时，麦当劳公司还竭尽全力求"快"——要在50秒钟内制出一份牛肉饼、一份炸薯条及一杯饮料，烧好的牛肉饼出炉后10分钟及法式薯条炸好后7分钟内若卖不掉的话就必须扔掉，并不是因为食品腐烂或食品缺陷，而是麦当劳公司的经营方针是坚持不卖味道差的东西，所以时限一过就马上舍弃不卖。

2）S（Service）——服务。为了满足大批出门的旅客有休息和吃饭场所的需要，麦当劳公司在高速公路两旁和郊区开设了许多分店，在距离店铺不远的地方，装上许多通话器，上面标着醒目的食品名称和价格，使外出游玩和办事的乘客经过时，只需要打开车窗门，向通话器报上所需的食品，车开到店侧小窗口，就能一手交钱，一手取货，然后马上驱车赶路。为了让乘客携带方便，不使食品在车上倾倒或溢出来，汉堡包和炸薯条都被装进塑料盒或纸袋，塑料刀、叉、匙、餐巾纸、吸管等也用纸袋包好，随同食物一起交给乘客。在饮料杯盖上，也预先划好十字口，以方便顾客插入吸管。

3）C（Cleanness）——清洁。麦当劳公司对员工的行为规范中明文规定：男士必须每天刮胡子，修指甲，随时保持口腔清洁，经常洗澡，工作人员不留长发；女士要带发网；顾客一走便要清理桌面，丢落在客人脚下的纸片要马上捡起来。所有员工必须遵守这样一条规定："与其背靠墙休息，不如起身打扫"。员工逐渐对这些规定形成认同，并养成良好的卫生习惯，只需几名服务员就可以使店面保持常新，做到窗明、地洁、桌面净。顾客在这样一个环境中就餐，也都习惯于在离开前自觉将原盛放食品的纸盒、纸杯等扔到店内专设的垃圾箱内。

4）V（Value）——价值。麦当劳公司的企业理念，起初只有Q、S、C，后来又加上V。V表示价值，强调麦当劳"提供更有价值的高品质物品给顾客"的理念。麦当劳公司的食品经过科学配比，营养丰富并且价格合理。让顾客在清洁的环境中享受快捷的营养美食，这些因素结合起来，就叫"物有所值"。现代社会逐渐形成对食物高品质化的需求水准，而且消费者的喜好也趋于多样化，麦当劳公司强调 Value，就是要创造和附加新的价值。

（2）严格统一的行为规范　为了使企业理念"Q、S、C、V"能够在连锁店贯彻执行，每项工作都做到标准化、规范化，即"小到洗手有程序，大到管理有手册"，麦当劳公司用了几个月的时间，针对几乎每一项工作细节，反复、认真地观察研究，写出了营运手册。该手册被加盟者奉为神明，逐条加以遵循。与此同时，还制定出了一套考核加盟者的办法，使一切都有章可循，有"法"可依。

例如，手册中规定：玻璃每天要擦，停车场每天冲水，垃圾桶每天刷洗，每隔一天必须擦一遍全店所有的不锈钢器材，每星期天花板必须打扫一次。其他诸如食品的品质、烹煮时间与温度、顾客的等候时间等都有详细规定。

麦当劳公司甚至研究：面包厚度在 7 毫米时，入口味道最好。于是，所有的面包都做成 7 毫米高；与汉堡包一起卖出的可口可乐，据测在 4 摄氏度时味道最为甜美，于是，全世界麦当劳的可口可乐温度，统一规定保持在 4 摄氏度。科学的态度、严格统一的行为规范，是麦当劳公司的成功之道。概括地说，麦当劳公司的行为规范包括如下几个方面。

1）麦当劳营运训练手册（Q&T Manual）。麦当劳营运训练手册极为详细地叙述了麦当劳的方针、政策，以及餐厅各项工作的运作程序、步骤和方法。几十年来，麦当劳公司不断丰富和完善营运训练手册，使它成为指导麦当劳公司运作的指导原则和经典。

2）岗位工作检查表（SOC）。麦当劳公司把餐厅服务系统的工作分成 20 多个工作站。例如煎肉、烘包、调理、品质管理、大堂等，每个工作站都有一套"SOC"（Station Observation Checklist）。按照 SOC 的详尽规定，员工进入麦当劳公司后将按照操作流程逐项实习，表现突出者晋升为训练员，负责训练新员工，训练员中表现好的可以晋升到管理组，也就是说从最基层的实践培养起，台阶式地逐级提升。

3）袖珍品质参考手册（Pocket Guide）。麦当劳公司的管理人员每人分了一本袖珍品质参考手册，手册中详尽地说明各种半成品的接货温度、贮存温度、保鲜期、成品制作温度、制作时间、原料配比、保存期等与产品品质有关的各种数据。

4）管理发展手册（MDP）。麦当劳公司是依靠餐厅经理和员工把企业的经营理念（Q、S、C、V）传递给顾客的，因此该公司对餐厅经理和员工的培训极为重视。所有经理都从员工做起，也就是说没有当过战士不能当指挥员。经理必须高标准地掌握所有岗位操作并通过 SOC 考评。MDP 是麦当劳公司专门为餐厅经理设计的一套手册，一共 4 本。手册采用单元式结构，循序渐进。管理发展手册中介绍各种麦当劳管理方法，也布置大量作业。与管理发展手册相配合的还有一套经理训练课程，例如，基本营运课程、基本管理课程、中级营运课程、机器课程、高级营运课程等。餐厅第一副经理在完成管理发展手册第三班学习后，将有机会被送到美国麦当劳总部的汉堡包大学学习高级营运课程。上一级经理将对下一级经理和员工实行一对一的训练。通过这样系统的训练，麦当劳公司的经营理念和行为规范被深深地渗透到麦当劳员工的行为之中。

（3）麦当劳的企业标识　麦当劳（McDonald's）取其英文名称的第一个字母 M 为标识。标准色采用金黄色，标识用寓意和象征图形相结合的方法，M 既是公司英文名称的第一个字母，又设计成象征双臂打开的黄金双拱门，表示欢乐与美味，象征着麦当劳以"Q、S、C、V"理念像磁石一般不断地把顾客吸进这座欢乐之门，如图 5-1。

麦当劳叔叔是麦当劳连锁店的吉祥物，官方设定本名叫做罗纳德·麦当劳，如图 5-2 所示。随着麦当劳公司在全球开展连锁经营，麦当劳叔叔也成为美式速食文化的象征图腾之一，甚至有研究指出麦当劳叔叔的形象知名度乃全球第二高（仅次于圣诞老人）。在官方设定中，麦当劳叔叔是个貌似小丑的人物，顶着一头火红的爆炸头，笑口常开，身着鲜黄色的连身工作服及红色的大短靴，里衫及袜子皆为红白相间的条纹式样。伴随着麦当劳公司全球化的经营方针，麦当劳叔叔还被设定为能说 31 种语言。此外，作为麦当劳公司用以吸引小朋友的主要虚拟角色，公司将麦当劳叔叔设定为"孩童最好的朋友"，在麦当劳乐园欢迎小朋友的光临，并自 2003 年 8 月起担任麦当劳公司的"首席欢乐官"（CHO）。

图 5-1　麦当劳的标志　　　　　图 5-2　麦当劳叔叔

总之，麦当劳公司的标识——金黄色双拱门"M"，简洁、醒目，麦当劳叔叔的形象喜庆、友善、可爱、可亲，这首先从视觉识别上吸引住顾客，给人们留下深刻而良好的印象。在西方，麦当劳叔叔作为麦当劳的代言人，不仅在同行业，即使在其他行业也有着无与伦比的地位。在儿童的心目中，能与麦当劳叔叔竞争的也只有圣诞老人了。

案例分析：麦当劳公司能把餐厅开遍全世界，很大程度上得益于 CIS 的推行。

首先，麦当劳公司树立了正确的经营理念，抓住了快餐业最本质的几个竞争要素：美味可口的食品、热情周到的服务和干净整洁的环境卫生，以此来提升顾客价值。

此外，作为一家有几万家连锁店的快餐企业，必须要有一套指导员工行为的规范性文件。唯有规范的行为才能生产出优质产品，才能提供优质服务，更为重要的是，才能保证数万家连锁店在口味、服务等方面的一致性。麦当劳公司的营运手册行使了这项功能。

最后，视觉符号系统为麦当劳公司向公众的传播奠定了良好的基础。独特的品牌标识很容易在消费者心目中留下深刻印象，采用黄色为标准色能体现行业特征，极具亲和力的吉祥物为公众所喜爱，能拉近麦当劳公司与公众之间的距离。

5.2.2　CS 战略策划

社会环境的变迁，经济和科技的发展，使得企业提供满足顾客需求的商品或服务有了很强的能力；同时，由于消费者知识水平的提高，价值观念的改变、生活质量的变化，使得企业现有的商品和服务内涵越来越难以令顾客满意。顾客是谁、顾客在哪里、顾客需要什么、竞争者在做什么、顾客的满意程度如何、怎样使顾客更满意，这些问题都需要通过顾客满意战略解决。

1. CS 的概念及其构成

CS 是英文"Customer Satisfaction"的缩写，译为"顾客满意"，是顾客接受有形或无形产品之后感到需求满足的状态。顾客满意指导思想是将顾客需求作为企业进行产品开发或者服务设计的源头，在产品功能设计、价格设定、分销促销环节建立以及完善售后服务系统等方面以顾客需求为导向，最大限度地使顾客感到满意。其目的是提高顾客对企业的总体满意程度，营造适合企业生存发展的良好内、外部环境。这种状态用顾客满意指标或顾客满意指数（Customer Satisfaction Index，CSI）和顾客满意程度（Customer Satisfaction Measurement，CSM）两个标准来衡量。CSM 是为了表示顾客满足状态的程度所提出的评估衡量方法；CSI 是衡量顾客满意程度的量化指标，由该指标可以直接了解企业或企业产品在顾客心目中的满意程度。

这里的"顾客"是一个相对广义的概念，它不仅指企业产品销售和服务的对象，而且指企业整个经营活动中不可缺少的合作伙伴。营销学大师科特勒认为，顾客满意是指一个人通过对一个产品的可感知效果（或结果）与他的期望值相比较后，所形成的愉悦或失望的感觉状态，即"满意＝期望－结果"。从上面的定义可以看出，顾客满意是一种顾客心理反应，而不是一种行为。另外，"顾客满意"中的"顾客"不仅包括企业产品（服务的使用）购买者，还包括企业的合作者、供应商、销售（代理商）等供应链中的所有成员，内部员工也是企业必须考虑的"顾客"之一。

前面曾介绍过 CI（即 CIS）战略，通过 CI 和 CS 的概念可以看出，CI 战略是站在企业的角度，考虑如何通过良好的形象塑造达到推销产品的目的，所以有时难免忽略顾客的利益。CI 战略是千方百计地让顾客识别企业、喜欢企业，追求的结果是市场占有率和利润最大化，反映的是企业价值，未能跳出"企业导向"理念。而 CS 战略则是以顾客为中心，以最大限度地为顾客提供满意的产品和服务作为工作的重心，以顾客的满意作为获取利润的前提。所以，CS 战略更符合"顾客导向"的营销理念。CS 考虑问题的起点是顾客；CI 考虑问题的起点则是企业；CS 要建立的是企业为顾客服务、使顾客满意的系统；CI 则带有较浓的推销色彩。显然，就经营观念而言，CS 要比 CI 更深一层、更高一等。

顾客满意主要包括理念满意、行为满意、视听满意、产品满意和服务满意几个方面。

（1）理念满意　是指企业经营理念带给内外顾客的满足状态，具体包括经营宗旨满意、经营哲学满意、经营价值观满意等内容，是顾客满意的思想和观念保障。

（2）行为满意　是指企业全部的运行状态带给内外顾客的满意程度。它包括行为机制满意、行为规则满意、行为模式满意三大基本内容。所谓行为机制满意，即企业行为系统要获得顾客满意，必须建立一套完善和行为有效的机制。只有当这套机制正常运行后，行为满意才会发生；所谓行为规程满意，即企业必须建立一整套规范企业行为的规程和制度；所谓行为模式满意，指企业行为不能用规程予以规范的，可采用行为模式予以标准化。

（3）视听满意　是指企业可视性和可听性外在形象带给内、外顾客的满足状态，它包括企业名称满意、标识满意、标准色满意、标准字满意、企业音乐或广告音乐满意等。

▶ **案例讨论 5-4**

说说哪些企业的广告音乐使你印象深刻？

（4）产品满意　是指企业产品带给内、外顾客的满足状态。它包括产品质量满意、产品功能满意、产品设计满意、产品包装满意、产品品位满意和产品价格满意等。

（5）服务满意　是指企业服务带给内、外顾客的满足状态。它包括服务及时性满意、服务配套性满意、服务技能性满意、服务完整性满意和服务情绪性满意等。

2. CS 的运作设计

CS 战略运作设计的主要目标和任务，是建立一整套组织、顾客满意体系或系统，以形成科学、健全的顾客满意机制。

（1）组织理念满意系统　包括：组织希望自己成为什么样的组织；组织最基本的价值观念或行为宗旨；组织希望社会对其努力如何期望和评价；组织在顾客心目中要建立一种什么印象；组织经营如何反映顾客的价值观；每位管理者或员工在组织理念中的定位是什么。以上 6 个方面是组织理念所要涵盖的基本精神，当这些精神一一确定并进入组织理念系统时，组织理念也就完备了。

（2）组织行为满意系统　行为满意系统强调的是行为的运行和效果带给内、外部顾客的满意状况，主要包括：组织建立一套系统完善的行为运行系统；这套行为系统能够被全体员工所认同和掌握；这套行为系统在运行过程中对每一个员工是公平和公正的；这套行为系统运行的结果可以带给顾客最高级度的满意；这套行为运行系统能保障产生最佳经济效益和社会效益。

（3）组织视听满意系统　在 CS 战略理论里，将 CIS 的视听识别系统称为视听满意系统，组织视听满意系统具体包括组织名称满意、标识满意，标准字满意、标准色满意、组织音乐满意等。这一切内容的目的是让顾客满意，帮助顾客认识企业、识别企业和监督企业。因此，顾客的认可、认同和接受是影响顾客对企业满意级度的重要因素。

（4）组织产品满意系统　产品满意是 CS 的核心内容。如果企业不能为顾客提供满意的产品，就不可能求得顾客的满意。产品满意系统就是在这个认识基础上建立起来的。其内容包括：

1）顾客需求导向，即开发新产品必须以顾客需求为导向，忽视顾客需求的产品是没有生命力的。因此，在新产品开发方面必须满足顾客的基本需求。当然，质量仍然是企业永恒的主题。在这方面，不少企业借鉴发达国家的做法，导入 ISO 9000 认证体系。

2）产品功能满意，产品的功能即产品使用价值，是顾客花钱购买的核心动力，也是顾客需求的根本。这种需求可能是生理的，也可能心理的，抑或是物理的等。

3）产品设计满意，即把顾客需求反映到产品设计上，包括改良和创新设计等。

4）产品包装满意，即产品包装让顾客满意。

5）产品价格满意，以顾客购买力为参照制订产品价格。

（5）组织服务满意系统　服务满意是顾客满意系统的重要环节，也是当代顾客关注的首要问题。服务满意的具体要求是：树立顾客至上的观念；建立完整的服务指标体系；建立完备的服务质量考核体系；建立完善的顾客意见反馈系统；建立高效的服务质量快速反应与补救系统。

3. CS 策划及导入实例分析

CS 战略：戴尔直销背后的战略

戴尔（Dell）公司曾因为其出色的表现，引发了人们对其成功奥秘的探讨。但是人们过多地把目光盯在戴尔的直销模式上，却忽略了其背后所蕴含的"顾客至上、让顾客满意"的核心战略思想和支持这个战略的其他一些细节性模式。

顾客满意战略（CS 战略）根植于一个浅显的道理：让顾客满意的企业是不可战胜的。戴尔公司之所以短短十几年间就发展成为个人计算机市场的领导者，正是由于它成功地运用 CS 战略，逐步形成了较为完善的产品满意、服务满意、生产满意和组织结构满意系统，从而在竞争中尽显优势。

人们常常讨论的各种戴尔模式，大多局限在模式层面，每一种模式都有其明确的目标和适用范围，正是 CS 战略将所有的这些模式都纳入进来，无论是直销、流程改进等广为人知的大问题，还是后面要介绍的建立 GE 小组等小问题，都是为这个战略服务的。

（1）产品满意系统是 CS 战略的核心子系统　CS 战略要求企业站在顾客的立场去研究和设计产品，尽可能地预先把顾客的"不满意"从产品本身去除。企业要顺应顾客的需求趋势，发现顾客的潜在需要并设法用较高性价比的产品去满足这些需要。

产品满意系统首先是产品功能满意，戴尔公司从 3 个方面来实施产品功能满意战略。

一是根据不同的细分市场研发产品。面对一个庞大的市场，先把其分割后再各个进入，这是人所共知的市场细分策略。戴尔公司的独特之处在于在进行产品细分的同时还随着公司的成长壮大进行了充分的顾客细分，并根据顾客需求和实际购买行为的不同研发不同的产品。

1994 年戴尔公司创立之初，顾客只有两类：大型顾客和包括一些商业组织、消费者在内的小型顾客，当年公司的资产为 35 亿美元；到了 1996 年，就从大型顾客市场中细分出大型公司、中型公司、政府与教育机构三块市场，同年公司资产升至 78 亿美元；而到了 1997 年，戴尔又进一步把大型公司细分为全球性企业客户和大型公司两块市场，政府与教育机构市场则分为联邦政府、州政府和地方政府、教育机构三块不同的市场，小型顾客则进一步分解为小型公司和一般消费者两块业务，当年公司资产攀升到了 120 亿美元。

其另外与众不同的一点是：戴尔公司将顾客细分为"交易型"和"关系型"两种。其中 40% 的顾客（大部分是大企业）被纳入到关系型中；30% 的顾客（大部分是小企业）被划分到交易型中；剩下的 30% 作为二者的混合。

交易型顾客是那些需要不断做出购买决策的个人或者企业。这些顾客关注的是购买的经济性，看重诸如性能、规格、特征、折扣等因素，他们从不同的厂商那里购买产品，并且在做出购买决策时，使用评测、评论、广告和口碑等各种信息渠道。而关系型顾客关注的是交易的总成本，价格只是其中一部分。这类顾客大多数包括中型以上的商务、政府或者教育部门。这些顾客关注的是服务、可信度、厂商声誉和产品标准等特征。这些"比顾客更了解顾客"的市场细分，使戴尔在逐渐扩大的同时，仍然维持了稳定而持续的成长。

二是为顾客量身定做产品。戴尔公司在创立之始就明确规定：要敏锐观察顾客的意见与需求，以此来设计产品和服务顾客。因此它创建了"按需配置、按单生产"的直销模式。在这种方式下，戴尔公司的每件产品都是按照每个用户的个别需求定做而成。这不仅充分满足了顾客个性化的需求，而且还使顾客产生了"拥有量身定做的独一无二的产品"的超值满意感。

三是根据顾客的直接反馈改进产品。戴尔公司在按照客户的要求设计生产并交付产品后，还想方设法地了解顾客使用产品的体验，以获得修改设计或改变制造程序的灵感。戴尔公司技术支持工程师通过拜访重要客户、接听顾客打入的免费技术咨询电话获得相关信息，经过归纳整理后交给公司研发部门进行进一步的分析和研究。因而，戴尔的主导产品始终能够围绕顾客的使用体验不断改进。新产品开发也始终适应了顾客需求的发展趋势。当竞争对手仍在为预测顾客需求变化举棋不定时，戴尔公司已经掌握了清晰的顾客订单。

其次，产品质量满意和价格满意是产品满意系统不可缺少的支点。戴尔公司创立了将零部件的生产制造外包给专业化公司的合作方式。因此，供应商提供的零部件质量好坏直接决定了最终整机产品的品质优劣。

戴尔公司遵循的原则是拥有尽可能少的合伙人，而这些合伙人必须长期在技术和质量方面保持行业领先地位。经过不断的筛选，戴尔公司的原料供应商已从发展初期的140多家精简到后来的50多家。

戴尔公司一方面通过效率超常的供应链降低了产品成本，另一方面也通过"零库存"和直销增强了产品价格竞争力。这样，其价格满意战略水到渠成。

(2) 服务、生产和组织结构满意系统是CS战略的重要子系统　顾客满意的另一个重要内容是服务系统满意，它已成为企业争取顾客，求生存、求发展的关键。

这里值得一提的是戴尔公司独创的Dell Plus服务项目。通过Dell Plus程序，在初始建立系统时就执行了用户的所有硬件和软件一体化安装，即在一个无缝的生产过程中安装。这样的"一次性"方法意味着：排除了重复的工作，减少了错误的机会，提高了生产效率。迄今为止，凡是通过Dell Plus感受过戴尔公司高质量的一体化解决方案服务的企业，都成为戴尔品牌的忠实追随者。

在生产满意系统方面，戴尔公司利用先进的计算机技术、便捷的现代通信手段和蓬勃发展的互联网络，使大规模定制生产得以完美实现。通过计算机控制的生产设备使工厂较易快速调整装配线，条码扫描仪使技术人员能够跟踪每一个零部件和产品；数据库中数万亿字节的信息，使数字打印机可即刻改变不同产品的包装说明；先进的后勤和供货渠道管理服务软件使其在密切协调制造和销售的同时还保证了较低的成本。由于最大限度地满足了顾客个性化的需求，由此带来了顾客满意度和忠诚度的不断提高。

特别是对于一些全球大客户，戴尔公司对个性化需求的满足更是做到了细致入微的程度。以福特汽车为例，戴尔公司为福特不同部门的员工设计了各种不同的配置。当通过互联网接到福特公司的订单时，戴尔公司马上可知是哪个工种的员工订购的哪种机型，且迅速组装好合适的硬件和通过Dell Plus所定制的软件，甚至包括一些专有密码，然后以最快的速度交运到顾客的手中。

戴尔公司还专门成立了顾客服务部来统筹和顾客服务相关的一切事宜，这就是组织结构满意系统。顾客的任何感受和意见，都可以拨打800免费专线向客服部反映。经过严格专业培训的服务人员会将所有顾客反映的问题记录在案，并对能立即解决的问题予以答复和执行。经过客服部专业优质的服务，大多数顾客的不满都得到了补偿，补偿的力度甚至超过了顾客的期望，从而将顾客从不满意状态转化为满意状态。

为了全面了解顾客的满意程度，戴尔公司还成立了"CE"（Customer Experience）小组，由销售部、技术服务部、顾客服务部、生产部、质量部等部门的代表组成，每周一次的例会将影响顾客体验的各因素进行详细分析，并各就各位地予以解决。

戴尔公司正是因为从上述4个系统将CS系统落实到了实处，并且将人们称道的一些实用模式通过这个整体战略联系起来，从而取得了令世人瞩目的成就。

案例分析： 人们对于戴尔公司成功源于的探讨大都围绕其独特的直销模式来进行，但顾客满意战略的实施对于戴尔成功的贡献同样功不可没。

戴尔公司首先从功能、质量和价格等方面来实现产品满意。为了实现功能满意，对市场进行细分，针对不同的细分市场提供适销对路的产品；为顾客量身定做产品，"按需配置、按单生产"，尊重顾客的个性需求；更为可贵的是，能及时分析信息，根据顾客的意见和建议不断改进产品，完全体现了顾客导向的经验观念。质量和价格满意也是产品满意的重要组成部分，戴尔公司通过筛选外协厂家、"零库存"等手段保证产品质量，降低生产成本。

为了实现顾客满意，服务、生产和组织结构方面的因素也非常重要。在服务方面，戴尔通过Dell Plus服务项目培养戴尔品牌的忠实追随者；在生产方面，在生产满意系统方面，戴尔公司利用计算机技术、现代通信手段和互联网络等最大限度地满足顾客的个性化要求；在组织结构方面，戴尔公司成立了顾客服务部来统筹和顾客服务相关的一切事宜。

5.3　组织形象管理

组织的形象是依靠管理来塑造的，组织形象管理的目的在于建立和维护良好的组织形象。一个组织内部的各部门工作关系协调，每一个成员都能在自己的岗位上履行职责，人力、财力和物力都能得到合理充分的利用，方能表现出一个组织管理水平的高超及良好的组织形象管理的能力。

5.3.1　组织形象管理的意义

1. 吸引人才，鼓舞士气

良好的组织形象管理有利于组织吸引优秀人才的加盟，能增强内部员工的自豪感，从而激发起积极性、主动性和创造性。

2. 赢得外部公众支持

良好的组织形象能够赢得顾客的好感，投资者的青睐，政府的支持，媒体的报道，社区的配合，供应商和分销商的协作，为组织发展创造良好的发展环境。

3. 积累无形资产

良好的企业形象是企业宝贵的无形资产，它对企业内部管理和对外经营方面的影响和作用巨大而深远。良好的组织形象管理能不断增强组织实力，提高品牌价值，积累无形资产。

4. 化解危机

组织形象管理有助于组织及时发现和处理组织的危机事件，变危机为良机，在开展危机公关中维护和重建组织形象，巩固和发展在公众心目中的组织形象，同时，利于增强组织的危机意识，提高防御和抗击各种风险的能力。

5.3.2 组织形象管理的内容

1. 组织形象的信息管理

从事组织形象管理的公关人员既要经常性地采集公众对于组织产品、服务、人员、管理、环境、业绩和社会表现等方面的评价，又要及时收集与本组织发展密切相关的政治、法律、社会、文化、经济、技术等方面的信息。对搜集来的信息进行分析处理，寻找有利于组织的机会，避开不利于组织的威胁。

2. 组织形象的目标管理

公关目标是指组织通过策划和实施公关传播活动所追求和渴望达到的一种状态或目的，是公共关系工作努力的方向，整个公关实务工作的过程可以理解为制订公关目标和实现目标的过程。从事组织形象管理的公关人员应对组织形象建设的总目标进行目标分解，提出分目标和阶段目标，有计划、有步骤地策划和实施相应的公关活动，并对实施的效果进行评估。

3. 组织形象的对象管理

从事组织形象管理的公关人员要对目标公众进行确定、细分、开发和监控。在形象管理过程中与公众保持密切的联系，重视沟通反馈的信息渠道，有效地听取员工、股东、消费者、政府、媒体、社区等各方面公众的意见。

公共关系中的公众常常是由有各种特征的群体构成的庞杂的总体对象。公共关系的对象公众不仅大，而且也较复杂。因此，在具体的公共关系活动中，公关部门如果没有正确地把公众划分成具有明显特征的各类公众群体，就不能取得对各类公众的深入了解，那么要开展有效的公关活动也是不大可能的。

此外，在现实生活中，对于同一事物，不同的人有不同的反应，会采取不同的行为。从公众心理的角度看，这些不同的反应和行为都是由于不同的公众心理差异作用的结果。因此，从事组织形象管理的公关人员还必须研究公众的心理。

4. 组织形象的传播管理

从事组织形象管理的公关人员要重视对组织形象传播渠道和对传播行为的管理。所谓传播渠道，是指信息流通的载体，也称媒介或工具。公共关系传播媒介是各种各样、丰富多彩的。常见的有语言媒介，如演讲、报告、会议、谈判、对话等；有文字媒介，如报纸、杂志、书籍、海报、名片、函件等；有电子媒介，如广播、电视、录像、电影等；此外还有非语言传播媒介，如表情、体态、目光等。所谓传播行为，是指公共关系的具体方式，如演讲、记者招待会、展览会、赞助、典礼与仪式等。

5.3.3 组织形象的测评方法

组织形象的评价指标有多个，常见的有知名度、美誉度两种，具体的测评方法如下。

1. 知名度的测评

知名度是公众对组织知晓和了解程度，是反映组织社会名气大小的客观指标，侧重于对"量"的评价。其计算公式为

$$知名度 = 知晓公众人数 \div 受调查人数 \times 100\%$$

2. 美誉度的测评

美誉度是指一个组织获得社会公众信任和赞许的程度，或者说获得正面评价的程度。它是衡量一个组织的好坏程度的指标，侧重于对"质"的评价。其计算公式为

$$美誉度 = 正面评价人数 \div 知晓公众人数 \times 100\%$$

良好的组织形象由知名度和美誉度共同构成，二者缺一不可。知名度和美誉度需要相互配合才能对组织形象的塑造更好地发挥作用。知名度需要以美誉度作为基础才能产生正面的效果，美誉度需要知名度为前提才能显示其社会价值。根据知名度和美誉度的不同构成，可以将组织形象分为如图5-3所示的4种状态。

A区表示高知名度、高美誉度，说明组织的公共关系属于较好状态。将来的问题是如何保持荣誉，更上一层楼。但是也要注意，过高的知名度也会给美誉度造成压力，必须时刻保持高度的警惕。

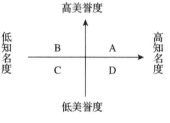

图5-3 组织形象地位四象限图

B区表示高美誉度、低知名度，说明组织的公共关系处于较为稳定、安全的一种状态。公共关系工作的重点应该是在维持美誉度的基础上，提高知名度。

C区表示低知名度、低美誉度，说明组织的公共关系处于不良状态。在这种状态下，组织首先应该完善自身，争取较高的美誉度，而在传播方面暂时保持低姿态，待享有较好的美誉度以后，再大力做好提高知名度的工作。

D区表示高知名度、低美誉度，说明组织的公共关系处于"臭名远扬"的恶劣状态，不仅信誉差，而且知之者甚众。在这种情况下，公共关系工作的重点首先在于降低已经负面的知名度，减少舆论界的注意，默默地努力改善自身，设法逐步挽回信誉，提高美誉度，再求发展。

组织形象地位图不仅直观地显示了社会组织在公众心目中的形象，初步诊断了公共关系

的问题，而且为制定公共关系的方针、策略提供了依据，是公共关系工作决策的必要步骤。

本章总结

本章主要介绍了组织形象的概念、特征及构成要素，并阐述了塑造组织形象的两种常见战略手段。

组织形象是指社会公众对一个社会组织的总体评价，是社会组织的实际表现在社会公众心目中确立的综合印象，具有整体性、独特性、主观性、客观性、稳定性、独特性等特征。公众评价一个组织可以从多个角度进行，包括产品、服务、人员、环境、业绩和社会表现等许多方面。

企业识别系统（CIS）是塑造企业形象的战略手段之一，也就是组织对自身的理念、行为方式及视觉符号进行系统的设计并加以传播，以塑造出富有个性的形象并获得内外公众认同的体系，这一体系包括理念识别、行为识别和视觉识别三个方面。塑造企业形象的另一战略手段是顾客满意战略（CS），其指导思想是将顾客需求作为企业进行产品开发或者服务设计的源头，最大限度地使顾客感到满意，包括理念满意、行为满意、视听满意、产品满意和服务满意5个方面。

知识及技能检测

一、名词解释

组织形象

二、选择题

1. 企业通过非营利的带有公共关系性质的社会行为塑造良好的企业形象属于（　　）。
   A. 人员形象　　B. 环境形象　　C. 产品形象　　D. 社会形象
2. 在 CIS 的三个组成部分之中，居核心和灵魂地位的是（　　）。
   A. 理念识别　　B. 行为识别　　C. 视觉识别　　D. 意识识别

三、问答题

1. 如何理解组织形象的主观性和客观性？
2. 视觉识别系统包括哪些内容？
3. 顾客满意由哪些因素构成？
4. 组织形象管理的意义何在？

拓展阅读

中国 CI 第一次热潮：粤货名牌现象解密

中国 CI 的第一时期自 1988 年 8 月广东太阳神集团有限公司第一个成功导入 CIS 为起点，至 1993 年 CI 开始向全国范围推广为止。这一时期以"粤货名牌现象"为典型表征。

广州是中国CI的发源地。CIS作为舶来品，是顺应市场经济启动的潮流趋势引入中国改革开放前沿阵地广州的。中国第一个成功导入CI、并对中国CI运动产生重大影响和推动作用的是广东太阳神集团有限公司。

广东太阳神集团有限公司前身是东莞市黄江保健品厂，一家名不见经传的小乡镇企业。其产品名称是"生物健"口服液，注册商标"万事达"。20世纪80年代初期，这家企业产品投放广东市场，将经营总部设在具有强大辐射功能的华南最大经济中心广州市中区，经过几年的摔打，"生物健"口服液已经在广东地区小有名气。当这家具有现代经济意识的乡镇企业决定要将自己的保健品口服液推向全国市场的时候，企业领导人怀汉新总经理接收了CIS现代经营战略的影响，成为中国企业第一个引入CIS的人。公司更名为广东太阳神集团有限公司，将注册商标由"万事达"更名为"太阳神"，产品名称"生物健"在包装盒上被放到了左上角落去，"太阳神"成为"产品—品牌—企业"三位一体称谓，是为"三位一体"CIS战略。

"太阳神"被命名为产品名称和公司名称，曾在企业内部引起很大的争议。"太阳神"能喝吗？这是反对者的质疑。但是怀汉新力排众议，一锤定音，全面导入CIS做"太阳神"。其理由是："生物健"产品名称太技术化，内涵狭窄，缺乏弹性，不利于推广。"太阳神"借助希腊神话的英雄人物，赋予人们更多的联想，为产品注入了热情向上、追求光明、健康的文化理念，给消费者以全新的感觉，神奇的联想。

太阳神的这一决定承担了巨大的市场风险，因为"生物健"已经占领广东市场，要让它突然更名，无疑将意味着成功与失败是一个很大的未知数。但是，"太阳神"成功之处远不止在于它的企业、产品命名和品牌推广、包装设计的一致性，还在于它的市场策略的实战性。太阳神采取了攻守有备的迂回战略，在广东以外的全国新辟市场统一采用"太阳神"名称，广东市场仍然保留"生物健"产品名称。当"太阳神"在全国打响之后，再在广东市场将"生物健"更名为"太阳神"。

太阳神的CIS市场推广策略非常成功。当以"人"字托起的红色太阳标识，在上海一夜之间家喻户晓之后，"太阳神"保健品一炮打响，迅速在全国走红。太阳神公司在东莞市黄江镇保健品生产基地出现大车排队、货如轮转的局面。尽管至今已事隔30年之久，现在的中老年人仍不会忘记当年"太阳神"风靡全国、"望子成龙"的父母们都争着为读书的孩子购买"太阳神"的情景。

接下来是中国第一个CIS成功案例"太阳神"创造的"经济奇迹"。该公司创业初期的5年，1988年8月28日导入CIS的当年产值520万元，第二年即创下4300万元的奇迹，第三年达2亿元，第四年增至8亿元，第五年达12亿元……

据有关资料分析，国际品牌企业成功CIS案例投入产出比高达1∶227。中国第一个CIS成功案例太阳神仅用4年时间，将销售收入提高到200倍以上。第5年之后，"太阳神"口服液在市场上受到来自消费者的质疑。此后，"太阳神"效应开始下滑，此是后话。但是"太阳神"日后的没落，并不能埋没它运用CIS策略创下200倍投入产出比的经济奇迹，更不能抹杀它在开创中国CIS运动史上的先驱者和风向标作用。

"太阳神"导入CIS的成功，在中国企业界和中国企业形象革命史上具有划时代的意义。"太阳神"的成功标志着传统计划经济条件"企业无形象时代"的结束，昭示了中国企业"形象导向时代"的来临。"太阳神"揭开了中国企业引进开发CIS的序幕。

"太阳神"导入CIS创下的经济奇迹，证明了CIS是培育品牌，创造超级利润的一只"魔手"。那些在市场经济大潮中富有经济头脑的广东乡镇企业家们几乎在同一个时期内成为CIS的推崇者。中国CIS的第一个浪潮，迅速在广东经济最发达的"珠三角地区"兴起，广东的乡镇企业、民营企业几乎不约而同地在为自己的产品导入CIS。若是用"一石激起千层浪"来描述太阳神CIS成功后引发广东地区的中国CIS第一次浪潮，是十分形象而并不过分的。

那时的广东企业导入CIS的方式和策划水平，虽然大多都不及太阳神那么专业，但是设计与国际接轨的Logo、用英文命名产品等CI形象设计已成为普遍趋势。CI成为广东设计界、企业界的热门话题，一大批以CI为业务的广告设计公司应运而生。在广东，广告公司以CI为旗帜，几乎所有的广告公司都声称可以设计CI，CI成为设计界、企业界时髦的话题。

与此相关，一大批广东名牌产品如雨后春笋般崛起：太阳神口服液、健力宝饮料、科龙冰箱、美的风扇、华帝燃具、万家乐热水器、格力空调、康佳彩电、格兰仕微波炉、康宝碗柜、三角牌电饭锅……全国出现"饮珠江水，用广东货"的消费潮流。CI成为这些粤货名牌征战市场的利器，这就是20世纪90年代出现的"广东货"取代"上海货"风行全国的局面，即"粤货名牌现象"。

"粤货名牌现象"的产生有着极其深刻的历史背景。从宏观层面分析，这是中国改革开放总设计师邓小平在中国南海边上划了一个"圈"，将改革开放的试验特区放在广东的缘故，广东领市场经济风气之先；从中观层面分析，这是广东省各级领导善于充分使用中央改革开放优惠政策，为广东企业创造宽松经营环境的外部条件；从微观层面分析，一个企业的成功与失败，关键还是取决于企业家经营策略运用的结果。

"粤货名牌现象"的出现证明：名牌后面是文化，名牌后面有CIS。

第6章 公共关系工作流程

学习目标

知识目标：了解公共关系工作的基本流程

技能目标：具备对组织公共关系活动进行调查、策划、实施和评估的能力

引 例

一场"走心"的新车发布会

这是2017年我最爱的一场发布会，没有之一。

它没有惊人的噱头，没有炫丽的布景，没有博眼球的高科技互动，没有身价不菲的人气明星，甚至没有"理所应当"地向所有人絮叨自己的新品特性。它只是邀请你作为它的朋友，坐在现场，静静地聆听一场在25年的时代流变中，爱丽舍与人、与家庭、与时代的一个个暖心动人，真实不虚的情感故事。

一场"假的"新车发布会

2017年2月20日，静雅的武汉琴台大剧院，全新爱丽舍2017款发布会秉承对经典的致敬，拉开了传奇的序章。

时光如梭，从富康进入中国，到爱丽舍上市并不断壮大，至今已经25个年头。25年有多长？是9125个日夜的陪伴，见证着一代人的成长，而那些记忆相映成趣，太多的故事值得我们去回味。

东风雪铁龙深知经历了5代产品升级，唯有坚持品质与诚意造车的初心，是其历经几十年的时间洗礼依然保持不朽魅力的核心。而全新爱丽舍2017款不仅传承了爱丽舍的经典品质与爱的诚意，配置亦为与时俱进，于是发布会的主题呈现为——"品质，为爱进阶"。

有人说，这场发布会没有机械式的产品讲解、领导讲话和明星献唱，却让人在感怀与温暖之中，把爱丽舍的爱与情怀诠释得淋漓尽致，不禁怀疑自己是不是参加了一场"假的"新车发布会。

从形式上说，或许是的。

东风雪铁龙此次另辟蹊径，邀请曾为东风雪铁龙车主的央视体育主持人张斌作为主持人，出人意料地将发布会呈现为一场东风雪铁龙25年演进历程的品牌故事脱口秀。

活动中，主持人张斌不徐不疾地缓缓道来，于是三段真实的，车主在25年间与家人、与品牌的故事就这样安静地走入了我们的内心。三个爱的故事，三段爱的进阶，因为爱，因为相伴，每个与家人和东风雪铁龙共度的日子，都值得纪念。

讲述品牌故事，我们只是"走了心"

参加活动的媒体将全新爱丽舍 2017 款盛世发布会称为"营销界泥石流中的一股清流"，并称"让我们看到了清新脱俗的情怀营销"。感谢媒体对这场发布会高度的评价，或许更准确地说，这并不是一场营销，只是一场讲述品牌故事的传播活动。而我们，只是"走了心"。

1992 年，东风雪铁龙成立，首款车就导入了与世界同步的雪铁龙 ZX，即我们熟知的富康，也是爱丽舍的前身。它不仅是我国的汽车工业飞速发展的见证者和亲历者，也是中国最早掀起私家车风潮的先驱，圆了众多国人的"家轿梦"。这 25 年中，有太多的故事和回忆。

25 年的历史，它的积淀足够深，它的情感足够打动 25 年间驾驶过它、甚至仅仅是看到过它的人。所以情感，必然是这场活动中最能代表用户消费观念，最能引发用户情感共鸣，最能触动用户利益点的核心。

在时间与里程的相伴下，有的人因为爱丽舍有了美好的旅程；有的人和爱在一起，走过了青春年华；有的人与爱同行，让每一段回家路充满爱的味道；每一个故事都充满了值得去记忆的美好时光。

我们深知，情感是用户需求的最高层次，而承载情感的内容就是要通过一个个故事，将产品与品牌讲述出去，打动用户。这种情感或许并不一定轰轰烈烈，却很细腻，是岁月长河中的一份关心。

这场发布会实现了以线下活动主导线上内容输出的突破。全场剧情的编剧、真实故事的采访、素材整理、纪录片拍摄、微电影拍摄，所有 PR 输出内容都是基于活动本身感人至深的内容，而并非使用高科技设备。

尽管在这样"走心"的背后，我们付出了数倍于常规发布会的巨大的努力，策划与筹备的过程曲折而漫长，但那些触动人心的故事将始终令品牌用户萦绕在怀，热泪盈眶。

案例分析：公关活动主体在具体的运营中经常要通过开展活动来传播信息、塑造组织形象，尤其对经济组织来讲更是如此。竞争越来越激烈，所开展的活动却趋于雷同。在注意力经济时代，消费者的关注已是稀缺的资源，很多经济组织花费了很多精力和物力却吸引不了消费者的眼球。本案例中的产品发布会能够独树一帜，实在难得。因此一项完整的公关活动需要细致的调查、精心的策划、有效的实施和客观的评估。

6.1 公共关系调查

任何一项组织行为事先都必须有充分而又周密的准备过程，这是成功的保证，公共关系活动作为社会组织的管理行为也不例外。任何公共关系活动都是一个系统工程，调查作为公共关系活动的起点，对公共关系活动的实施及整体效果又起着巨大的影响作用。

6.1.1 公共关系调查的概念

1. 公共关系调查的定义

公共关系调查是运用科学的方法，有计划、有步骤地搜集相关信息，综合分析相关的因素及其相互关系,以考察组织的公共关系状态,了解组织面临的公共关系方面的实际问题,从而为组织的形象设计、公共关系活动的策划提供依据。

2. 公共关系调查的内容

公共关系调查一般包括内部调查和外部调查两个方面。内部公关调查主要是了解组织内部自身所拥有的各种公关资源的情况;外部公关调查主要包括组织外部环境调查、舆论监控和形象分析等。

(1) 组织内部公关调查的内容

1) 组织的一般资料调查。包括以下几项内容。

组织的历史:如成立的年代,组织历史上的重要人物以及这些人物对组织的创建、发展和社会的进步所做的贡献,组织历史上发生过的重要事件,以及这些事件对企业以及社会造成的影响。

组织的目标:目标是什么;目标进行过哪些调整;为什么要进行这样的调整;调整后的效果如何;组织的目标是否为组织谋求利益的同时,也服务于公众的利益。

组织的政策与措施:这些政策和措施的制定及实施情况,这些措施的实施对公众的影响;实施的政策、措施是否进行过调整,调整的原因、作用分别是什么。

组织的经营管理情况:内部机构的设置,领导人及部门领导人的职权范围、工作绩效,组织的生产和服务质量的现状,组织的产品销售、技术开发状况,组织的人事、财务状况等。

2) 组织公共关系基本状况的调查。包括以下几项内容。

组织对社会的贡献:即为了组织的形象曾做过什么样的努力,组织的存在和发展对社会的意义是什么,对社会做过其他哪些贡献,如捐款、资助、义务服务、人力支持等,组织还有能力为社会做些什么贡献。

组织领导的公共关系意识、目标和要求:如组织领导对公共关系的认识和重视程度,对组织进一步塑造和光大形象的期望水平,以及为达到这一期望水平而拟定的各项措施和政策。

员工的要求和评价:如广大员工对组织现状的看法,及基于这些看法而提出的要求、批评和建议;员工对领导层提出的总目标的信心和支持程度,组织公关方面迫切需要解决的问题等。

(2) 组织外部公关调查的内容　包括两个方面:一是组织外部基本环境的调查,即对政治、经济、文化、科技环境进行冷静的分析,对市场和人们的社会心理进行认真研究,包括对开展公关活动的具体条件的调查,如开展公关活动的场地、设备以及各类规章和规定进行调查。其目的是使公共关系活动中的人力、物力和环境诸因素与公共关系计划相统一、相平衡,为公共关系活动的实施提供成功的保障。二是对外部公众状况进行调查,包括对公众的构成、需求、舆论、态度等综合因素的监控和分析。

1) 外部基本环境的调查。包括以下几项内容。

经济环境:主要包括国际经济发展现状,国家的经济发展战略和发展趋势,资源和能源的储量及开发情况,当前国民经济发展的整体水平,国民收入的现状和发展的趋势,社会购买力的特点，人们消费结构的变化、特点和发展趋势等。

政治环境：主要包括国家和地区的政治结构、政治气氛和变化趋势，国家和政府有关部门近期已经颁布或有可能颁布的各项政策和法令，以及这些政策和法令对组织有可能产生的影响。

社会文化环境：主要包括社会观念和行为规范的变化，社会流行思潮及这些思潮对公众行为有可能产生的影响，人们的价值观念、行为方式、消费倾向、宗教信仰、文化素质、道德规范等方面的变化，以及所有这些对组织发展的制约和影响。

科技环境：主要包括目标市场的技术水平、技术特征、技术要求、技术标准、技术类型，以及国际市场科技创新的趋势和值得关注的问题。

竞争环境：主要包括组织所在的行业情况，组织在竞争中所处的地位，竞争对手的现状和发展趋势，竞争对手的公共关系倾向等。通过了解这些情况，以求在同行业中能够处于领先地位。

2）外部公众状况的调查。包括以下几项内容。

公众的构成：即对各类目标公众的基本情况分析。对公众的确定其实是公共关系工作的最基本要求，体现了公关调查的针对性，保证了公关资源最大效率的运用。

公众的需求：确定了具体的公众对象后，就要对公众的需求进行分析。这种调查和分析是为了掌握公众对一个组织的基本需求和特定需求，以便针对公众的不同需求来制定相关的公关政策和方法，这体现出公关工作的基本出发点是满足公众的需要。

公众舆论的监控：公众对组织的整体形象评价如何，对组织的某一行动持赞成还是否定意见，这种意见代表多数人还是少数人，这些都是公众舆论的标志。公众舆论始终处于不断变化之中。对公共关系人员来说，公众舆论的跟踪和监测，应该成为组织形象管理的例行公事，要经常定期地进行，并绘制相应的图表模型，形象地展示公众舆论的变化态势，以此来修正自己的工作。

公众态度和行为倾向的监测：组织形象的监测，必须在注意公众舆论变化的同时，更为密切地关注公众态度的演变，因为态度直接与公众的行为倾向联系在一起。态度是人们在认识和行为上相对固定的倾向，包括人对事物和社会认知的倾向、情感的倾向和意图的倾向，态度一旦形成就具有一种稳定性，比较持久地影响着人们对事物的判断和看法，影响着人们的行为方向和方式。公众对某一组织的管理、产品或服务所持的不同态度，如喜欢与否、赞成与否、欢迎与否，都反映了公众对这一组织的信任程度。这种态度往往包含较为强烈的情感成分，并最终会导致不同的行为选择。公众的行为倾向，即指公众在认知和情感的基础上对组织所做出的某种行为的反应，如是否优选组织的服务，是否愿意购买组织的各种产品，乃至内部公众是否接受组织的管理。比起一般的公众舆论，公众的行为倾向更为直接地影响着组织的生存和发展。

组织的公关人员，必须随时注意公众对组织的态度和行为倾向的变化，并通过适当的管理手段加以调控，有时可以采取"顺向强化"的方法，即通过积极的公关活动，强化组织的知名度和美誉度，不断巩固和促进处于正向状态的公众态度和行为；有时可以采取"逆向转化"的方法，即通过主动的公关活动，迅速化解并消除逆向状态的公众态度和行为，使组织形象在公众心目中始终保持积极、肯定的状态。

▶ 案例讨论 6-1

通过互联网等新媒体了解近期发生的新闻大事,从公关角度进行分析,与同学交流自己的想法。

6.1.2 公共关系调查的意义

公共关系调查是整个公共关系活动的基础。公共关系调查是运用定性与定量分析方法,全面、准确地了解组织的公共关系现状,预测公共关系发展的趋势,检测公共关系活动的效果,为管理决策提供科学依据。因此,公共关系调查在公共关系活动中具有重要作用。

1. 使组织准确地了解和掌握其在公众中的形象地位

组织的形象定位是指用量化方法准确地判定组织在其公众中的形象地位。通过形象定位,可以测量出组织自我期望的形象与其在公众中实际形象的差距。公共关系人员可针对这个差距,策划有效的公共关系活动方案。由此,也可以大大加强公共关系活动的目的性。

2. 广泛及时地收集信息,使组织决策有了科学依据

组织决策的科学与否,关键在于信息是否充足、准确、及时。而调查是获得信息最好的办法。因为只有通过调查,组织才能了解公众的要求和愿望、才能做出符合公众的要求和愿望的决策,只有公众的利益要求和愿望得到满足和实现,组织在公众心目中的良好形象才能树立起来。

3. 使组织及时地把握公众舆论,树立和保持良好的组织形象

公共关系调查可使组织及时地把握公众舆论并适时地做出决策。公众舆论是公众对组织的一种浮动的表层的认识,是自发产生的,并处于不断扩大和缩小的动态中。但是,当少数人的观点扩展为多数人的观点,分散的、孤立的意见集合为彼此呼应的公众整体意见,影响甚微的局部意见变成声势浩大的公众的共同反响时,组织的形象将会受到很大的影响。积极的公众舆论有利于组织塑造良好形象;消极的舆论则有损于组织的形象,甚至会造成组织形象危机。因此,通过公共关系调查,监测公众舆论,并使组织及时扩大积极舆论、缩小消极舆论是十分重要的。

4. 提高组织公共关系活动的效率

组织在开展某项公共关系活动之前,必须要对现有的人力和物力条件作充分的调查,必要时还要进行现场考察。通过调查,组织对所要开展的公共关系活动的客观条件有了足够的了解,这样,才能保证公共关系活动有充分的准备和切实可行的计划,并取得好的效果。

6.1.3 如何进行公共关系调查

1. 公共关系调查的操作流程

为了使整个调查工作有计划、有步骤地进行，保证整个活动的科学性，公共关系调查应包括制订调查方案、搜集调查资料、整理分析资料和撰写调查报告4个步骤。

（1）制订调查方案　在确定了调查课题以后，调查者必须根据调查的课题制订调查计划。一个完整的调查方案主要包括以下几方面：

1）确定调查的目的。调查的目的是指调查所要解决的问题。明确调查目的是制订调查方案的关键所在。只有确定了调查目的，才能确定调查的范围、内容和方法，才能有针对性、有目的地进行公关调查，避免盲目行动导致的工作失误。

2）确定调查对象。调查对象是根据调查目的、任务，来确定调查范围与调查单位。调查单位是构成调查对象中的一个个具体单位，是搜集信息、分析信息的基本单位。在实际调查中，注意选择调查对象的科学性，保证公众的代表性。社会组织的公众范围十分广泛。开展公共关系状态调查时，不可能也没有必要对所有的公众进行调查，只要注意选择公众工作的科学性，按照随机原则，通过抽样技术，就可以取得接近公众总体的资料。

3）确定调查项目和调查表。调查项目是调查的具体内容，确定调查项目就是要明确向被调查者了解些什么问题，如消费调查中消费者的性别、民族、文化程度、年龄、收入、动机、态度等。对项目进行科学的分类、排列，构成调查提纲和调查表。

4）确定调查时间和地点。调查时间的确定应包括两个方面，一是要明确规定调查资料所反映的是调查对象从何时起到何时止的资料；二是规定调查工作的开始和结束时间。调查地点应与调查单位相统一。

5）确定调查方式和方法。在调查方案中，应明确采用什么组织方式和方法取得调查资料。搜集资料的方式有普查、重点调查、典型调查、抽样调查等多种方式。具体调查方法有访谈法、观察法、问卷法和实验法等。调查采取的方式、方法不是固定和统一的，往往取决于调查对象和调研任务。大中型调研要注意多种方式和方法的结合运用。

6）确定调查工作的组织实施。调查组织计划是指实施整个调查活动过程的具体工作计划，主要是指调查的组织领导、调查机构设置、人员的选拔和培训、调查工作步骤及其善后处理等。

7）制订调查预算。在进行调查预算安排时，要将可能需要的费用尽可能全面考虑。一般来讲，调查经费预算应包括4个方面：调查方案设计及实施费用、调查资料整理分析费用、调查报告撰写费用以及相关办公费用等。

（2）搜集调查资料　搜集资料的主要任务是按调查计划的要求与安排，系统地搜集各种资料。

调查资料的搜集可以从两方面进行：一方面是搜集未做任何加工整理的原始资料，也称第一手资料或初级资料；另一方面是搜集他人已调查整理过的资料，也称第二手资料或次级资料。

第一手资料搜集的方法包括访问法、观察法、实验法等。第二手资料往往是已经公开出版或发表的资料,对这类资料的搜集采取文案调查法。

(3) 整理分析资料　整理分析资料是指运用科学的方法,对调查所得的各种零散的资料进行审查、检验和综合加工,使之系统化和条理化,从而以集中、简明的方式反映调查对象总体情况的工作过程。资料的整理分析,通常包括下列工作。

1) 审查核实。在进行资料汇总前,首先对调查得到的资料进行审核,这是保证调查工作质量的关键。审核的内容主要是对其及时性、完整性和正确性的审核。

2) 分类汇编。资料经过检查核实后,为了便于归档、查找和统计方便,还应按照调查的要求进行分类汇编。资料的分类是根据事物内在的特点和调查研究的要求,按某种标志将所研究现象的总体划分为若干组成部分,然后进行分类登录及归档,以备查阅。汇编是按照调查的目的和要求对分类后的数据和资料进行计算、编辑和汇总,使之成为能反映调查对象客观情况的系统、完整、集中、简明的材料,为分析工作打下良好的基础。

3) 分析处理。资料的分析包括定性分析和定量分析。前者是以资料或经验为依据,主要运用演绎、归纳、比较、分类和矛盾分析的方法找出事物本质特征或属性的过程。后者是运用概率论和数理统计的测量、计算及分析技术,对社会现象的数量、特征、数学关系和事物发展过程中的数量变化等方面进行的描述。为了取得比较符合实际的结论,不仅要进行定性分析,而且要进行定量分析,要在定性的基础上尽量根据不同要求把资料量化,在此基础上编制成统计表或统计图,或计算百分比、平均值等,然后运用这些量化资料进行分析,并将分析所得的结论提供给相关的决策部门,作为策划的依据。

(4) 撰写调查报告　撰写调查报告是公关调查的最后程序。作为调查工作的结束,最终要形成一个调查报告。撰写调查报告的目的是对调查活动过程以及对调查数据分析整理的过程及其工作成果进行总结汇报,为制订科学的公共关系计划方案提供依据,为领导者决策提供参考,寻求领导的支持和帮助。

▶ 案例讨论 6-2

如果让你去观察一条商业步行街,你觉得应该观察什么、怎样观察以及观察时要注意的问题是什么?

2. 公共关系调查的方法

公共关系调查成果的质量好坏,与调查过程中采用的方法有着密切的关系。调查内容不同,采用的方法也不同。在公共关系调查中,经常使用的方法主要有以下几种。

(1) 观察记录法　观察记录法是调查者进入调查现场,用自己的感官及辅助工具,观察和记录被调查对象的表现,从而获得第一手资料的调查方法,有参与观察和非参与观察两种。例如,调查人员拟采取观察记录法在商场的进、出口处定点、定时记录进、出的客流量。

(2) 调查问卷法　调查问卷是进行直接调查的重要工具,在采用访问法进行公关调查时,往往需要使用一定的调查表或问卷来搜集资料。调查问卷一般分为自填问卷和访问问卷。自填问卷即由被调查者自己填答的问卷,而访问问卷则是由访问员根据被调查者的口头回答来填写的问卷。自填问卷依据发送的方式又可分为邮寄问卷和发送问卷两种。邮寄问卷通过邮局把问卷表寄到被调查者手中,被调查者填完后,仍通过邮局寄回;发送问卷则由调查员或其他人将问卷送到被调查者手中,回答者填完后,由调查员逐一收回。也有采用二者相结合方式的发送的。

1)调查问卷的结构。调查问卷的结构通常包括三部分:前言、主体和结束语。

前言。前言是对调查目的、意义及有关事项的说明。

主体。问卷的主体包括调查问题的内容和问题形式。

结束语。结束语主要是用简短的语言对被调查者的合作表示感谢。

2)调查问题的形式。调查问题的提出一般有两种形式。

第一种形式是封闭式问题。这种提出方式往往限制被调查者的回答,即限于已拟定的备选答案。设计较难而回答容易,便于统计分析,且资料较准确;但答案范围狭窄,往往不全面(不能穷尽各种情况)、不具体(如归入"其他"一项的)。封闭式问题的提出有多种形式,其中包括:

选择题——要求做是非(二项)选择,或列出多项答案,只选一个或选择多个;

比较题——要求进行一对一对比;

顺位题——要求排出先后顺序;

评判题——要求表示对某个问题的态度或认识程度。

第二种形式是开放式问题。这种提出方式能使被调查者自由回答,不受任何限制。设计容易回答难,答案过于分散,不易归纳,不利于统计分析,且资料不准确,易产生偏差;但可以让被调查者充分发表意见,从而得到足够全面、具体的答案。

开放式问题一般用于探索性的问题上,调查者对此问题不了解,需要搜集原始资料时较多采用,它还常用于正式调查前的小规模调查,这样便于了解情况。

由于开放式问题和封闭式问题都有一些不足之处,因此,在一份问卷中,应该既有开放式问题,又有封闭式问题。

3)调查问卷设计的原则。调查问卷的设计质量会直接影响到调查内容,关系到能否得到正确的答案。在设计问卷时,应遵循以下设计原则。

针对性和必要性——调查问卷的拟定与设计是为了取得满意的调查成果。因此,应严格按照调查目的设计提问,所有项目都是必需的,无关紧要的问题不应列入。

简明性和准确性——问题不应过多、过长、过散,以减轻被调查者负担和调查统计的工作量;所提问题力求明确,用词准确简洁,清楚具体,含义明晰单一,应避免词意含混、模棱两可的问题。

客观性和可行性——提问避免带有倾向性、暗示性、引导性,保持中立态度,以求真实,以免造成调查的偏差;调查问卷的设计应注意适合被调查者的身份和水平,尽量避免提出一些被调查者难以回答的问题。

系统性和艺术性——问卷设计应讲究艺术,问题排列有逻辑性和顺序性,思路清晰连贯,层次分明,由易到难,由简单到复杂,由浅入深,由近及远;提问亲切自然、有礼貌、有趣味,注意回答的心理或社会影响。

(3)访谈法 访谈法是调查者依据调查提纲与调查对象直接交谈,收集语言资料的方法,是一种口头交流式的调查方法,可分为集体访问和个别访问。

常规访谈法的设计包括：

1）确定访谈调查目的。

2）确定访员。

3）确定访谈对象。

4）确定访谈时间。

5）确定访谈地点。

6）确定访谈问题。

7）确定访谈记录方式。

8）确定访谈报告的方式。

（4）文献调查法　文献调查法是指调查人员通过查阅各种文献，对媒介所传播的有关组织形象或组织发展信息进行调查统计分析的一种间接的调查方法，文献资料有书面文献、声像文献、电子文献。例如，国外一家成才咨询服务公司，所收藏的有关成才的书籍、实例分析、成才的途径、方法的研究资料等，总藏量已超过 300 万页，是世界上最全的成才方面的情报资料库，它为有关教育部门、公关组织提供了十分有价值的研究资料。

文献资料研究一般分 4 步：

1）收集资料。

2）建立文献分类检索系统。

3）储藏资料。

4）检索、分析研究资料。即对检索出的资料作纵向和横向的分析研究，弄清问题产生的原因，解决问题的条件和因素，提出建议和措施。

（5）实验调查法　实验调查法是从影响调查对象的若干因素中，选出一个或几个因素作为实验因素，在其余诸因素均不发生变化的条件下，了解该实验因素变化对调查对象影响的方法。实验法是观察法的一个分支，是把调查事物放在某种特定条件之下来做观察，是一种对比观察。这样可以提高工作的预见性，减少盲目性，还可以比较清楚地分析事物的因果关系，这是访谈法和一般观察法所不具备的优点。常用的实验调查法有：

1）事前事后对比实验法。这是最简便的一种实验调查方式。这一方法是在实验期前，在对同一个市场的正常情况进行测量时，收集必要的数据，然后进行现场实验，经过一定的实验时间以后，再测量实验过程中（或事后）的资料数据，从而进行事前事后对比，通过对比，观察实验变数的效果。

例如，用事前事后对比实验法可以调查商品价格变动对市场销售的影响。

2）控制组同实验组对比实验法。控制组指非实验单位（企业、市场），它是与实验组作对照比较的，又称对照组。实验组指实验单位（企业、市场）。控制组同实验组对比实验，就是以实验单位的实验结果同非实验单位的情况进行比较，而获取市场信息的一种实验调查方法。

采用这种实验方法的优点在于实验组与控制组在同一时间内进行现场对比，不需要按时间顺序分为事前事后，这样，可以排除由于实验时间不同而可能出现的外界变数影响。

▶ **案例讨论 6-3**

按问卷调查法选取所在班级 20% 的同学为样本,准备做一次大学生兴趣爱好的自我测评,请说明样本选取的方法及理由。

6.1.4 公共关系调查实例分析

2019 届大学生就业情况调查问卷

亲爱的同学:

您好!为了更好地了解当前大学生的就业心态,以便为广大同学在求职时提供更好的参考意见。A 公司特别组织了这次调查,希望这项调查结果可以为正在努力求职的大学生提供更加实际的参考数据,为学生朋友的求职路提供一个切实的指向。(以下各题均为单选题,请在你认为正确的答案下打"√")

1. 你的性别?　　A. 男　　　B. 女
2. 你的学历?　　A. 本科　　B. 研究生　　C. 专科
3. 你从什么时候开始关注就业机会?　A. 大一　B. 大二　C. 大三　D. 大四
4. 你对职业的取向是什么?
   A. 国家单位　B. 事业单位　C. 中外企业　D. 私企　E. 无所谓
5. 找工作时你怎样看待专业和工作性质的问题?
   A. 一定要找与专业对口的工作
   B. 可以与专业有关联性的工作,不一定对口
   C. 专业与工作性质无关,先找一份工作再说
   D. 根据自己的喜好选择行业
6. 你对就业地区选择的原因是什么?
   A. 工作待遇好,收入可观　　B. 与国际接轨　　C. 岗位多元化
   D. 生活条件好　　　　　　　E. 提供再学习的机会,有较大的发展机会
   F. 良好的人才政策　　　　　G. 看重创业环境　　H. 回报家乡
7. 你认为当前就业困难的最主要的原因是什么?
   A. 缺乏实际技巧与精练　　　B. 就业期望太高　　C. 就业人数太多
   D. 企业的要求太高　　　　　E. 没有找到适合自己的岗位
   F. 金融危机带来的企业倒闭
8. 你对求职渠道的选择是什么?
   A. 人才招聘市场　　　　　　B. 校园招聘会　　　C. 网上投简历
   D. 父母、亲戚、朋友的介绍　E. 报纸广播媒体报道　F. 毛遂自荐
   G. 我来说两句_____
9. 你对第一份工作的薪酬期望是多少?
   A. 1000 元以内　　　　　　B. 1000～1500 元　　C. 1500～2000 元
   D. 2000～3000 元　　　　　E. 3000 元以上
   F. 不要钱,能锻炼自己的能力就行

10. 你准备花多少钱做就业知识和技能准备？
    A. 100 元以内　　　　　　　　B. 100～200 元　　　　　　　C. 200～300 元
    D. 300～400 元　　　　　　　E. 400～500 元　　　　　　　F. 500 元以上
11. 工作一段时间以后，你发现工作与理想有差别，你会怎么办？
    A. 重新找工作　　　　　　　　　　　　　　B. 先工作等机会再跳槽
    C. 看看再说，或许过段时间就会加薪　　　　D. 无所谓，反正都要经历
12. 你应聘时，看重企业的什么条件？
    A. 企业发展前景　　　　　　B. 薪水的高低　　　　　　C. 个人发展空间
    D. 企业重视人才的程度　　　E. 企业的名气　　　　　　F. 我来说两句
13. 你首选的就业城市是哪里？
    A. 家乡　　　　　　　　　　B. 家乡省内其他城市　　　C. 北京
    D. 上海　　　　　　　　　　E. 广州　　　　　　　　　F. 其他
14. 你觉得金融危机对你今年的就业有负面影响吗？
    A. 很多企业倒闭，毕业生增多，肯定有影响
    B. 我现在找到工作了，影响不大
    C. 没有影响
15. 你会考虑自主创业吗？
    A. 工作难找，会考虑自主创业
    B. 不会，应届生没有什么经验
    C. 暂时没有考虑过
16. 如果自主创业，你会选择哪些行业？
    A. 食品饮料等小店　　　B. IT 业　　　C. 网上开店　　　D. 其他
17. 如果回到 4 年前，你还会选择目前所就读的学校和专业吗？
    A. 会　　　　　　　　　　　B. 不会

再次感谢你的参与与支持！

案例分析：从中我们可以看出调查表的设计的格式、内容及注意事项。

1. 可取之处

（1）表格格式完整　　分别包含了表头、表体和表尾三部分。

（2）题目及选项设计相对较完整　　涉及大学生的个人背景资料及就业要考虑的诸多因素，在选项设置上也较完整。根据此表调查出来的结果，对于人们了解大学生的就业观有一定的意义，对于高校指导学生就业有一定的参考价值。

2. 不足之处

（1）缺少开放式问题　　此问卷应在文末补充一个开放式问题，供被调查者发挥或填写，便于了解问卷中未涉及的内容。如"你对自己的就业还有什么想法"等。

（2）个别选项设置时不太严谨　　如牵扯到数据方面的题目，没有较清晰地划出界线。

例如第 9 题的选项中，应设计为"A. 1000 元以内　B. 1001～1500 元　C. 1501～2000 元　D. 2001～3000 元"。

6.2　公共关系策划

公共关系调查使组织获得了客观的社会形象地位，但从组织的发展来讲，组织应在社会公众中不断完善自身的形象和进一步提高自己的形象地位。这就需要根据公共关系存在的主要问题确定公共关系活动目标，制订公共关系活动方案，寻求解决问题的方法和途径，也就是需要开展公共关系策划工作。

6.2.1　公共关系策划的概念

1. 公共关系策划的定义

策划一般可以理解为"出谋划策"。而公共关系策划就是指公关人员根据组织形象的现状和目标要求，分析现有条件，设计最佳活动方案的过程。公关策划的目的在于：通过科学的策划思想和方法，设计和选择有效的公关活动方案，从而增强组织公关活动的目的性、计划性、有效性，提高组织开展公关活动的成功率，最终在社会公众中不断提高和完善组织的形象地位。

任何公共策划都是建立在公共关系调查基础之上的，既非凭空产生，也不能囊括所有公共关系活动。公共关系策划可以分为三个层次：一是总体公共关系战略策划，如组织形象的长期规划；二是专门公共关系活动策划，如"蒙牛"赞助"超级女声"；三是具体公共关系操作策划，如典礼、联谊会等。公共关系的策划过程，就是在调查研究的基础上，通过综合分析，提出可行性计划，确立目标体系和达标手段，通过实验、反馈、调整、实施，使组织达到理想公共关系状态的过程。

2. 公共关系策划的意义

（1）增强组织形象管理的有效性　一个组织的形象在日趋激烈的社会竞争中，显得越来越重要了。因此，组织的生存与发展，需要通过开展高水平的公共关系活动树立良好的组织形象，提高组织在公众中的知名度、美誉度。科学的公共关系策划思想与方法可以帮助组织恰当地设计、选择公共关系活动方案，提高组织开展公共关系活动的成功率，从而增强组织形象管理的有效性。

（2）增强组织形象管理的目的性　组织形象管理的目的就是要不断地完善组织的形象和提高组织的形象和地位。公共关系策划可以帮助组织分析现有形势，发挥组织特长，设计一些有效的公共关系活动，使组织摆脱困境，巩固和提升现有成绩，开拓新的发展路径，达到实现组织的发展目标、进一步完善组织形象的目的。

（3）增强组织形象管理的计划性　组织塑造或完善自身的形象，贯穿在组织经营、运作的全部过程中，涉及不同部门。组织在不同的发展阶段，可选择不同类型的公共关系活动,每种类型的公共关系活动又可运用不同的方法、技巧,对时间、空间、人、财、物做不同的安排。这些安排既要考虑到近期形象目标要求,又要考虑到远期形象目标要求,这一切如果没有公共关系策划作为通盘的安排、计划,是难以有效地进行组织形象管理的。

6.2.2 如何进行公共关系策划

1. 公共关系策划的操作流程

在进行公共关系策划的过程中,公共关系人员首先要依据公关调查中所确定的组织形象的现状,提出新的形象、目标和要求,并据此设计公共关系活动的主题,然后通过分析组织内外的人、财、物等具体条件,提出若干个活动可行方案,并对这些活动方案进行比较、择优,从而确定出能够达到公关目标要求的最适当、最有效的活动方案。因此,公共关系策划应包括6个工作步骤:确定公关目标、确定公众、设计主题、选择媒介、编制预算和审定方案。

(1) 确定公关目标 公共关系目标是公共关系行为期望达到的成果。它是公共关系活动的方向,也是公共关系活动成功与否的衡量标准。

所确定的公共关系目标,必须能够起到指导整体工作的作用。因此,要使目标能发挥其作用,在确定目标时应遵循以下4个原则。

1)一致性原则。目标应与组织的整体目标相一致,为组织整体目标服务。

2)具体性原则。目标应具体明确,含义单一,避免使人产生多种理解。

3)可行性原则。目标应符合当时的内外部条件,通过努力可实现。

4)可控性原则。目标必须具有一定的弹性,以备条件变化时仍能灵活应变。

(2) 确定公众 公共关系是以不同的方式针对不同的公众展开的,而不是像广告那样主要通过大众传媒把各种信息传播给大众。要使活动能有效实施,需要确定组织决定作为自己公关活动主要对象的那一部分公众,即目标公众。

目标公众的确定,有利于选定具体公关方案的实施;有利于确定工作的重点,科学地分配力量;有利于更好地选择传播媒介和传播技巧等。

目标公众确定之后,公关人员还应对目标公众进行详细的了解和深入的研究,主要是分析目标公众的权利和要求。一般说来,不同的公众有不同的权利要求,了解目标的权利和要求,并将其与本组织的目标和利益加以权衡、比较,以便确定公关计划的基本要求。

(3) 设计主题 公共关系活动主题是对公共关系活动内容的高度概括,提纲挈领,对整个公共关系活动起着指导作用。任何一个成功的公共关系活动都是由一系列活动项目组成的系统工程。为避免活动项目过多给人杂乱无章的印象,需要设计出一个统一、鲜明的主题,以统领整个活动、连接各活动项目。

主题的表现方式有多种多样,它可以是一个口号,也可以是一句陈述或一个表白。主题设计得是否精彩恰当,对公关活动的成效影响很大。要设计出一个好的主题,必须满足4个要求。

第一,公关主题必须与公关目标相一致,并能充分表现目标。

第二,公关主题要适应公众心理的需要,既要富有激情,又要使人感到亲切。

第三，公关主题应独特新颖，富有个性，突出活动的特色，使人留下深刻的长久印象。

第四，公关主题的表述应做到简短凝练，易于记忆和传播。

(4) 选择媒介　不同的传播媒介都有自身的特性，既各有所长、又各有所短，只有选择合适媒介，才能取得良好的传播效果。在选择传播媒介时，应注意以下几个方面。

1) 与公关目标相结合。各种传播媒介都有其特定的功能及优势，适合为公共关系的各种类型目标服务。选择传播媒介时应首先考虑组织的公关目标和要求。

2) 与传播内容相结合。不同的传播信息内容有着不同的特点，而不同传播形式也有着各自特点和适用范围，在选择时应将所传播的信息内容的特点和传播媒介的优缺点结合起来综合考虑。

3) 与传播对象相结合。不同的公众对不同的传播方式和传播媒介的接受机会和感受是不同的，组织应根据目标公众的年龄结构、职业性质、生活方式、教育程度、接受信息的习惯等选择合适的传播方式来传播信息。

4) 与经费预算相结合。由于公共关系活动的经费是有限的，组织应根据自己的具体经济条件选择传播沟通媒介，尽可能用有限的经费和资源创造最大的效益。

(5) 编制预算　任何一项公关活动都需要花费一定的人力、物力和财力，通过编制预算，使公关人员预先了解活动的投入成本，做到心中有数，并能在事前进行统筹兼顾的全面安排，保证公关工作正常开展，便于监督管理、堵塞漏洞。公关预算主要包括三个方面。

1) 经费预算。公共关系预算的经费大致可分为基本费用和活动费用。基本费用是指相对稳定的费用，包括人工报酬、办公费用、房租费和固定资产折旧费等。活动费用是指随某项公共关系活动的开展而形成的费用，包括专项设施材料费、调查研究费、专家咨询费、活动招待费、广告宣传费、赞助费等。

2) 人力预算。人力预算是指对实现既定公关目标所需的人才进行初步的估算，应落实公关计划的实施需要组织投入多少人力，什么样的人才结构，是否需要外借人员等。

3) 时间预算。时间预算是指为公关具体目标的实现制订一个时间进程表，规定出各阶段的具体工作内容以及所持续的时间，以便公关人员按部就班地进行工作。

(6) 审定方案　审定方案是公共关系策划的最后一项工作。公关人员根据组织的现状，提出各种不同的活动方案，每一个方案都是策划者智慧的结晶，但这些方案未必都适宜，也未必能同时采用。因此对这些方案进行优化和论证才能选定最终方案。审定方案工作可分为两个步骤。

第一步，优化方案。就是尽可能地将公关方案完善化、合理化，提高方案合理值，强化方案的可行性，降低活动经费。通常可采用重点法、转变法、反向增益法、优点综合法等方法进行方案优化。

第二步，方案论证。一般由有关高层领导、专家和实际工作者对方案提出问题，由策划人员进行答辩论证。论证方案应满足系统性、权变性、效益性和可操作性要求。

2. 公共关系策划的方法

公共关系是一门创造性的学问，这种创造性充分体现在公共关系策划中。公共关系策划的灵魂在于创新，所策划的公共关系活动越是新颖独特、出神入化，就越能吸引公众。但强调策划的创造性、新奇性,并不意味着策划得越离奇越好。策划尽管可以奇象环生、扑朔迷离,但它仍然有一定的规律。有效的公共关系策划离不开科学的策划思想和巧妙的策划艺术。离开了创造性思维,公关策划就会变得平淡乏味,就会变得苍白无力。公关策划的方法其实就是创造性思维的方法。

(1) 公共关系策划中的创造性思维 公共关系策划所依仗的完全是策划者的创造性素质,而这种创造性素质的核心无疑是创造性思维能力。因此,要进行成功的策划,就必须探究创造性思维。一般来说,常见的创造性思维方法有以下 4 种。

1) 头脑风暴法。头脑风暴法(Brainstorming)是通过联想进行构思的方法,其核心是高度自由的联想,一般通过小型的策划会议,使与会者毫无顾虑地提出各种想法,彼此激励,从而产生新的方法。头脑风暴法遵循 4 种原则:自由鸣放、不互相批评、欢迎提出多种不同方案、善于总结别人意见,进而提出方案。其过程一般不超过一个小时。

2) 发散思维法。发散思维是从给定的信息中产生出新的信息,其侧重点是从同一来源中产生各种各样的为数众多的信息输出,并可能会发生转换作用。通俗地说,发散思维是针对一个问题,沿着各种不同的方向思考,从多方面提出解决问题的方案,寻求各种各样的解决办法,以求得解决问题的最佳答案的思维方法。

3) 逆向思维法。公关策划中的逆向思维,就是要突破常规,突破习惯,以出惊人之效果。即从与习惯思路相反的角度,突破常规定势,作反向思维,以找到出奇制胜之道。在公共关系策划中,策划者常常用到这种创造性思维方法。人们都熟悉的司马光砸缸的故事就是一个典型的逆向思维实例。一般儿童的思路是"人离开水",而司马光的思路是"水离开人",一反常规思维,达到了出人意料的效果。

4) 联想思维法。联想思维是在原先并不相关的事物之间,搭起一座由此及彼的桥梁,将表面看来互不相关的事物联系起来,从而达到创造性思维的界域。这种联想思维,可以使自己以往的经验为新的创造性思维服务。在公关策划中,当我们为某个问题所困扰的时候,也可以受某一事物的启发而想到另一事物。这种联想的形式,或由于事物在时间上和空间上接近而形成,或由于事物具有相似的特点而形成,或由于对比关系、因果关系而形成。我们通常说的由此及彼、举一反三就是指的这种情形。

▶ **案例讨论 6-4**

尽可能多地说出筷子的用途。

(2) 公共关系策划的创意技巧 所谓创意,就是创造性的意念,是策划的灵魂。公共关系策划中常用的有四大创意技法。

1) 运势。势是一种比喻的说法,指的是事物本身以及与影响事物的环境共同形成的一种倾向性的无形力量,在"势"的面前,人们以及组织并非只能逆来顺受,并非只能消极被动地承受"势"。一方面我们应当充分认清自身的优势和劣势,利用优势,回避劣势;另一方面,要善于变被动为主动,学会通过主观努力去"运势",即能动地蓄势、借势、造势和导势。

2) 用奇。组织要想在竞争中立于不败之地,公共关系策划没有点儿独出心裁、超凡脱俗的主意和办法,不采取出奇制胜的谋略,是不能够成功的。因此要"谋为天下先""想旁人所不敢想""反其道而行之"。

3）求变。公共关系策划要运用求变思维去创新，对不断了解环境和自身的变化，采取相应的策略，运用主观能动的力量寻求创新。

4）谋合。公共关系策划中，经常需要考虑如何去运用组合这一法则。例如，目标、需求的组合，传播媒介的组合，传播交流形式的组合，时间与空间的组合，组织资源利用的组合，形象因素的组合，营销、广告公关的组合等。利用联想思维方式，思考如何借组合产生综合效应，或将一些看似不相关联的事物经过有序的思维碰撞去产生组合的创意，这都是公共关系策划争取事半功倍的途径。

▶ **案例讨论 6-5**

在一个偏僻的小山村，有一个独家经营的小百货商店，产品单一，赢利并不多。后来，和它相邻的地方又开了一家经营类似商品的百货商店，两家从此展开了竞争。老店新进的货，新店立即赶上；新店采用的服务，老店也不落后。渐渐地，两家因竞争而矛盾重重，有时甚至大打出手。可他们却没有注意到：他们各自的利润却比从前独一家时还多。后来，一个内行人一语道破玄机，两家才意识到自己的发展离不开对方的竞争，于是双方握手言欢。

问题：请结合所学知识分析此案例。

6.2.3 公共关系策划实例分析

关于2019年"让福彩的爱伴你回家过年"活动方案

一、活动背景

从2007年开始，安徽省福彩中心和新安晚报社连续举办了十届"让福彩的爱伴你回家过年"活动，从最初资助200人，每人500元，提高到2018年共计60万元，资助600名贫困学子，每人1000元。无论从资助人数还是从资助金额上都超过了历届，也使得该活动实实在在地帮助了更多的贫苦学子们。从某种意义上说，这样的公益活动也实现了精准扶贫的要求。

有人说：一项公益活动举办一次不难，但将一项公益活动举办多次，这就是一项伟大的事业。"让福彩的爱伴你回家过年"活动已经连续举办了十届，其在安徽省乃至全国的影响力、公信力都非常巨大。乃至每年放寒假前夕，许多家长和寒门学子以及高校都和报社联系，询问今年活动什么时候举办，如何报名等。随着连续十届活动的成功举办，活动组已建立了非常有效的助贫渠道、透明公正的机制规则、严格审核把关的流程要求，也使得活动获得了社会的巨大认可，2019年将继续举办该活动。

二、活动目标

进一步提升安徽省福彩"济困"的良好形象

三、活动主题

一路温暖　福彩相伴
　　　　——2019年"让福彩的爱伴你回家过年"

活动主办：安徽省福彩中心

活动承办：新安晚报社、安徽网、大皖新闻

四、活动内容

2019年"让福彩的爱伴你回家过年"活动，仍将和2018年相同，计划拿出60万元资助600名贫困学子，每人1000元，评选规则、操作流程同往年。

五、宣传

宣传工作主要由新安晚报来完成。

（一）活动内容

1. 收集学子报名信息、筛选、发放；
2. 在高校举办寒门学子报告会暨发放仪式；
3. 记者全程陪同部分学子回家；
4. 分四批在高校、报社等现场发放；
5. 所有材料统计收集、供省福彩审核。

（二）宣传形式

1. 动态宣传，全程报道活动内容；
2. 总结报道，对活动的总结深度报道；
3. 现场播报，对现场活动进行直播等；
4. 连续追踪，追踪寒门学子的回家路。

（三）平台呈现

1. 新安晚报社、安徽网、大皖新闻；
2. 文字、图片、直播和视频。

（四）宣传预估效果

1. 在《新安晚报》上刊发不少于15篇新闻稿件，其中有两条总结性稿件。连续追踪稿件，需要记者全程跟随学子回家路，并拍摄视频；
2. 在安徽网做"让福彩的爱伴你回家"专题，时间为一个月左右；
3. 拍摄活动短视频在安徽网播放；
4. 发放现场实现直播，有利于公正透明；
5. 双微新媒体播报总条数不少于8次；
6. 安徽网、大皖新闻转发所有稿件；
7. 所有稿件推送百度、今日头条等；
8. 10多名记者、工作人员的文案、总结、材料收集整理等活动服务。

六、费用预算

（一）学子资助费：60万元

（二）宣传费：12万元

总计：72万元

安徽省福彩中心　新安晚报社
2018年6月7日

案例分析：此案例是一个真实的策划方案，通过活动背景、活动主题、活动内容、宣传、费用预算等内容，较完整地体现出一个公共关系活动的策划过程。此次调研信息充分，公关策划目标准确,加上鲜明的主题和活动的正确实施,活动最终取得了成功,在社会上产生了强大的反响和好评。

6.3 公共关系活动实施

正确地制订具有创意的公共关系计划方案固然重要,但更重要的是将公共关系计划付诸实施,才可能真正产生效用。公共关系实施是在公共关系计划方案确定后,将方案所确定的内容变为现实的过程,它是整个公共关系工作的中心环节。

6.3.1 公共关系活动实施要素

公共关系实施是指将公共关系计划所确定的内容转变为现实的过程。这个过程是公共关系最为复杂多变的一个环节。因为公共关系的实施是解决问题的最直接环节和检验公共关系是否可行的重要途径,它不仅决定着公共关系计划所确定目标的实现,以及实现的程度和范围,而且是完善原公共关系计划及制订后续方案的重要依据。

1. 公共关系实施的特点

(1) 实施的原则性　公共关系计划一旦确定下来,就必须按照计划有步骤地认真实施,否则,再好的公共关系计划也只能是"纸上谈兵"。公共关系计划是组织在进行大量的调查之后,结合组织的实际情况制订的。因此,公共关系计划实施的好坏,直接关系到组织的目标能否实现及实现的程度和范围。

(2) 实施的创造性　公共关系计划的实施要在不违背公共关系计划的原则前提下,从客观实际出发,采取灵活多样的方式方法,使公共关系目标得以实现。因为一项公共关系计划在制订的过程中无论多么周密、多么具体和细致,它毕竟是主观的产物,它与客观实际情况总是存在着一定的差异;同时,随着时间的推移,实施的进展以及客观环境的变化,在实施过程中会遇到一些新情况和新问题,这就要求公共关系计划的实施者充分发挥自己的主动性、积极性和创造性。

(3) 影响的广泛性　公共关系活动一旦实施,必然会在社会上产生一定的影响,这种影响不仅改变公众对组织的认知、态度,也会导致公众观念、公众行为的改变。但这种影响不以公共关系策划者的意志为转移,有时产生的影响是公共关系活动所要达到的效果,也可能产生公共关系活动所没有想到的效果;它既可能对组织产生积极的影响,也可能对组织产生消极的影响;它既可能对目标公众产生影响,也可能对非目标公众产生影响。总之,伴随着公共关系活动的开展,所产生的影响是非常广泛的。

▶ **案例讨论 6-6**

有人提出,在公共关系活动实施过程中,只要强化传播的力量就能解决大部分公共关系活动的难题,在现实中确实有不少组织是按这种思维操作的。

问题:试分析其合理性和可行性。

2. 公共关系实施的原则

公共关系实施是一个复杂而科学的过程，客观上需要一整套科学的实施原则作指导。

（1）准备充分原则　实施准备是公共关系实施成功的基础和前提。准备得越充分，公共关系实施就越顺利，失误就越小。在正式实施策划方案之前，要用足够的时间做好各种实施准备工作。

（2）目标导向原则　要求公共关系人员在公共关系方案实施过程中，不断利用目标对整个实施活动进行引导、制约和促进，以保证实施活动不偏离公关目标。

（3）控制进度原则　就是根据公共关系计划中各项工作内容实施时间进度的要求，随时检查各项工作的进度速度，及时发现滞后（或超前）的情况，搞好协调与调度，使各项工作内容按计划协调、平衡地发展，并确保按时完成。

（4）整体协调原则　是指在公共关系实施过程中，使工作所涉及的方方面面达到和谐、合理、配合、互补和统一的状态。

（5）反馈调整原则　是指通过监督控制机制及时发现公共关系实施中的方法偏差甚至错误，并及时进行调整与纠正，通过多次循环往复的反馈、调整，使实施不断完善，直到完成公关计划。

6.3.2　如何进行公共关系活动的实施

1. 公共关系实施的方案设计

（1）确定核心信息和目标公众　核心信息是公共关系活动最终要传达给公众的最重要的信息，也是公共关系活动最重要的目的。目标公众是公共关系活动的对象，在公共关系实施方案中，要明确界定公共活动的目标公众以及目标公众的结构和范围。

（2）设计活动的主题　活动主题是公共关系活动的"灵魂"。公共关系活动成功与否，与主题的确立有直接关系，主题明确、新颖、寓意深刻会给公众留下深刻的印象，能起到事半功倍的效果。因此，设计主题应注意以下几点。

1）主题要突出。主题要突出，并与公共关系活动的目标相吻合。

2）主题要新颖别致。主题要新颖别致，能最大限度地引起公众的关注。例如，健力宝推出另类饮料"爆果汽"。这种"果汁+汽水"的饮料，是将新鲜和刺激精彩搭配的加汽果汁，体现着时尚与活力的完美结合。"爆果汽"饮料与一般饮料的不同在于口味一改传统果汁饮料的平淡柔和，追求的是极具新鲜刺激的清爽口感；包装上，以黑色为主色调，配以鲜艳的彩色图案，它看上去很像幼时用过的"墨汁瓶"，其主要消费人群也和"第五季"一样，锁定崇尚时尚、充满活力的年轻人。

3）主题寓意要深刻。公共关系活动不仅要考虑组织的自身利益，同时也要考虑社会利益。例如，国内老牌的乳品公司——黑龙江哈尔滨完达山乳品有限公司，举办名为"完美'纯'品质体验——完达山邀你畅游'纯'世界"的大规模产品展示活动。在活动中，公司为消费者介绍选择纯鲜奶的方法、注意事项和牛奶的多种饮用方法，并通过回答问题、互动游戏等活动，让现场的观众在感受完达山牛奶"纯"美品质的同时，学习到更多的关于奶品的知识，同时还有各种礼品和奖品赠送给到场观众和游戏胜出者。这次活动不仅仅让更多的消费者认识了该厂的产品，也为大家选购鲜牛奶、真正提高生活品质带来帮助。

（3）时机策划　时机策划即选择公共关系实施时机。时机把握的准确与否，关系到公共关系活动的成败。时机把握得好，可以达到"锦上添花"的效果；把握得不好，或者错过良机，则会损害组织的形象。时机的选择有两种：一是根据公共关系的内容确定活动的时间；二是在具有特殊意义的日子里，开展公共关系活动。例如，中国教育电视台在"非典"时期开办的《空中课堂》栏目，就是一个抓住机遇策划成功的案例。中国教育电视台是教育领域的专业媒体，有得天独厚的行业优势，但同时又是一个"弱势媒体"，经济实力和社会影响力很难和同行中的强势媒体竞争。于是他们扬长避短，从小处做起，在"非典"危机中寻求有利于自身生存发展壮大的机遇。

2. 公共关系实施的要求

要使公共关系实施真正达到预期效果，在实施过程中应注意以下几点要求：

（1）有效地排除实施中的障碍　虽然公共关系计划是经过认真论证的，但在实施过程中也难免遇到这样那样的障碍，这些障碍有内部的也有外部的，有主观造成的也有客观造成的。正视种种障碍并采取有效的措施予以排除，才能保证计划的有效实施。影响公共关系实施的障碍主要有以下几方面。

1）主体障碍。这类障碍主要是产生于实施主体自身，包括组织的人员素质、管理水平、计划与论证自身存在问题与失误等，从而造成公关目标障碍、公关创意障碍、公关预算障碍等。这些障碍将会直接影响到实施的效果和目标的实现。

2）沟通障碍。公关方案的实施目的在于实现组织和公众之间的双向沟通。但在沟通过程中有不少障碍因素，如语言障碍、习俗障碍、观念障碍、心理障碍、组织障碍等。这些障碍都会影响信息传播的真实性，使组织无法顺利实现与对象公众的沟通。

3）环境障碍。公共关系实施环境障碍来自于实施环境的各种制约因素、对抗因素、干扰因素。这些因素会从正面（促进）和反面（制约）影响着实施工作的开展。

（2）及时妥善处理实施过程中的突发事件　对公关方案的实施干扰最大的莫过于重大的突发事件。如果组织不能及时、妥善地处理，不但使整个方案无法实施，甚至会给组织带来巨大的危机。产生突发事件的原因有多种，但不论何种原因导致的突发事件，最关键的做法是应当保持头脑冷静，防止感情用事，认真剖析原因，正确选择对策，以使对组织形象损失降到最低。

（3）正确选择方案实施时机　正确选择实施时机是提高公关方案成功率的必要条件。如果在方案实施过程中，对于时机进行精心选择与安排，整个公关方案将会借助于恰当的时机而收到良好的效果。一般来讲，在实施公关方案时，正确选择时机应注意把握以下几点。

1）要避开或者利用重大节日。凡是同重大节日没有任何联系的活动都应避开节日，以免被节日活动冲淡。凡是同重大节日有直接或者间接联系的公关活动方案则可考虑利用节日烘托气氛，扩大公关活动影响。

2）要注意避开或者利用国内外重大事件。凡是需要广为宣传的公关活动都应避开国内外重大事件，以免被重大事件所冲淡。凡是需要为大众所知，又希望减小震动的活动则可选择重大事件发生之时。

3）避免在同一天或同一时间段里同时开展两项重大的公共关系活动，以免其活动效果相互抵消。

6.3.3 公共关系活动实施实例分析

美的中央空调用"心"打造新意好年货

春节的意义对于中国人来说，已经由古老的节庆演变为情感的寄托。作为最重要的中国传统节日，春节也成为品牌施展营销大计的黄金时机。

这个春节，美的中央空调将焦点汇聚于"年货"上，针对一线城市返乡人群展开"新年有心意，年货选美的"的主题春节营销，主张"让美的中央空调零售品类产品成为年货首选，表达新年心意"，全面整合线上线下资源，打造"年货买点美的"抖音挑战赛及"车票两个8，好礼带回家"门店优惠活动，引发目标人群的广泛关注及参与。最终，品牌实现超过3.3亿次曝光，项目总互动量高达100万，品牌知名度显著提升的同时成功引流用户至线下门店，为春节营销再添一经典案例。

"年货买点美的"抖音挑战赛，引爆全民互动"抖"出好货

据最新数据显示，截至2019年1月，抖音APP的国内日活跃用户已经突破2.5亿，月活跃用户突破5亿。庞大的流量红利给品牌带来新的营销思路，抖音亦成为品牌宣传的重要渠道。持续增多的抖音视频广告也意味着营销同质化趋势愈发明显，如何做出新意、占得先机是摆在品牌面前的大难题。

为拉近品牌与目标受众的距离，提升品牌在二三线城市的知名度，美的中央空调通过联合抖音平台，深挖创新形式，以"年货买点美的"为主题，发起一场全民关注的抖音挑战赛，邀请用户携带话题标签发布原创视频，将心意好货"抖"出来。挑战赛聚焦广东、四川及湖南三大区域，并以目标区域达人撬动当地用户人群，覆盖多种属性用户，短时间内产出丰富UGC（用户原创内容）。

为提升互动趣味性，美的中央空调携手抖音平台定制首款商业化随机创意贴纸，保证活动趣味性和品牌全面曝光；并邀请达人配合手指舞示范使用贴纸，引来大批用户花式模仿使用，迅速引爆活动热度。截至2019年2月20日，美的中央空调"年货买点美的"挑战赛播放量高达2.8亿次，发送视频参与的用户已超过1万人，树立家电品牌抖音竖屏营销典范。

站内挑战赛"抖"得火热，活动热度更延续至包括微博、微信、新闻网站等站外平台。挑战赛期间，多位微博KOL（关键意见领袖）发布活动资讯助推热度，"年货买点美的"微博话题更斩获1459万阅读量，累计超过31.9万讨论量。

精准聚焦春节返乡人群，有效引流线下门店

每年春节，返乡过年总会成为人们的话题焦点。为了回家过年，浩浩荡荡的春运大军犹如大迁徙一样，人们不远千万里归来，带着大包小包的年货回到家人身边，尽诉心中情意。基于这一洞察，美的中央空调针对一线城市返乡人群，发起"车票两个8，好礼带回家"线下优惠活动，用户凭票面含有两个"8"的回家车票前往美的中央空调终端门店即可领取春节好礼，到店购物并晒单更有机会赢取万元大礼。

秉承通过社会化营销思维促成销售转化的理念，为进一步引流返乡人群到店，美的中央空调节前针对北上广深等一线区域进行定向投放。了解目标受众当下的所想，才能找到打动他们的情感内核，达成"时空共振"。本次投放正值春节期间，很多人都在回家团圆的路上，在此特殊的时空环境下，人们关注最多的是"回家"。为此，美的中央空调定制3篇戳中返乡人群痛点的创意漫画，高强度曝光"车票两个8，好礼带回家"活动信息，有效促进引流用户前往终端门店。截至2019年2月20日，"车票两个8，好礼带回家"活动已累积曝光量超过1172万，点击量达46万次，获得品牌认知与销售增长的双丰收。

（资料来源：北国网　2019年3月1日　编者略有调整）

案例分析：在春节这个万众热议的关键节点，通过打造"新年有心意，年货选美的"主题，美的中央空调将品牌融入春节语境，结合一系列环环相扣的营销动作，让产品与年货挂钩，让品牌与年味挂钩，成功制造与用户的情感共鸣，实现品牌与用户、节日之间的有效连接。

6.4 公共关系效果评估

公共关系的评估是对公共关系实施工作的总结和最终效果的评价。它是公共关系活动的最后一项程序，也是下一轮策划的开始。通过公共关系评估，可以总结成功的经验，分析失败的教训，进一步提高公共关系活动质量与水平；同时可以发现公共关系活动的缺陷与不足之处，为组织今后的公共关系目标政策和行为调整提供依据。因此，公共关系评估有其重要的作用。

6.4.1 公共关系效果评估的意义

1. 公共关系评估的含义

所谓公共关系评估，就是根据特定的标准对公关计划的实施及效果进行检查、评价，以判断其优劣的过程。它在整个公共关系计划实施过程中都具有重要作用，评估控制着公共关系实践的每个活动及环节。

2. 公共关系评估的意义

公共关系评估的重要意义表现在以下5个方面：

（1）公共关系评估是改进公共关系工作的重要环节　公共关系评估对一个社会组织的公共关系工作具有"效果导向"的作用。任何一项公共关系计划在实施后都面临着成功或失败的结局，而无论是成功还是失败，其经验与教训都将成为下一个公共关系活动或环节改进的基础。评估就是我们通常所说的总结经验、吸取教训。

（2）评估是开展后续公共关系工作的必要前提　没有这种对原有公共关系工作的评估，就不可制订新的公共关系计划，这是公关工作连续性的一种表现。

（3）鼓舞士气，增强团队凝聚力　一般来说，内部员工很难对组织及其公共关系活动有全面的、深刻的了解和认识。评估使他们能认清本组织的利益和实现途径，以便将实现本组织的战略目标与自己的本职工作紧密地联系在一起，并变为一种自觉的行动。

（4）寻求管理层的支持　评估的另一个重要意义还在于使组织的领导人看到开展公共关系工作的明显效果，从而使他们能更加自觉地重视公共关系工作，真正起到鼓舞士气、激励内部公众的作用。

（5）公共关系评估的其他意义　在现实生活中，评估还决定着公关公司是否该承接该项工作，客户是否满意、是否付款，公关公司能否获得某项荣誉，进而增加无形资产等。

6.4.2　如何进行公共关系效果评估

1. 公共关系评估的操作流程

一般地讲，公共关系评估工作可分为以下四个阶段。

（1）评估准备阶段　应确定评估的目标和标准；安排评估的人员和时间进度。

（2）全面评估阶段　运用各种评估的具体方法，全面搜集各种所需的评估资料和信息。

（3）整理分析阶段　应参考评估标准对所搜集的各种资料或信息进行分析比较、统计对照，检查既定公共关系目标是否达到，检查预算执行情况与效果。在评估分析的基础上，提出计划实施中尚存在的没有解决或新发展的问题，并进一步分析产生这些问题的原因。

（4）撰写报告阶段　在全面检查、评估分析、提出问题的基础上，公共关系人员应根据情况和需要调整工作计划和目标，并向决策部门报告分析结果，以便领导者统筹考虑组织的目标和任务。同时，还要针对新问题并根据组织的总目标、总任务，设定公共关系下一个阶段目标。

公共关系评估报告是评估工作的最终成果，它主要说明的是"我们做得怎么样？为什么会这样？"评估工作实质上也是一种调查工作，是对整个公共关系活动的调查。因此，评估报告的格式与调查报告的格式相似，只是内容和针对性有所区别。一般包括以下内容：

1）描述整个公关活动过程。
2）简捷地概括活动所取得的主要结果及其存在的不足。
3）科学地预测尚未解决的一些问题在今后的发展趋势。
4）提出相应的解决办法，为决策者决策提供充分的信息根据。

2. 公共关系评估的方法

公共关系评估的方法主要有以下4种。

（1）观察反馈法　观察反馈法是由评估人员直接参与实施过程，进行实地考察，记录各个环节实施的状况和顺序以及进展情况。

（2）目标管理法　目标管理法是以预先设定的目标作为评估分析的主要依据，根据实施效果和目标对照考核，进行衡量。

（3）舆论和态度调查法　舆论和态度调查法是在公共关系活动的前后分别进行一次舆论调查，检查公共关系活动对公众的态度、动机、心理、舆论等方面的影响。通过舆论与态度调查，借助"组织形象地位图"，检查组织知名度和美誉度的改善情况；运用"组织形象要素调查表",检查组织形象要素的具体构成有了哪些进步;通过"形象要素差距图",检查组织实际形象与期望形象之间的形象差距有多少改善。

(4) 内部及外部评估法　内部及外部评估法是根据组织内部各职能部门的资料和组织外部广大公众的信息反馈来评估。通过从不同渠道汇报上来的各种资料,如数据、图表、报告,可以作为评估的重要依据。

上述各种评估方法都有自己的特点,不同组织可根据自身的实际情况具体选择和应用这些方法。也可以综合运用,通过几种方法相互比较、相互引证,得到一个全面的、综合性的评估结论。

6.4.3　公共关系效果评估实例分析

壳牌公司公共关系活动评估案例

1. 项目调查

随着我国社会经济的蓬勃发展,机动车的数量不断增加,交通安全问题日益受到政府和社会各界的普遍重视。据1996年底有关数据显示,中国交通伤亡人达平均每天200人。

普及交通规范教育,提高道路安全意识,预防悲剧的发生已成为社会的共识。作为一家世界领先的石油化工公司,荷兰皇家/壳牌公司在全球范围内积极参与各种社会公益事业。作为在这一地区的运营公司,壳牌(大中华)集团秉承这一优良传统,在积极贡献于中国能源和交通等事业发展的同时,将在中国的公益事业集中在教育、道路安全和环保三大领域,从而树立起鲜明的企业特色和良好的企业形象。

中小学生的自我安全保护能力较弱,他们的安全问题牵动着千家万户的心,为了加强对中小学生的安全教育,国家教育部规定每年3月的最后一个星期一为"中小学生安全日",每年选择不同的主题,重点宣传某一方面的安全,1997年的主题是"交通安全"。

本次公关活动的策划和实施正是基于以上背景条件。

2. 项目策划

前期策划:1996年下半年在上海交警大队的协助下,壳牌公司与上海科学教育制片厂合作拍摄一套大型系统交通安全科教片——"人·交通·规范"。该片全长120分钟,分3个部分,20个章节,分别介绍了与行人、机动车和自行车有关的交通规则和注意事项。该片针对不同的道路使用者,以科学的方法和丰富的实例,生动形象地介绍了道路安全常识和遵守交通规则的重要性。

时间选定:将捐赠仪式的日子定于1997年3月19日(星期三)。3月初,全国人大代表会议刚刚召开完,媒介的报道热点刚好落下一个高潮。而将捐赠仪式安排在1997年的全国"中小学生安全日"之前,正是极好的媒介报道时间。

捐赠仪式策划。分为下列几个步骤:

(1) 确定捐赠对象。选择全国范围内18个大中型城市的交管局和中小学校作为捐赠对象。这18座城市或有壳牌的办事处,或有壳牌投资的企业。这些城市市内交通发达,因而交通事故的发生率也很高。对这些城市的中小学校的交通安全教育将会显得非常有意义。

(2) 召开新闻发布会。在北京组织新闻发布会,在大众媒介上宣传交通安全对中小学生的重要性，同时把壳牌定位成积极关心社会性的企业公民。

（3）举办壳牌与道路安全的图片展。在新闻发布会和捐赠仪式现场，布置一个"壳牌与道路安全"的图片展，展示了壳牌在世界其他一些国家从事道路安全公益活动的情况。图片展在与会的领导和记者中引起了热烈的反响，无疑增强了壳牌的公益形象。

（4）选择嘉宾。在新闻发布会上，邀请相关交通主管部门的代表、教委和学校的代表作为嘉宾出席活动，更好地强调交通安全教育的重要性。

（5）发送新闻录像带。在北京举行新闻发布会之前，发送专用新闻录像带给全国18个城市的电视台青少部，从而真正配合各地电视台做好每年一度的"安全日"宣传节目。

（6）发送新闻稿。新闻发布会之后，关于捐赠的新闻稿在全国发放，以期获得最大程度的宣传报道。

（7）开展后续活动。壳牌向全国18个城市的中小学校捐赠了近万盘录像带。

3．项目实施

1）联络、邀请相关政府部门。

2）选择并邀请相关新闻媒体出席捐赠仪式。

3）选定新闻角度、撰写新闻资料、剪辑复制准备捐赠的录像带。

4）选择长城饭店举行记者招待会和午宴。

4．项目评估

媒介：这次活动在媒介取得了很大的成功。所有参加新闻发布会的记者都报道了这次捐赠活动，赞扬壳牌这一及时而有益的捐赠活动。有关嘉宾和壳牌领导被电台、电视台现场采访。

地方电视台对这次无偿赠送录像带的举动表示了极大的欢迎和感谢。一些电视台在制作"安全日"教育节目时采用了壳牌的资料带。

政府：政府相关领导出席了这次活动并讲话，使该捐赠活动得到了来自政府的支持。

业务：壳牌在中国的主要业务与交通、道路紧密相关。通过这次系列活动，树立了壳牌良好的公司形象，对推动业务的发展帮助良好。

其他：壳牌捐赠录像带的消息见报后，收到18个城市之外的其他城市教育部门的来函，索要录像带，说明社会效益十分明显。

案例分析：此例中运用了多种实施评估的方法，对整个项目的前期调查以及实施过程进行了深入分析，通过评估可以看到该项目实施的最终成果。

本章总结

本章主要介绍了公共关系活动工作的流程——调查、策划、实施和评估。

公关调查是运用科学的方法，有计划、有步骤地搜集相关信息并进行综合分析，了解组织面临的公共关系方面的实际问题，从而为组织的形象设计、公共关系活动的策划提供依据。

公共关系策划是指公关人员根据组织形象的现状和目标要求，分析现有条件，设计最佳活动方案的过程。

公共关系实施是将方案所确定的内容变为现实的过程。

公共关系评估是对公关计划实施工作的总结和最终效果的评价。通过公关评估，可以总结成功的经验，分析失败的教训，进一步提高公关活动质量与水平；同时可以发现公共关系活动的缺陷与不足之处，为组织今后公共关系的具体目标政策和行为调整提供依据。

知识及技能检测

一、名词解释

1. 调研
2. 策划

二、选择题

1. 属于二手资料的调查的公共关系调查方法是（　　　）。
   A. 文献调查法　B. 观察法　　　C. 询问法
2. 公共关系活动的灵魂和核心是（　　）。
   A. 调查研究　　B. 公共关系策划　C. 公共关系实施　D. 公共关系评估
3. 公共关系活动策划程序中的审定方案工作有三个步骤，分别是（　　　）。
   A. 方案拟订　B. 方案优化　　C. 方案论证　　D. 方案审核　　E. 书面报告
4. 公共关系实施的原则有（　　　）。
   A. 准备充分　B. 目标导向　　C. 控制进度　　D. 整体协调　　E. 反馈调整
5. 在公共关系活动评估报告中，最重要的是说明（　　　）。
   A. 我们做了哪些，还有哪些不足
   B. 我们做得怎么样，为什么会这样

三、实训题

1. 项目：公共关系策划。
2. 目的：通过训练使学生具有公共关系意识，掌握公共关系活动的策划和实施，提高学生的公共关系技能。
3. 内容：为你所在的学校或班级策划一项公共关系活动。
4. 组织：以小组为单位利用课余时间完成此项作业，以策划书的形式呈现，下次上课时推选代表发言，老师做出点评。
5. 考核：策划书及发言情况作为一次大作业，老师分别给出成绩计入学生平时成绩。

拓展阅读

可持续公共关系

当代公共关系实践的综合性质正在发生蜕变，随着消费者需求的变化（超越了马斯洛的需求层次），包括对其形式或生产不损害环境或社会的产品的需求，社会营销中如何体现可持续化已成为一个关键的商业战略问题。一些消费者的价值观已改变,而更多的消费者需要引领,建立可持续公共关系意味着企业不仅要重新审视其产品的沟通方式,而且要重温他们的商品和服务的生产方式。

可持续公共关系概念的基础与"可持续经济发展"中理念的一脉相承,这一理念被《布伦特兰报告》定义为"满足目前的需要,而不损害子孙后代以满足当今的需要"。可以看出,《布伦特兰报告》中的关键词是经济的可持续发展。

由于国情不同,生活水平、经济发展及文化价值观的差异,可持续经济发展的概念存在不同的解读。正如可持续发展专家们所描述的:为确保可持续发展,不同的国家和地区需要解决的主要问题不同。对印度来说,可能是贫穷、水和生物多样性;对巴西来说,可能是水土流失和贫穷;对非洲地区的一些国家来说是水与和平;对欧盟国家和美国来说,可能是能源安全和气候变化。

提出可持续公共关系是源于可持续发展概念的启发,从本质上讲,可持续公共关系概念的提出意味着任何公共关系活动都需要平衡眼前的人类需求,满足长期维持环境的必要性;并且公共关系从业人员必须平衡股东、客户、社会和环境的经常性与长期性的竞争利益。虽然这一概念在理论上是相当直接明了,但在实践中、在现代激烈的商业环境中、在坚守可持续发展的理念下,如何兼顾实践和所期望的利益之间所固有的矛盾是一个复杂的过程。因此,可持续公共关系概念的发展在本质上讲,需要有一个不断演进的过程。

可持续性发展试图在面对发展的同时维持或延长自然环境这一社会性的问题,它主要强调使用可再生而不是有限的原材料,以及控制、减少和最终消除污染的流出物和有毒或危险废物。可持续公共关系社会的实际意义在于:通过传播、引导及推崇不断满足日益增长的客户和其他利益相关者的需求的同时,通过考虑环境问题和减少环境损害来促进环境可持续性的目标。

当前,围绕着企业社会责任方面的活动中的一部分可以归类为可持续公共关系,目前,这类可持续公共关系的构思或愿景仅限于企业可以直接控制或影响的业务流程。以往的实践证明,单靠这类可持续公共关系还不足以实现可持续公共关系的整体目标,这些阻力主要有:消费者在消费习惯中接受"可持续"的程度及广度;可持续公共关系的关注与社会整合营销重点之间的吻合度和依赖度等。

如果把可持续公共关系看成是仅仅使用标准商业实践来实现非商业目标,是一种简单化的观点。可持续公共关系寻求发展和整合公共关系现有的概念与其他创新方式以适应当今社会的变化。从长远来看,可持续公共关系实践旨在影响个人和社区,推进共同采取更大的、共同的利益的社会行为,其目标是推进建立对有效、高效、公平和可持续的一系列的解决方案。

可持续公共关系试图改变企业战略、目标、市场的行为的能力,例如,企业不仅局限于开发和销售不危害环境的产品,而且还扩展到确保与向消费者交付产品相关的配送和其他业务流程的环保。

与可持续公共关系概念对应的市场营销概念是社会营销,它兼顾个人消费者的需求和企业利益的同时,也体现着社会的责任感。例如,如果一家公司鼓励消费有机产品(在不使用杀虫剂的情况下种植),整个生态系统将受益于消费模式的变化,因为自然环境将受到更少的污染。基于这种场景下,可持续公共关系可被定义为"采用公共关系原则和技术来影响目标受众自愿接受、拒绝、修改或放弃行为,以造福个人、群体或整个社会。"

第7章 内部公共关系

学习目标

知识目标：了解内部公众的分类、定义及其特点。
技能目标：掌握处理内部公共关系的基本方法。

引 例

腾讯不为人知的内部福利

不管外界对腾讯的看法如何，这都不能阻止腾讯员工对腾讯的忠诚。腾讯通过各种福利，为员工营造了一个安心、积极的工作氛围，简单地说，就是尽量让他的员工没有后顾之忧。

老板亲自为员工选桌椅

为了让员工安心工作，腾讯高层亲自为员工挑选了一款价值2000元的根据人体工程学设计的桌椅。

世界上最大的"腾讯公交集团"

腾讯在深圳运营370条班车线路，覆盖全市1000多个站点，早上6:00到9:00、晚上18:00到22:00持续运营，每天接送约13000万人次上下班，规模相当于一个一般城市的公交系统。

你只需考虑工作，剩下的全交给我

在腾讯工作很辛苦是真的，但是腾讯并不强迫员工加班，对于一些自愿加班的员工还提供了很多周到的服务。腾讯规定的下班时间是17:30，18:00会有班车，对于留在公司的员工，20:00会提供丰富多样的晚餐。到了22:00，员工打车回家可以报销……

在腾讯，不允许员工没有房子

在腾讯，公司不允许你没有自己的房子！公司向想购买房子的员工提供25万或50万的贷款，其中只有北上广深四地才能申请50万额度。对于那些刚参加工作，短时间内还买不起房的年轻员工，腾讯还大方地提供租房补贴，在北上广深每人每年15000元，其他城市每人每年7500元。

福利多样，生活多彩

腾讯还有各种各样的福利，例如，每年可以带薪休假30天，免费上各种保险，还有免费体检、洗牙等福利。在各种节日还会发各式的小礼物，例如，中秋月饼、端午粽子等。在圣诞、元旦等节日还会举办隆重的庆祝活动，邀请明星来演出，员工可以足不出户看明星、与明星互动。在平时，还会举办各种各样的娱乐活动，例如单身派对等。

关注员工身心健康，提供培训

由于在腾讯工作，员工常年需要面对电脑，可能出现身体疲劳或不适，所以腾讯还会定期请来中医，为员工免费看病。在腾讯，还有专门的培训机构为员工免费培训，培训内容种类繁多，既有与工作相关的内容，也有其他业余爱好类的内容。

相遇即是缘，人走茶不凉

腾讯对已经离职的员工依然很关心，建有专门的联系渠道，逢年过节不仅会问候老员工，有时候还会给他们发红包。

平等尊重，共同分享

马化腾坚信：一家公司成功的关键是团队的合作，团队合作有赖于好的文化，而文化的核心由"上层建筑"决定。他和管理层始终推崇相互尊重、人人平等，低调务实，一起创造，共同分享的精神，这也是腾讯的文化。马化腾把平等与尊重从自己做起，在公司内部，大家都对他直呼其名；他会给基层员工写邮件、按电梯；基层员工也可以对他提出批评。

案例分析：员工关系是社会组织之中最重要的公共关系之一，是组织所有公共关系的前提。处理好员工关系，可以改善员工生活质量，使之保持最好的状态投入到工作之中，从而能极大地提高社会组织的工作效率；还可以增强社会组织内部的凝聚力和向心力，增加员工对于组织的忠诚度和归属感，使员工队伍更加稳定。在本例中，腾讯公司在处理与员工之间关系方面，给我国企业树立了榜样，也带来了很多启示。我国很多企业存在员工忠诚度低、流失率高，以及劳动力紧缺的问题，除了劳动力减少、就业观念的变化等因素之外，最重要的就是我国很多企业不重视员工关系，不关心员工的健康和发展，这种短视行为最终会伤害企业自身。

7.1 员工关系的处理

组织内部公共关系一般包括内部员工关系和投资者关系两类，其中内部员工关系是社会组织的首要公众关系，是整个公共关系活动的起点，也是其他公众关系的基础和前提。

7.1.1 员工关系的概念

1. 概念

员工关系是指社会组织与其员工之间的公共关系。组织与员工通过双向沟通方式，在互惠互利原则下寻求并达成和谐一致。简单地讲，就是通过良好的信息沟通，消除组织与员工之间的内耗，促使组织与员工达成共同奋斗的目标。

员工公众包括一线操作人员、技术人员、业务人员、行政后勤人员、管理人员等。没有员工，也就不存在组织，更不存在组织所面临的一切公共关系，组织的一切工作均需依靠内部员工的合作努力才能完成。因此，员工公众是内部公共关系最重要的公众。

2. 概念辨析

（1）人事关系　员工关系不同于组织内部的一般人事关系。人事关系的实质是指员工与组织之间存在的名义关系的总和，一般包括档案管理关系、行政隶属关系和组织隶属关系，具体包含人员身份、职称、政审、工资记载、行政关系、职务任免、奖惩、党团组织关系等。人事关系更多地是从规范和制度上确定内部员工与组织隶属关系。

（2）劳动关系　员工关系也不同于组织内部的一般劳动关系。劳动关系的实质是指劳动者与用人单位之间在劳动过程中形成的相互关系，主要包括劳动者以自己的劳动为用人单位完成一定的生产工作任务；而用人单位为劳动者提供一定的劳动条件，并支付一定的劳动报酬。劳动关系在劳动合同中得到比较具体的反映，合同条款一般包括：劳动合同的期限；工作内容、劳动保护内容及条件；劳动报酬、纪律；合同终止条件；违反合同的责任等。

（3）员工关系　员工关系既不属于人事关系，也不属于劳动关系，而是属于公共关系的一种。员工关系是社会组织（作为公共关系主体）通过双向信息传播沟通与内部员工（作为公共关系客体）保持的一种交流过程，以及通过这样一个过程所建立的相互信任和合作的良好关系。

▶ **案例讨论 7 - 1**

请举例说明人事关系、劳动关系和员工关系的区别。

7.1.2　怎样处理员工关系

素有"商业教皇"之称的美国管理学家布鲁诺·蒂茨曾说过："一个企业家要有明确的经营理念和对细节无限的爱"。因此，社会组织在进行员工关系管理这个复杂微妙的工作时，应当十分重视管理过程中的细节。

社会组织处理员工关系大致可以从有效管理和有效激励两个方面入手。

1. 有效管理

（1）完善的人力资源管理工作

1）员工信息跟踪及应对。社会组织必须通过规范、细致和完善的方法对于组织内部员工的情况进行全面、持续的跟踪。也就是说，社会组织必须全面地了解自己的员工，这是搞好员工关系的前提，也体现了组织对于其成员的重视。组织可以根据员工的情况变化，及时做出反应，以应对各种不同的情况。

2）员工工作评估。不管是表扬员工的出色工作，还是总结他们的失败教训，都要开宗明义地进行评估工作，这将有助于员工理解组织的具体愿景，这不仅消除了员工的抵触情绪，而且使员工的努力有了更加明确的方向。相反，纯粹的严厉批评和责骂解决不了任何问题。

（2）双向有效的沟通

1）征询和倾听。即通过有效的征询和倾听，及时获知组织内部员工的动态。这不仅仅能够使组织了解员工，而且也能够给员工提供一条疏解心中苦恼和困惑的途径。同时，也能够增加员工的"被重视感",让员工感受到"原来我的意见也很重要""有人愿意听我的想法",无疑鼓舞了员工积极参与组织事务的热情,增强了其主人翁的意识,使牢骚逐渐减少,而积极的建言献策越来越多,从而极大地促进社会组织的进步与发展。

2)信息公开透明。公共关系的手段就是双向的沟通传播,因此保持社会组织内的信息公开透明就显得尤为重要。作为社会组织的成员,了解自己的组织是做好工作的前提,也是与组织之间建立感情、形成向心力的基础。信息的公开透明,还有助于消除成员和组织之间理解的偏差,避免非正式渠道信息的蔓延,有利于形成良好的工作氛围。

(3) 培训和辅导

1)提供培训机会。在现代社会组织中,尤其是在企业中,大量的培训机会和完善的培训制度,不仅有利于组织自身的发展,也有利于留住优秀员工。当今社会,培训和薪资一样,越来越被认为是一种组织给予员工的福利待遇而受到广泛欢迎。甚至有人认为,良好的成长机会和优质的培训比眼前的收入更能吸引人才,因为个人的成长会使自己受益终生,这也是培训制度完善的跨国公司吸引人才的重要优势。

2)心理咨询辅导。随着社会和组织自身的迅速发展,员工感受到的内外压力越来越大。而面对压力,建立一个良好的心理状态,对于员工的工作以及组织的发展至关重要。为此,越来越多的企业都开始设立心理咨询热线,对于员工提供必要的帮助。心理咨询有其独特性和不可替代性,员工的心理问题可能由于种种原因会涉及个人隐私而不适合或者不愿意向别人诉说,而专业的心理咨询可以为其保守秘密,充分尊重咨询者的个人意愿,甚至可以匿名咨询,这样可以打消员工的顾虑,帮助其化解心理问题,但这要求心理咨询机构保持一定的独立性。

2. 有效激励

(1) 完善的福利制度　对于公共关系而言,福利制度不在多,而在全。与奖金和薪酬相比,福利更倾向于体现出一种对人的尊重与关怀。如果说一切以利益为目标的、明确而吸引人的奖金制度使员工和组织之间多了些许冰冷的目标感,那么完善而未必很多的福利制度则会使员工和组织之间平添几分温馨的关怀气息。过年过节发放的礼物、加班费的及时足额发放、员工定期体检、假期的严格执行等无不体现了对员工人格的尊重,这样才会建立起真正意义上的、类似于"以厂为家"的强大凝聚力。

(2) 细致的人文关怀　相对于福利制度而言,人文关怀则更加偏重从情感方面体现组织对于内部员工的尊重和关怀。有时候,一句恰如其分的贴心问候也许会让员工感到舒心,一个宽容的微笑也许会让员工之间充满感动,一个信任的眼神也许会让你获得下属员工的忠心,这些细节都可以让组织中的员工关系变得和谐融洽。

人文关怀可以有很多形式,比如,定期组织员工和家属看电影,六一儿童节公司给员工的孩子送礼物,举办一些员工娱乐活动等。一个很典型的例子是:当员工平时忙于工作,甚至连自己的生日都不曾记起时,而组织或公司高层能够以一封电子邮件的形式向他表示祝贺,那么对于这位员工产生的激励可能会比多发一些奖金更为显著。

还有一个方面的人文关怀就是,在辞退员工和招聘新员工时,要保持对员工的足够尊重。"欺生"和"一脚踢开"都不可取,不仅要使员工进入组织后对组织产生一个良好的印象,也要使员工在离开公司后对组织依然留有好的印象,这对于组织保持长久的吸引力和树立良好的口碑是至关重要的。

(3) 公平而广阔的发展空间 对于员工来说,任何眼前的利益也不能代替长期持久的成长与发展。因此,组织为员工提供一个公平而广阔的发展空间是吸引员工的重要条件和因素,也是保持员工队伍稳定性的根本保证。创造这样一个发展的环境,首先要做到制度上的严谨和公平,不能搞双重标准;并且做到公开竞争、保持足够的透明度以及信守承诺;让每一位员工都明白只要凭借自己的努力就可以达到目标,极大地调动员工的积极性。另外,组织在员工的发展上要结合组织的发展特点设置多元化的发展方向,尽可能为员工创造更多的发展机会。

▶ **案例讨论 7 - 2**

(人民网四川视窗9月17日讯) 广州珠江新城一家公关公司3个月前推出"带薪郁闷假",不需要任何理由,就是不想上班的时候,转正员工一年可休一天"带薪郁闷假"。

问题:请谈谈你对该事件的看法。

7.1.3 员工关系处理实例分析

用"互联网精神"打造员工关系

互联网时代的变局,导致员工关系管理也正在被颠覆。什么样的员工关系模式,更容易营造一种积极和谐的企业氛围?

互联网时代,特别是现在许多的创新型企业和互联网公司中,去中心化和小团队化趋势日益显著。许多企业已经认识到:如果企业用互联网精神,也就是以追求平等、开放、共享的方式,来进行员工关系管理,无疑会营造一种更积极和谐的员工关系模式。

1. 真正开放的360度考核

如今,组织扁平化,自组织,小团队管理模式的流行,要求企业更加开放和包容。对于广大员工,这意味着他们在公司里可以畅所欲言,实现无障碍沟通,才更有利于业务协同。但事实上呢?在360度评价或者年终的敬业调查时,又有多少员工说真话,或者说谁不好呢?

特斯拉中国有一个年终360度的考核。除了员工自我评估,还要邀请3~5个部门同事,或者跨部门的合作伙伴等来给员工做评价。因为特斯拉的组织结构非常扁平化,要时常和跨部门同事在一起工作,他们可能会比老板更了解彼此。其中,有一些内容是可以匿名填写的,以鼓励大家可以进行开放式沟通。员工还可以把评估以邮件形式直接发给老板,他愿意去看任何人对任何人的一个评估。

很多公司会在年终做敬业调研、360度问卷之类的工作,但是否真的能反映到未来组织的行动方案中,却是未知数。因此,调查不是最终的结果,而是要对应员工的反向结果,形成具体的行动方案,这才是关键。

这要求HR部门也要创新。在特斯拉内部,HR部门每天都会花很多时间做微信平台,其中包括特斯拉中国招聘。特斯拉中国区人力资源总监张莉特别强调,这个平台完全由公司自己运作。因为只有自己最清楚公司的文化是什么,你想传递什么样的信息给社会、给候选人、给员工。同时,也更了解员工有什么精彩故事、有什么好的个人成长经历可以分享。张莉甚至认为:如果不能占领员工的手机,不能占领候选人的手机,那在这个互联网时代一定会失败。

2. 将员工当成企业的合作伙伴

越来越多的企业认识到,员工不再是雇佣对象,而要把员工作为合作伙伴。有不少高科技创新公司开始尝试推行员工持股计划或合作伙伴计划等,以期更好地维系员工关系。

特斯拉就是一个全员持股的公司,上到高管下到前台,都能分享特斯拉的成功和收益。同时,公司会给每个员工上一份高端医疗保险。保险公司甚至都觉得没有必要给每个员工都上,只给高管上就够了,但特斯拉打破了这个观念。比如:让员工可以去和睦家医院看病、给员工配眼镜、给员工直系亲属在京看病等。

特斯拉的理念是在福利上也要追求平等,他们强调,不在福利上区别任何的岗位级别,因为薪酬已经进行区别了。

追求平等,看来不仅仅是写在墙上的口号,是可以真正深入到HR的很多制度和管理当中的。

3. "全员沟通"成为管理常态

当下的年轻一代喜欢用各种各样的自媒体,如微博、微信,在沟通方式上简单、直接,对物质要求也很直接,因此每个人都在潜移默化地影响企业的形象。对于每一个组织来说,让组织内的人际关系和谐积极显得越来越重要。

伟达公关特别重视与员工的"成长性沟通",也就是将沟通融入其成长的过程中。在入职前和试用期,伟达就开启了与员工的沟通模式,包括对公司文化的融入、个人对于职业发展的想法等,每一个关键的时间点都有相应的沟通形式。同时,公司有很多沟通平台,如微信平台沟通、非正式沟通、定期聚会沟通等,让员工沟通更加多元、顺畅。

甚至伟达对于离职员工的沟通也很重视和到位。因为,咨询行业的离职率很高,但伟达的人才回流率也非常高。因此,抓住每个关键时间点与员工沟通,无论是对于HR还是直接上司甚至是老板,都非常重要。这会让员工感觉到公司的确很尊重、看重他,真正将员工在伟达期间当作他的一个成长阶段。如果员工离职,伟达也会告诉他们如何去发展个人事业。

4. 让员工分享组织价值

未来,组织更追求公平,只要你有能力,就可以有价值体现和收益,如此才能真正留住员工。

对于创业型公司来说,最重要的是吸引一群人——和企业有同样的愿景,有同样的情怀。如果只是用钱去吸引人才,其实是很危险的,因为没有一家公司能付出更高的薪酬,这个市场上永远有公司会比你出价更高。

因此,在特斯拉中国,薪酬不需要做到NO.1,但其目标是让员工获得比较幸福、体面的生活。而因为薪酬相差1000元就离开公司的人,是与你价值观完全不同的人,那就让他走吧。"我们需要和志同道合的一群人工作,才能真正干事业。"张莉这样说。

5. 与老员工的无边界互动

在这个组织无边界的时代,许多人才可能不再是你的员工,但一定可以为你所用,即使离开的老员工也是一样。

许多公司开展专门的老员工沟通活动，如定期的聚会、回访，或者定期的邮件沟通，告知企业的一些经营现状乃至招聘信息，大部分离职员工愿意接收这些信息。因为，当一个组织在你任职期间，与你有良好的信任和感情基础，那么依然会关心和期望给予老东家以关注，甚至是帮助。有不少老员工曾为老东家推荐过人才，因为他们更了解企业的用人标准和文化，更容易推荐合适的人才。

另外，与老员工或者离职员工保持良好的沟通模式，说不定哪天他还能成为企业的客户或业务伙伴呢。从这个意义上看，老员工对企业仍然有不可忽略的价值。

(资料来源：《中外管理杂志》2015 年 11 月 16 日)

案例分析：在"互联网＋"的时代，员工关系可能会是颠覆性的。因为，员工关系已经脱离了以实体经济为主的传统社会环境、传统经济环境。互联网精神逐渐占据主流，特别强调平等、尊重和自由，特别强调协作、参与和共享。这使得我们在处理员工关系时，必须改变传统思维模式，采用创新的方式，以更宽阔的胸襟，建立新型员工关系。

7.2 投资者关系的处理

当今社会，社会组织的存在和发展已经不局限于依靠自身的积累缓慢前进，更多的是借助外界的力量实现跨越式发展。因此，社会组织与其股东、赞助商、合作单位以及债权人等外界力量之间的关系越来越紧密。能否维持住现有的外部资源，以及能否争取到更多的外界支持，已经成为社会组织能否取得快速发展的关键。外部力量已经成为社会组织赖以生存发展的重要因素，为组织的发展提供源源不断的动力。

7.2.1 投资者关系的概念

狭义上的投资者关系是指上市公司（包括拟上市公司）与公司的股权、债权投资人或潜在投资者之间的关系。

更广泛意义上的投资者关系是指一切能够为社会组织的生存发展提供经济支持的相关社会关系。

投资者并不局限于股东，还包含赞助商、债权人、合作组织、捐助者，甚至是不带有任何功利色彩的公益机构、非政府组织和慈善机构等。例如，企业为了自身发展壮大需要外部融资，吸引投资者提供资金；某些项目比较复杂，需要寻找单位合作完成；教育部门需要争取教育基金的资助等。

▶ **案例讨论 7-3**

请举出学校可能存在的投资者关系有哪些。

7.2.2 怎样处理投资者关系

处理好投资者关系，赢得投资者的信任、支持和行动，最重要的就是要体现出投资者的价值，包括使投资者获得实际回报。要做到这一点，必须要加强信息披露，使投资者清楚整个过程；还要进行有效沟通，确保投资者能接收到组织发出的信息，并能完全准确的理解；最后，社会组织不能做出违背投资者价值观和利益的事情，要确保能维护和体现投资者的价值。

1. 信息披露

客观、及时、透明和真实地信息披露是建立良好的投资者关系的前提。处理投资者关系的首要就是坚持及时客观的信息披露，利用一切可以说明、解释、推广的机会，向投资者展示社会组织的整体战略规划、经营发展状况，争取投资者的理解、支持、认同和行动。只有获得投资者的支持才能使社会组织达成预期目标。

由于投资者可能是利益提供者，也可能是利益分享者，那么对于投资者而言，当然希望清楚地了解整个过程，而不会期望被蒙蔽。一个充满风险的环境会吓退任何明确的投资者。想要取得投资者的信任，第一步就是要让投资者清楚地了解事实，这样才能打消心中的顾虑。

2. 有效沟通

（1）沟通的针对性　不同的投资者，由于目的不同、利益不同或者价值观不同，他们关注的重点也有所不同。因此针对不同的投资者对象，传递相应的有效信息就显得尤为重要。沟通的针对性是基于社会组织事先对于投资者进行的具体分析，准确把握投资者的需求，避免造成信息传递的低效率，从而影响社会组织自身的利益。

（2）沟通的有用性　在针对不同投资者准确传递信息的基础上，社会组织应与投资者进行持续、开放、诚恳而又充分的沟通，通过展示组织的价值，获得投资者的支持和尊重，最终与投资者建立相互理解和相互信任的良好关系。对于不同的投资者，应根据其特点，采用与其相适应的形式，以利于达成沟通的目的。

（3）沟通的目的性　沟通的最终目的是影响决策。无论是取得投资者的信任还是理解，最终还是要落到行动上来。当然，要实现影响投资者决策行为的目的，必须建立在有针对性和有用性的沟通基础之上。与前面不同的是，仅仅了解如何能够取得认可远远不够，还必须知道投资者的决策过程及其决策的关键点。通过对决策过程及其关键点的特征的分析，了解哪些因素可以影响到投资者的决策行为，并在这些因素上下功夫，制订出有效的对策。如果没有正确的决策分析，前面两点的工作就不会有任何的实际意义，充其量也就是获得认可和理解而已，不会引起投资者的行动。

3. 体现价值

投资者之所以会做出投资行为，归根结底还是因为这样做可以体现出投资的价值。因此体现投资者的价值在处理投资者关系中是最关键的行动。

然而由于投资者不同，对价值的理解也不同，这需要区别对待。有些投资者需要的是物质回报，有些投资者需要的是名誉回报，还有些投资者需要的是精神层次的实现，诸如此类，不一而足。

不论投资者需要的回报的形式是什么，维护投资者利益、实现投资利益最大化都是社会组织有义务、有责任去实现的工作目标。充分地维护和实现投资者的价值，不仅有利于留住现有投资，而且还会吸引更多的投资，从而使双方均能持久获益。反之，社会组织破坏投资者利益，必将失去支持，被投资者所唾弃。

7.2.3 投资者关系处理实例分析

良好的投资者关系是实现企业价值最大化的保障

在2018年9月26日召开的首届中小投资者服务论坛上，中国上市公司协会副会长高靓指出，投资者关系管理工作对上市公司具有重要意义和作用，良好的投资者关系是建立上市公司内部经营发展与外部高效资本运作长效机制的基础，是实现企业价值最大化和投资者回报最大化的保障。

高靓在论坛上还介绍了上市公司投资者关系工作取得的成果。上市公司普遍根据法律法规、规范性文件及公司规范治理的要求，建立并逐步完善了投资者保护与投资者关系管理的相关内控制度。完善公司制度建设，加强内部治理，使得投资者关系管理工作更加有章可循，在企业内部更有话语权；同时使得投资者尤其是中小投资者的合法权益受到更加规范和有力的保障。

上市公司越发注重与投资者分享成长红利。根据数据统计，全体A股上市公司近10年累计现金分红金额占期间实现净利润的比例超过31%，且现金分红金额的增速超过净利润增速。上市公司将合理比例的经营成果回报投资者，提升投资者信心，换取投资者对企业重大经营决策的理解和支持，真正实现了互惠互利、和谐发展的良好资本市场环境。部分上市公司十分重视股东，尤其是中小股东的权益分派，在年度利润分配前会发布公告征求广大股东的意见，充分考虑中小股东诉求。此方式受到监管机构的充分肯定，给资本市场树立了良好榜样。

上市公司打造更开放、公平的投资者交流平台，更多元化的沟通渠道，使得投资者与上市公司的互动性得到提升，为广大投资者与上市公司的交流创造了更多的机会。根据统计数据，2017年上市公司平均接待来访5.83次，接待量为43.3人次，其中机构调研来访占比平均为95.6%。除了被动接待调研之外，上市公司也会主动安排线上、线下路演来增进与投资者的交流。部分上市公司还专门为投资者开设信息交互渠道，及时更新公司股价信息、信息披露、研究报告、互动活动等相关信息。

上市公司投资者关系管理方法更加丰富与多样化。多样化的投资者管理模式已经成为上市公司的标配，已经有相当一部分上市公司能主动地分析各个渠道的特点，结合投资者关系管理工作，因时制宜地选择侧重点与运营方法。同时根据机构投资者和个人投资者的投资风格和投资偏好不同，综合运用交易所互动易平台、股吧问答、电话交流、路演和反路演等形式，加强与投资人交流，投资者关系管理的质量和效率得到进一步提升。其中，新媒体的运营已经成为新的趋势和重要阵地，新媒体渠道的建设是公司与资本市场对接的平台。投资者通过平台能看到公司的实力、资质与态度，公司也通过平台接收资本市场的信息。这种双向的"吸收"正是上市公司通过众多的新媒体渠道不断加大与投资者的互动力度实现的。

高靓表示，良好的投资者关系不仅可以提振投资者信心，稳定公司股价，更是上市公司完善治理结构，提高治理效率，提升信息披露质量的标尺。通过投资者关系管理的深入发展，从资本市场和投资者要求的角度，反向激励各上市公司治理、内控合规、信息披露水平的进一步提升。近年来的信息披露考核结果也显示，随着上市公司合规管理能力的日益提高，沪深两市逐步涌现出一批信息披露质量好、运作规范水平高的公司，起到了良好的示范带头作用。

（资料来源：中国网财经　2018 年 9 月 26 日）

案例分析： 此案例充分说明了维护健康的投资者关系的重要性。

（1）信息披露　充分保障所有投资者享有知情权及其他合法权益，将公司经营状况和未来的规划及时、清晰地传递给投资人。信息披露是建立良好的投资者关系的前提，这不仅能够使公司的治理结构更加优化，也是对投资者的尊重和负责任。

（2）有效沟通　随着互联网应用的普及，上市公司与其投资人的沟通也拥有了更加便捷的方式和平台。打造更开放、公平的投资者在线交流平台，使沟通渠道更加多元化，使得投资者与上市公司的互动性得到提升，为广大投资者与上市公司交流创造了更多的机会，为今后更深一步增强交流与沟通打下坚实的基础。

（3）体现价值　上市公司越来越坚持实现投资者和股东价值最大化的理念，越发注重与投资者分享成长红利。将公司发展的成果和利益与投资者分享，不仅能使投资人及时获得投资回报，也能够增加投资人继续加大投资的信心。

本章总结

本章主要学习了内部公共关系中最重要的员工关系和投资者关系的定义、含义和基本处理方法。

员工关系是组织的第一公共关系，在处理员工关系上既要利用沟通、培训等途径对于员工进行有效的管理，使其能够以最佳状态投入到工作中；更要利用人文关怀、福利制度和提供广阔的发展平台激励员工努力工作，形成向心力和凝聚力，保持对于组织的持久忠诚。

投资者关系是组织赖以生存和发展的重要公共关系，为组织的发展提供动力。在处理投资者关系时，要注意维护投资者的利益，只有信息透明、沟通顺畅、体现投资者的价值，才能够留住并吸引更多的投资者。

知识及技能检测

一、名词解释

1. 员工关系
2. 投资者关系

二、选择题

1. 下面属于公关关系范畴的关系有（　　）。

A. 人事关系　　B. 员工关系　　C. 劳动关系　　D. 生产关系
2. (　　) 是组织第一位的公共关系。
　　A. 媒体关系　　B. 员工关系　　C. 政府关系　　D. 投资者关系
3. 广义上看，投资者是指(　　)。
　　A. 股东　　　　B. 债权人　　　C. 资助者
4. 赢得投资者资助的不正确方法是(　　)。
　　A. 及时、真实的信息披露　　　B. 通过沟通取得投资者信任
　　C. 体现投资者的利益和价值观　D. 夸大宣传，以赢得投资者的青睐
5. 下列不是处理投资者关系的主要方法的是(　　)。
　　A. 信息披露　　　　　　　　　B. 有效沟通
　　C. 体现投资者价值　　　　　　D. 避免提及潜在的风险

三、实训题

1. 项目：处理员工关系。
2. 目的：掌握员工关系处理的基本方法。
3. 内容：假设你是一家公司的公关部经理，请设计一套完善的员工关系方案，建立并促进员工关系的发展，从而使整个公司的效率得到提高。(提示：在设计方案时要注意成本的控制。)
4. 组织：把全班同学分成4组并选出组长，讨论具体举措，下次上课时推选代表发言，老师做出点评。
5. 考核：把方案设计及发言情况作为一次大作业，老师分别给出成绩计入学生平时成绩。

拓展阅读

韩国企业文化：员工关系决定企业成败

　　许多韩国企业的成功有赖于重视新产品的研究开发，努力实现尖端技术的本土化；充分配合政府政策，获得政府支持；为克服国内市场的局限性，积极开拓海外市场等。而不可否认的是人力资源管理方面的原因是不可忽视的一个重要因素。

　　"人才第一"理念

　　韩国的优秀企业大都以"人才第一"为基点，通过建立企业内部的研修院或利用产业教育机构培育了大量优秀的人才，现在韩国主要的企业集团都已采用了科学的人力资源管理制度。一些专业性比较强的大企业和中小企业为了拥有自己的专业技术人才，还建立了相应的人才储备系统，或是从销售额中提取一定的比例持续进行教育投资。此外，韩国的优势企业还普遍重视员工的海外研修工作，以促进员工的自我开发。

　　三星集团的创始人李秉哲会长生前就信奉"疑则不用，用则不疑"的信条，主张对三星的员工实行"国内最高待遇"。为此，三星公司采用了公开招聘录用制度，新员工一旦被公司录用就要接受三星公司彻底的培训，目的是使之成为"三星之星"，以实现公司成为超一流企业的目标。三星公司在"企业即人"的创业精神指引下，彻底贯彻了"能力主义"

"适才适用""赏罚分明"等原则。为了挖掘企业员工的潜在能力,除了总公司建立有三星集团综合研修院外,各分公司分别建立了自己的研修院,并通过海外研修等形式对员工进行有效的教育培训。LG集团则通过建立"社长评价委员会""人事咨询委员会""人才开发委员会"等机构,对高级管理人员进行系统的培育。

强调人和团结的共同体式企业文化

韩国的成功企业非常重视员工的团结,积极致力于创立能够反映员工创造性建议和意见的企业文化,提倡每个员工的责任承担和主人精神,从而形成了共同体式的企业文化。东洋制果公司的"好丽友家族会议",东洋证券公司的"青年理事会制度"等都建立了由企业最高经营者直接听取员工意见和建议的制度,而东洋水泥公司的"一起向前运动"则是由工会组织发起的经营革新运动。此外,韩国大多数成功企业在"公司的成长与健康的劳资关系是同步的"的信念指导下,积极培育劳资共同体意识和劳资和解气氛,从而使企业的经营活动能够在稳定的劳资关系中顺利地进行。韩国众多的优秀企业都制定了诸如"修订福利制度""员工持股制度""对员工采取家庭成员式待遇""通过提供经营情报诱导员工参与企业经营""终生员工"等一系列制度,特别是许多优秀的中小企业常常将企业的经营状况向自己的员工公开,通过经营者与员工之间坚实的人际关系实现劳资和解。"劳资不疑"的精神深深植根于企业内部,正是这种劳资和解的氛围有力地推动了韩国企业的发展。

构筑经营责任体制

韩国企业通过任用有能力的职业经理(专门经营者),创立了经营责任体制,并培育了责任经营的风气,主要的企业集团都建立了事业本部制,根据经营活动多元化的要求采用具备专门经营能力的经营者这一制度,这有力地推动了企业的良性发展;一些企业则通过按产品组建事业部、将经营者分为管理主管和经营主管、按事业部实施独立资产等方式确立了经营责任体制。

(资料来源:搜狐网　2018年1月16日)

第8章 外部公共关系

08

■ 学习目标 ■

知识目标：了解外部公众的分类、定义及其特点。

技能目标：掌握处理外部公共关系的基本方法并能有效地处理外部公共关系。

引 例

神户制钢造假案：日本制造业为何"堕落"

始创于1905年的日本钢铁企业神户制钢所（Kobe Steel，Ltd.）承认，在2016年9月至2017年8月底期间，违反合同篡改了强度和尺寸等质量数据，涉及其中的产品包括铝制零部件1.93万吨、铜制品2200吨、铝锻件1.94万件，约占铝和铜业务年销售额的4%。

事件影响巨大，日本媒体形容其为"动摇日本制造"的"神户冲击"。加之早些时候多家日企曝出的造假丑闻，"日本制造"这个国家品牌正在蒙上阴影。其实神户制钢所数据造假10年前就已开始。

神户制钢所为日本第三大钢铁企业，仅次于新日铁住金、JFE钢铁公司，其粗钢产量725.9万吨，在全球钢铁公司中排名第53。作为世界500强企业之一，神户制钢所在日本享有盛誉，现任日本首相安倍晋三在1979年曾进入其纽约分公司工作。神户制钢所于2010年正式进入中国市场，总部设在上海，在苏州、天津、鞍山等地都设有工厂。

这样一家历史悠久、实力突出的企业，在今年8月底公司内部调查时发现，旗下位于栃木、三重、山口3县的3家铝工厂和位于神奈川县的铜制品子公司长期篡改部分铝、铜制品出厂数据，冒充达标产品流向市场。

上述这些涉事工厂在产品出厂前就已发现某些方面不达标，却在产品检查证明书中修改强度和尺寸等数据。神户制钢所副社长梅原尚人公开致歉称：对篡改数据深表歉意，正在反省。

梅原尚人表示："这是迫于按期交货的压力"。而且，竟然还不忘为本社辩解："我们的产品虽然低于进货方（关于强度、大小）的要求，可是却满足日本工业规格（JIS）所规定的标准，意味着并没有与法律相抵触。"

（资料来源：新华网 2017年10月17日）

案例分析：在社会组织的运行和经营过程当中，不可避免地要与各种各样的社会群体或组织建立某种联系，因此处理好组织与各种外部公众之间的关系就显得尤为重要。在此例中，神户制钢所在长达10年的时间内，持续进行数据造假，对消费者和客户长期隐瞒真相，最终酿成重大公关事件。更为严重的是：该公司的管理层并未从思想深处认识到过错，更没决心彻底改过，反而是一再以交货期压力大和符合质量标准等理由来辩解。这对于正处于风暴中心的神户制钢所来说，无疑是火上浇油。这个事件对很多企业，尤其是占有市场领先位置的大企业来说是个重要的警示，必须要意识到消费者关系的重要性，要对消费者和客户真正负起责任，靠隐瞒和遮掩真相，总有一天会被市场所抛弃。

8.1 消费者关系的处理

8.1.1 消费者关系的概念

消费者公众是指社会组织的具体服务对象。消费者关系除了纯粹的顾客关系之外，还有一种广义的理解，即社会组织的服务对象关系，也就是说任何社会组织，只要它有一定的服务对象，就必然存在着消费者关系，政府的职能部门也同样存着这种服务对象关系。

一个组织的存在价值，很大程度上在于其产品或服务能够得到消费者的接受和欢迎。组织的经济效益需要在市场上实现，而消费者就是市场，有了消费者，才有市场。虽然与消费者的沟通并不等同于市场经营中的销售关系、直接的买卖关系，但良好的消费者关系的确有利于组织的市场销售，能够给组织带来直接的利益。因此，消费者公众是组织公共关系对象中利益关系最直接、最明显的外部公众，消费者关系是组织市场经营的生命线。

建立良好消费者关系的目的，是促使消费者形成对组织及其产品的良好印象和评价，提高组织及其产品的知名度和美誉度，增加对市场的影响力和吸引力，为实现组织和消费者公众的共同利益服务。

8.1.2 怎样处理消费者关系

1. 消费者关系的目标层次

良好的消费者关系作为社会组织的一种追求，其总的目的在于，促使消费者形成对组织及其产品与服务的良好印象和评价，增强组织及其产品与服务对市场的影响力和吸引力，从而争取更多的消费者，稳定市场关系。在社会组织推进消费者关系的过程中，消费者关系状态总会表现出不同的水平和情形。因此，社会组织在推进消费者关系时，也应当有相应的不同目标层次。

根据组织与消费者关系从表层到深层的推进过程和从量变到质变的跃升特点，大致可以将消费者关系的目标划分为以下四个具有发展关系的目标层次，即消费者知情、消费者接纳、消费者满意、消费者忠诚四个层次。

（1）消费者知情层次　所谓消费者知情是指消费者能够或者已经获得社会组织为其提供的有关组织本身及其产品与服务的充足信息，从而知晓组织及其产品与服务的各种情况。求得消费者知情是组织与消费者关系目标层次中最为基础的层次，也是组织建立良好消费者关系的基本条件。

（2）消费者接纳层次　　所谓消费者接纳是指消费者对组织及其产品与服务在心理上和行动上的接纳，其核心是对组织产品与服务的行动上的接纳。一个组织的存在价值，在很大程度上取决于其产品与服务能否为消费者接纳。只有使组织的产品与服务能够为消费者真正接纳，才能把组织的产品变成社会的产品，才能把组织的服务变成具有社会意义的服务，也才能实现组织生产经营的社会效益和经济效益。当然，建立良好的消费者关系目标层次中的消费者接纳，并不仅仅限于消费者对组织产品与服务的接纳，它具有更为广泛的内容，如消费者对组织经营理念的认同、对组织经营方式的认可、对组织经营行为的接受等，都可以成为消费者接纳的内容。建立良好消费者关系，其具体内容就是要求组织在实现消费者知情目标的基础上，进一步加强与消费者的信息交流和情感沟通，争取消费者的注意，赢得消费者的青睐，促成消费者做出对本组织及其产品与服务的选择，最终取得消费者对本组织及其产品与服务的接纳。

（3）消费者满意层次　　所谓消费者满意，是指消费者在接受组织有形产品或无形产品后，感到需求满足的状态。消费者满意作为一个消费心理学和公共关系学中的科学概念，并以 CS 简写形式表示，是始于 1986 年一位美国消费心理学家的创造。可以这样说，消费者满意（CS）作为一种营销战略和组织公共关系的工作目标，所涉及的内容非常广泛，概括起来有五个部分，即理念满意、行为满意、视听满意、产品满意、服务满意。这些满意又可以按其性质区分为三个层次，即物质满意层、精神满意层和社会满意层。消费者满意与组织形象一样，也是组织的无形资产。据美国汽车行业的调研表明，消费者满意对组织具有至关重要的作用，一个满意的顾客可能引发 8 笔潜在的生意，其中至少有一笔成交；一个不满意的顾客可能影响 25 个人的购买意愿，甚至产生对组织的不信任心理。可见，消费者满意的经济意义和社会意义都是十分重要的。消费者满意与消费者知情和消费者接纳相比，能体现出组织与消费者之间更为深层的密切交往和更为优良的关系状态，是一个层次较高的消费者关系目标层次。其基本的要求在于，组织必须具有令消费者满意的理念、令消费者满意的行为、令消费者满意的产品、令消费者满意的服务、令消费者满意的传播活动，塑造令消费者满意的整体形象，从而有效达到较高层次的消费者关系的状态水平。

（4）消费者忠诚层次　　所谓消费者忠诚，是指消费者在一段较长的时间内，主动放弃多种可供选择的对象，面对某一特定的产品和服务以及提供产品和服务的组织所表现的一种具有较强情感色彩的专一的优先选择行为。消费者忠诚有多方面的特征。

首先，消费者忠诚是消费者的一种自主性选择行为，它是消费者在对忠诚对象的有关情况进行了详细的了解、深入的分析、理智的判断，并与忠诚对象之间达到了情感相容的基础上产生的一种明智的优先选择行为。

其次，消费者忠诚是一种专注性选择行为，消费者对其忠诚的对象，总是表现出一种在较长时间内的持续的、稳定的、重复的优先选择，成为一种习惯性反应。

再次，消费者忠诚以相适性为条件而形成的选择行为，如果没有与其需求相适应的忠诚对象，消费者忠诚就不可能产生或不可能持续稳定。消费者忠诚是一种复杂的消费者行为，也就是说，消费者忠诚在忠诚的主体、忠诚的客体、忠诚的联系媒介及其三者的相互关系上都具有十分复杂的特性,如就忠诚对象来讲,可以是产品或服务,也可以是提供产品与服务的组织和具体的人。

最后,消费者忠诚也是组织与消费者之间的一种关系状态,这种关系状态是一种极好的关系状态,它反映出组织与消费者利益的高度一致、情感的高度相容等。消费者忠诚无论是一种消费者行为,还是一种组织消费者关系状态,在社会组织的经营发展活动中都具有十分重要的作用。

可以这样说,一个组织有效地赢得了消费者忠诚,实际上就是赢得了本组织产品和服务的基本消费者队伍,也就是赢得了本组织生存和发展的最重要的合作者和支持者。统计表明,一个企业营业额的80%往往来自于占顾客总量的20%的那些经常惠顾企业的人,即忠诚顾客。正因为如此,在消费者关系的推进过程中,将消费者忠诚作为其最高目标层次,不仅仅是公共关系学的基本要求,而且也是由组织的经济利益所驱使的。当然,社会组织要实现赢得消费者忠诚的消费者关系目标,必须在令消费者满意的基础上,持续加强与消费者的信息交流和情感沟通,努力塑造值得消费者长期信赖的组织形象,真诚地对待消费者。只有这样才有可能真正达到赢得消费者忠诚的消费者关系的最高目标。

▶ **案例讨论 8-1**

试举出消费者关系四个层次的例子。

2. 推进消费者关系的举措

(1) 提供优质的产品或服务　要搞好消费者的关系,首先要以优质产品吸引消费者。优质产品是维系与消费者关系的根本因素;其次,要提供优质服务,包括对消费者以诚相待,做好产品的销前售后服务等;再次,要讲求信誉,信守承诺,用诚信赢得消费者的支持。

(2) 重视与消费者的信息交流　加强组织与消费者之间的信息交流,是赢得消费者信任的重要途径。信息沟通工作既有利于组织及其产品服务的宣传推广,也有利于全面掌握顾客信息。信息的传播沟通途径多种多样,有直接沟通,也有间接沟通,应当根据实际情况而定。一方面,组织要通过各种途径及时向消费者传播有关信息。另一方面,组织要注意收集消费者反馈的信息,及时调整自己的策略。

(3) 妥善及时处理消费者投诉　处理好消费者投诉,首先是要倾听,有足够耐心的倾听,而不是迫不及待的解释,这样反而会激化矛盾,当顾客把自己的抱怨都倾诉出来后,怨气也就消了一半了;其次要化解对立情绪,以"同理心"设身处地地为顾客着想,让顾客感到组织相关人员能够体会到自己的感受,例如,客服人员在倾听顾客的抱怨后,首先不是讲冷冰冰的大道理,而是说一句带有人情味的话"您的心情我完全理解",这样顾客就会觉得自己的难处得到了别人的理解,从而易于化解对立情绪;再次,要全面分析被投诉的情况,对于失误的地方要及时向投诉人道歉并改正,对于顾客误解的地方要及时解释清楚,以求得对方谅解,体现出足够的诚意。如果投诉处理得完美,完全可以变成一次成功公共关系活动,完全可以使一个抱怨的顾客变成一个忠诚的顾客。

8.1.3 消费者关系处理实例分析

小米手机的一百个梦想赞助商：100个米粉起步的消费者公共关系

> **阅读提示**：企业为了业务推广和公众形象而开展公共关系活动，这种例子很常见。然而，小米公司利用消费者公共关系活动完成市场初期零启动并代替传统市场营销活动，这是非常罕见的手段。事实证明，小米公司的方式非常有效而深入人心，值得研究。

"2010年4月6日，小米公司正式成立。同年8月，MIUI ROM第一版正式内测。当时国内已经有许多ROM制作团队和个人，MIUI作为初生牛犊并不为人所知。小米公司的工程师一个一个地联系刷机爱好者和发烧友，向大家介绍这款新推出的ROM。经过不断的努力，先后共有100名勇敢的用户成为MIUI第一版的首批内测体验者，是他们见证了MIUI从无到有，从小到大的成长历程。

如今，MIUI的用户已经超过1000万。但是，我们并未忘记最初支持我们的100位用户。在小米公司成立3周年之际，请允许我们向这100位用户表达最诚挚的谢意：

感谢

勇敢的上帝！"

以上的赞誉之词是在小米公司成立3周年之际，公司对100位初始用户给予的感谢信！

2010年，小米创立时，可谓是一无所有，没有产品、没有用户、没有知名度。但好在创始人、公司总裁雷军是产品经理出身，他懂用户。小米选择从消费者入手，去挖掘他们的痛点。最开始做手机操作系统MIUI时，首先是搜集网上所有对主流手机和安卓系统不满的信息，进行大数据分析，找出共性的痛点，根据这些痛点进行改进。

在经过很长时间的试运营后，小米发布第一版测试，但没有钱做推广，小米就将最初100个参与MIUI系统反馈最多的粉丝姓名放在手机启动屏幕上，这个影响力是巨大的，他会带动身边所有的人去帮助传播，并且标榜他们为"小米手机的一百个梦想赞助商"，在开机画面中用大红色的字体盛赞参与产品研发的消费者为"勇敢的上帝"。

这100个人就成了小米第一批最珍贵的种子用户，也是小米口碑传播的起点。接着小米社区、米聊论坛等发挥了极大的作用，依靠着口碑传播，到2011年，MIUI已经拥有了50万"发烧友"。

在2013年，小米还拍了部微电影，把这100个人的名字印在了电影里的赛车上，名字就叫作《100个梦想的赞助商》。

（资料来源：搜狐网 2018年7月11日）

案例分析：小米公司是一家优秀的互联网公司，成立短短几年时间便迅速崛起为行业翘楚，其中必有独到之处。

1. 小米公司真正做到了一切从消费者角度出发，邀请消费者参与产品的深度开发，能够利用互联网搜集顾客最关注的产品痛点，认真倾听消费者的意见，高度重视消费者的感受，所以才能保障产品达到最好的消费者体验。

2. 小米公司创新沟通方式，与消费者的沟通摒弃以往常用的"背靠背"模式，采用互联网形式与消费者直接沟通，增加了互信，提高了效率，增强了消费者的参与感和成就感。当消费者看到自己提出的意见，在一周后就能得到采纳并能够体现在产品上面，消费者的成就感便会油然而生，那么消费忠诚度也会随之提升。

3. 小米公司重视并尊重消费者，在产品开机屏幕上打上这些"功勋消费者"的网络昵称，并且将这些发生在小米公司和消费者之间的故事拍成了一部电影。这些举措无疑体现了小米公司对消费者的尊重程度，小米公司没有忘记消费者的贡献，消费者也就不会忘记小米公司的产品。

8.2 媒体关系的处理

8.2.1 媒体关系的概念

媒体关系是指社会组织与大众传媒公众关系的组合。这种关系又含有双重人格关系：其一，大众传媒是社会组织与其他公众信息沟通的"中介"环节；其二，大众传媒本身也是社会组织的目标公众。因此许多社会组织都视媒体为"无冕之王"，保持与媒体的良好关系是公共关系的重要内容。

与新闻媒体建立良好关系的目的是争取新闻媒体对本组织的了解、理解和支持，以便形成对本组织有利的舆论气氛，并通过新闻媒体实现与大众的广泛沟通，增强组织对整个社会的影响力。协调组织与媒体关系的意义在于两点：

1. 良好的媒体关系有利于形成良好的公众舆论。

新闻传播机构及人士是社会信息流通过程中的"把关人"，他们决定着各种社会信息的取舍、流量和流向，确定着公众舆论的中心议题，能够赋予被传播者特殊的、重要的社会地位，即具有"确定议程"和"授予地位"的功能。与"把关人"建立良好的关系，有助于争取媒体报道的机会，使组织的有关信息比较顺利地通过传播过程中的层层关口，形成良好的公众舆论环境。

2. 良好的媒体关系是运用大众传播手段的前提。

组织要实现大范围、远距离的沟通，就必须借助于各种现代大众传播媒体。大众传播借助于现代印刷、电子等传播技术，大量地、高速度地复制信息，跨越时间和空间的限制，实现大范围、远距离的传播，这是现代公共关系的主要手段之一。但是，大众传播媒体一般不是由组织内的公共关系人员直接掌握和控制的。有关的信息能否被大众媒体所报道，以及报道的时机、频率、角度等，要取决于专业的传播机构和人士。除花钱做广告之外，公共关系对大众媒体的使用必须通过新闻界人士才可能实现。因此，与新闻界人士建立广泛、良好的关系，是运用大众媒体、争取媒体宣传机会的必要前提。与新闻界关系越多，组织有关信息的报道数量越多；与新闻界关系越好，组织有关信息的报道质量就越好。媒体关系的这种公关传播性之强，是其他公众对象难以比拟的。

8.2.2 怎样处理媒体关系

媒体不仅是公众实现知情权的重要渠道，也是社会组织传播信息的主要途径，因此对于媒体关系的处理上必须要平等、尊重和配合。基于公开管理原则，只有诚实才能换取谅解、理解和支持，因此在对待媒体时，还应该真诚相待。

1. 平等互惠

社会组织需要大众传媒的信息传播，但不是被动的附属型关系。因为现代社会组织在发展过程中，其许多信息正是传媒所需要的，大众传媒的新闻性要求尽可能迅速获取有价值的时效性新闻，这就使双方存在一个互惠互补的平等关系。大众传媒既需要从社会组织中搜集素材，也需要从与社会组织的合作中获得经济收益，从这个角度上讲，社会组织为大众传媒的生存与发展提供了双重动力。

社会组织则需要通过媒体很好的宣传展现自身价值和产品服务。当今社会，媒体网络日益发达，具有传播便捷、快速、广泛、精确等特点，能够有效进行信息的传播与反馈。没有媒体的支持，社会组织就无法有效地开展包括公共关系、市场营销在内的很多工作。因此媒体为社会组织提供了一个有效传播的平台。媒体与社会组织之间的相互关系决定了社会组织与媒体平等相待、互惠互利，从而达到双赢。

2. 真诚相待

首先，就是要诚实，真实性是公共关系工作的生命，社会组织对于媒体尤其应当如此，不隐瞒、不遮掩、不护短。其次，要尊重媒体的工作职责，媒体工作是公众知情权的重要保证，新闻采访时媒体人的职责所在，阻碍媒体工作是很大的忌讳，会引起公众的强烈不满，与媒体为敌就是与公众为敌，结果自然不会好。再次，要用诚恳的态度赢得媒体的理解和尊重，只有争取媒体的谅解，才会使事情朝着有利于社会组织的方向发展，有利于帮助组织走出困境。最后，要对所有媒体及其工作人员一视同仁，切忌厚此薄彼，不论级别、不论层次，不论对组织业绩进行的是正面还是负面报道，都要端正态度，真诚相待。

3. 积极配合

社会组织在媒体工作的过程当中，应当予以积极配合和提供方便。积极配合这样一个态度本身就足以证明组织的诚意，有了这样一个诚意，就会极大地扭转不利局面，使组织的形象得到极大的改善。相反，越是阻碍媒体正常工作，就越会有损于企业形象，使事态逐步恶化，造成组织与媒体和公众的对立，丧失处理公关危机的时机，从而对社会组织造成严重伤害。

积极配合可以体现在很多方面，例如，社会组织应以主动热忱的态度对待各新闻媒体，为采访或报道工作提供便，主动撰写新闻稿，主动与记者沟通本组织的近期活动计划。

积极配合的一个更为重要的方面就是，对于本身的失误要主动承认，积极配合媒体找出原因，并向媒体和公众明确表达愿意积极改正的态度，进而广泛征求意见以求得解决方案。这样的做法，不仅可以在很大程度上取得媒体和公众的谅解，而且可以借机重树组织形象。

4. 善于利用

善于利用就是在平等互惠、真诚相待和积极配合的基础上，通过建立与媒体的良好互动关系，对某些事件进行有计划的策划与组织，造成广泛正面的宣传效应，以提高自身的知名度与美誉度。与媒体建立良好的公共关系，最终的目的就是让媒体为我所用，对我有利，从而获得大众对组织自身的认可和支持。要求社会组织善于发现有价值的新闻点，善于挖掘新闻价值，善于利用新闻价值进行组织和策划，并善于利用媒体进行宣传。一个优秀的媒体策划可以用很小的代价，换来巨大的社会效益和经济效益，起到广告所不能达到的效果。

8.2.3 媒体关系处理实例分析

掌握与媒体打交道的"学问"

记者到基层采访时，多次听一些政府部门的工作人员半调侃半诉苦地说："这些年，新闻舆论工作已经从政府工作的'二线'上升到了'一线'，跟媒体记者打交道是苦活、累活，如果处理不好，很可能吃力不讨好。"从他们的话可知，对于基层政府部门而言，如今的新闻舆论工作已经变得越发重要，也越发复杂了。

部分基层领导干部的这种观感，与社会转型时期公众对社会信息的需求是直接相关的。我们常说现在是信息爆炸的时代，但严格说来，所谓"海量信息"大多来自娱乐、广告和各类专业领域，与社会公共事务相关的信息总体上仍然处于透明度低和相对匮乏的状态。正因如此，每当重大新闻事件发生之后，社会各界最关注的是政府部门的反应，因为公众更渴望获得相关部门处置情况的权威信息。

当前，深化改革是最重大的社会公共事务之一，各项改革政策密集推出。在改革攻坚时期，关于政府部门的改革举措和行政行为，有大量信息需要有效传递和反馈。各级政府部门需要利用媒体进行政策宣传，借助媒体监督部门的具体行政行为，以防止行政结果背离政策目标。因此，当前政府部门需要高度重视新闻舆论工作，做好新闻舆论工作有助于在改革举措落实中达到事半功倍的效果。

传播学者认为，党政机关及其领导干部的媒介素养，应该包含两个重要内容：一是主动宣传时尊重新闻传播规律，二是"被动"应对舆情时有效满足信息需求。培养和提升媒介素养，也需要着重从这两方面入手。在政府的工作需要和公众的信息需求推动下，如何"善用媒体"已经成为各级领导干部的一门必修课，而每一次重大主题宣传报道和新闻事件的处置，都是一场关于官员媒介素养的考试。

在舆情应对方面，有成功也有失败的例子。记者在采访中就有这样的亲身体验：在善于同媒体打交道的地区和部门，再复杂的事情，喝几杯茶的功夫就能把问题聊清楚、说明白。领导干部善于摆事实、讲道理，获取媒体的支持与理解，把舆论引向有利于解决问题的方向。而另一些地方和部门应对监督报道的办法是：白天兜一圈，晚上喝一顿，消耗记者的精力，以腾出时间找关系、打招呼"摆平媒体"。最后，不仅舆论无法平息，还损害了地方政府公信力。

部分地方领导干部缺乏媒介素养，他们不仅误以为可以"摆平媒体"，面对舆情还缺乏主动作为，总想着"等风来"。不少基层工作人员对记者坦言：舆情应对不力的事件之所以不时出现，是因为不少地方和部门存在"等一等、拖一拖热点就会过去"的想法。靠新的舆论热点来冲淡影响，等别处的舆情出来转移舆论注意力，不肯直面舆论、不能解决问题，让部分地方和部门的舆情应对陷入恶性循环，给地方制造了大量的"负资产"。其实，如果他们能及时发布信息，回应公众关切，就能够将舆情转危为机。

舆情应对固然可能因措施不当而失利，主动宣传如不尊重新闻规律也可能弄巧成拙。记者常收到地方部门宣传本单位工作成果的邀请，但有些时候，某些单位的工作成果并不突出，他们只是希望借助媒体报道获得上级的肯定。没有新闻的事务犹如一杯白开水，记者就算有"生花妙笔"，也不可能写出好文章。有的则不是下大力气踏踏实实干事，而是做表面功夫，出风头博眼球。事实证明，这种做法不仅无法展示单位的形象，还会给部门甚至整个系统抹黑。

无关切，不新闻。老百姓最关心的问题、改革中容易遭遇"中梗阻"的难点，才是新闻舆论工作的重点，也是领导干部应该担当的关键点。新闻传播的规律如此，领导干部要提高媒介素养，更应该认真尊重新闻规律，牢固树立问题意识。当前时代条件下，善于运用媒体传播政策主张、了解社情民意、发现矛盾问题、引导社会情绪、动员人民群众、推动实际工作，应当是领导干部的一项基本功。

面对媒体，党政部门及其领导干部，在主动宣传和舆情应对中，应该在宣传中给媒体端上一杯白开水，而不是在舆情应对中让记者醉倒在一杯酒里。与其心情复杂地"端酒""送水"，不如开诚布公、以诚相待地给"一杯茶"，如此更显自信和担当。

（资料来源：新华每日电讯　2018年6月10日）

案例分析：根据上述材料，我们能够认识到，善于利用媒体可以很好地推动工作的开展。因此，掌握与媒体沟通的方法就显得十分重要。对于媒体，应当真诚地与之沟通，坦诚地交流思想，换取媒体的理解和支持才是正确方法。

8.3 政府关系的处理

8.3.1 政府关系的概念

政府是国家权力的执行者，是对社会进行统一、有序管理的权力机构，任何社会组织都必须无条件遵守国家法律与法规，服从政府以及各职能部门的管理。但在政府与社会组织之间这种管辖与被管辖关系之中，还存在着一种关系，一种互相了解、互相沟通的关系，这就是政府公众关系，简称政府关系。

政府公关对象指政府各行政机构及其官员和工作人员，即组织与政府沟通的具体对象。包括工商、人事、财政、税务、市政、公安、海关、环保等政府职能部门及其工作人员。它们是所有传播沟通对象中最具有社会权威性的对象。组织必须与政府各职能部门建立和保持良好的沟通，这是组织生存、发展的重要保障和条件。

与政府保持良好沟通的目的是争取政府及各职能部门对本组织的了解、信任和支持，从而为组织的生存和发展争取良好的政策环境、法律保障、行政支持和社会政治条件。

政府公共关系的重要作用和特点有三个方面。

1. 政府支持的权威性。

政府是具有极高威望和权力的官方机构，政府的认可具有很高的公信力，政府的行为和决策具有很强的示范性。取得政府的认可，就能较容易地得到其他社会组织的认可，也会产生广泛而重大的影响。

2. 政府支持的有利性。

政府具有制定和执行法律、法规、标准、政策、条例等权力。这些规范的制定对于社会组织的生存和发展影响深刻、意义重大。保持良好的政府关系有利于信息传达，使政府更加真实的了解实际情况；在政府了解真实情况的基础上，可以最大限度地争取政府的理解与支持。一旦政策规范制定完成，想要再改动是非常困难的，因此与政府保持良好的信任关系对于社会组织的生存发展至关重要。

3. 政府支持的有效性。

保持良好的政府关系对于提高社会组织的工作效率非常有利。在组织的日常社会活动中，经常要与相关主管部门打交道。如果能熟悉政府机构的内部层次、工作范围和办事程序，并与各主管部门的具体工作人员保持良好关系，就可以避免因办事未循正规的程序或越出固定的工作范围而走的弯路，减少人为造成的"公文旅行"或"踢皮球"的现象，提高行政沟通的效率。这需要社会组织加强对于政府部门的了解。

8.3.2　怎样处理政府关系

基于政府部门的特殊地位和影响力，以及社会组织与政府之间的不对称关系，在处理和协调政府关系上要做到几下几点。

1. 遵纪守法。

遵纪守法是政府公共关系的基础和前提，没有一个主管部门希望在其管辖范围内存在不守法纪的社会组织来给他添麻烦，只有在遵纪守法的基础上，政府公共关系的开展才有可能。因此，首先要做到及时、全面、准确地掌握与研究政府所颁发的有关政策、法律、法令内容；其次要按照其内容变化相应地调整本组织的决策方向及实施计划。

2. 自觉配合。

与政府打交道必须要自觉，不能阳奉阴违或敷衍拖延。自觉接受政府的管理和指导，遵守政府有关法律、法规、政策。组织在具体的运行过程中，应妥善处理国家利益与组织利益的关系。对于政府提出的管理要求要自觉行动，严格按照政府的要求办，不打折扣；在各种问题上时刻自觉保持与政府政策的高度一致，即便有些观点不一致，也要通过其他方式来沟通，在问题没有解决之前，还是要严格遵守政府规定。

3. 主动沟通。

主动给政府部门提供信息，既体现了社会组织积极的态度，也为政府决策提供了重要的基层情况，从而为政府根据所掌握的基层情况制定政策提供便利。另外，通过主动沟通，也使政府了解到组织对于社会的重要性及其遇到的困难，以求得政府的指导和帮助。

4. 责任与贡献。

社会组织所表现出的勇于承担社会责任和乐于做出社会贡献，是建立良好政府关系的重要条件，也向政府和社会公众证明了组织存在的价值和意义所在。例如，一些大型企业对于各项税费应缴尽缴，对地方财政收入做出了应有的贡献，那么地方政府对于这样的企业也会格外地重视和关照，从而使企业获得更好的外部发展环境。再如，有的企业每年都会花费可观数额的资金扶弱济贫、捐资助学，也必然会得到社会公众和政府的好评，从而为组织赢得良好的社会效益。社会组织做出贡献和承担责任，就是在向政府证明自身的价值，从而赢得支持和尊重。为政府和社会排忧解难，就是为自身创造一个良好的公共环境和氛围。

8.3.3 政府关系处理实例分析

良性政商关系：有交集而无交易

"现在的政商关系，感觉比以前融洽。我们看到很多领导都下沉到基层，了解调研企业的实际情况，为促成企业发展听取了很多意见。"2018年11月30日，蚁米控股有限公司董事长张锦喜告诉科技日报记者。

企业家对构建"亲""清"新型政商关系的高度认同

广东在构建亲清新型政商关系方面，可谓下了"狠手"，在2016年就推出了政商交往的正、负清单，明确了政商交往的尺度。2018年11月7日，广东省发布《中共广东省委办公厅广东省人民政府办公厅关于促进民营经济高质量发展的若干政策措施》（以下简称"民营经济十条"），其中一条就是"构建亲清新型政商关系"。

民营经济在广东占据着重要地位。2018年10月对外披露的数据显示：广东民营经济单位达1071万个，首次突破1000万大关，居全国第一。2018年1~3季度，广东省民营经济实现进出口总额2.52万亿元，民营企业已经成为该省进出口的第一大主体。

但是，随着民营经济的快速发展，一些领域也出现了不健康的政商关系，成为民营经济高质量发展的"拦路虎"。

广东省纪委相关负责人此前表示，大量案件显示，一些领域官商勾结的问题十分严重，一个官员落马往往会牵出好几个商人，一个商人背后往往会牵扯一批官员，身陷其中的人均"一半是同谋、一半是受害者"，既破坏社会公平正义又增加自己经营发展的风险。

对此，广东省纪委2016年在全国率先出台《关于推动构建新型政商关系的若干意见（试行）》，推出政商交往的正、负清单。"正面清单"从公正平等对待非公企业、落实促进非公经济发展政策等9个方面提出要求。

收受企业及其负责人红包、礼金、礼品、消费卡、奖品、奖金等财物，以及由企业及其负责人支付应由单位或者个人负担的费用等行为，则明确列入了"负面清单"中。

首席服务官和"硬杠杠"

在广东惠州，全市约1300名首席服务官活跃在企业和项目一线。

"有时候企业遇到问题，打个电话或者发个微信就可以搞定。"广东九联科技股份有限公司董事、副总经理胡嘉惠对此连连点赞。2017年，在首席服务官的协调下，该公司顺利办好不动产权证，比原本预计的时间减少了3个月，还获得银行一次性7000万元的授信贷款，减少了创新发展的后顾之忧。

"民营经济十条"中提出了"首席服务官"，"推广企业首席服务官制度，'一对一'跟踪协调解决企业发展中的困难。"

除此之外，"民营经济十条"专门对构建新型政商关系列出了诸多"硬杠杠"——建立省市县三级政府主要负责同志与企业家面对面协商机制，听取意见建议；对涉及官商勾结、为官不为等问题线索的实名举报要优先办理、100%核查，并及时向举报人反馈办理情况。

"新官不理旧账"曾是政商关系中的一大"顽疾"，许多企业对此颇有怨言。对此，广东明确要求，各级政府要切实履行与民营企业依法签订的合同，杜绝"新官不理旧账"的情况，对仅因政府换届、领导人员更替等原因违约毁约的，依法支持企业的合理诉求，将政务履约、守诺服务等纳入政府机关绩效考核内容。

税收为导向会错失好产业

记者在采访中发现，构建亲清新型政商关系得到了企业的高度肯定。新时代如何让政商关系更加融洽？一些科技企业也提出了建议。

2017年，张锦喜参与组建广州区块链产业协会，并在广州市黄埔区政府主导下，发起国内第一个专项区块链场景项目私募投资基金。此外，他还创设了区块链开源创客空间。

"我们看到各部门都很希望企业的事情快速得到处理，但有时候因为一个前置问题，就会需要等待其他部门的审批或者多走几趟。"张锦喜建议，让更多的信息上链公开，政府部门就可以通过上链交互确认、处理，这样可以让办事效率大幅度提升，避免"前后置"矛盾造成的"卡住"情况。

中科蓝海智能是全国首家为产业提供智能视觉技术服务的公共科技平台。"建议把更多的资源投向民营科技公司。"该公司创始人谭良告诉科技日报记者，政府如果仅以税收作为衡量企业的标准，把资源、精力放在产值高、技术低的产业中，有可能会错失很多好的产业。

（资料来源：《科技日报》2018年12月4日）

案例分析： 通过上述案例可以了解到，只有建立真正的清廉的政商关系，才会使企业获得长远的利益。庸俗的政商关系只能获得一时的好处，最终会害了企业，也会损害政府的公信力。

8.4 社区关系的处理

8.4.1 社区关系的概念

社区是一个社会学概念，即人们共同生活的一定区域，如村落、城镇、街道等。组织的社区关系主要是指组织与周围相邻的工厂、机关、学校、商店、旅馆、医院、公益事业单位以及居民的相互关系。简单讲，"社区关系"就是一个社会组织的"地方关系""邻里关系"。社会组织与周边的关系在地理上互邻、在利益上相关。

社区关系的重要意义表现在：社区是组织生存和发展的基础；社区关系综合了众多的公共关系；组织对社区的影响具有二重性。

8.4.2 怎样处理社区关系

社区是社会组织的生存环境，组织每天都要面对社区，与之打交道。因此搞好组织的社区关系非常重要，这关系到组织的正常运行是否会受到影响。

在处理社区关系时，需要做到以下几点：

1. 主动沟通

沟通是做好公共关系的重要手段，主动沟通就是为了让社区了解组织，也是组织了解社区的重要方法。只有相互了解，才能取得信任和支持。

2. 维护社区利益

组织在发展过程中，必须注意不能够伤害和侵犯社区利益，如果存在有利益冲突的情况，应主动协商解决。只有关注周边的利益，组织自己的利益才能得到应有的保障。

3. 支持社区建设

组织应当利用自身的资源和优势为社区的发展做出一定的贡献，真正地将社区看成是自己的家，为社区在就业、医疗、教育、环境等方面提供力所能及的支持。在获得社区的广泛认可之后，组织在社区内面临的问题才会逐步减少，才能够安心发展。况且，很多情况下，组织的发展也需要社区提供便利，从这个角度上来说，支持社区建设是互惠互利的双赢工作。

4. 组织社区活动

社会组织应当积极地参与和组织各种类型的社区活动。例如，配合某些特定日子，如老人节、妇女节、儿童节、母亲节、教师节等，主动拜访社区有关机构，像学校、福利院、地方政府机构等，向他们表示慰问与感谢，让他们感受组织的亲和力。这样既可以树立组织的正面形象，也提供了一个良好的沟通平台，进一步促进社区关系的发展，创造出适合组织健康发展的安定和睦的环境和氛围。

8.4.3 社区关系处理实例分析

老乡鸡盛大"社区纳凉晚会",拉近与您的距离

报道一:

2016年8月6日,老乡鸡岱善新城店在南京火爆开业,开业活动以社区居民喜闻乐见的纳凉晚会形式举行。活动现场餐厅内外甚至附近街道都人满为患。周边社区居民表示:"老乡鸡是这个夏天给我们的最好的礼物!"。

本次老乡鸡社区纳凉晚会邀请到江苏省餐饮协会秘书长余学荣、江苏久九伴商业(集团)管理有限公司副总经理蔡长欢和安徽老乡鸡集团董事长束从轩先生等众多领导参加,强大的活动阵容足矣看出老乡鸡对南京市场的关注和信心。

(资料来源:人民网 2016年8月9日)

报道二:

2016年7月23日,位于武汉光谷天地二期的老乡鸡武汉坐标城店盛大开业,这标志着老乡鸡正式走出安徽,入驻湖北武汉。对于安徽餐饮品牌来说,这无疑是一个标志性的时刻。

老乡鸡武汉坐标城店是老乡鸡的第423家店,老乡鸡在全国已经拥有400多家直营店,一年接待消费者4000万人次。老乡鸡武汉店使用开放式的全透明厨房,毫无保留地把所有操作流程展现在顾客面前,从实物烹调到食材加工、取餐、餐具清洗,每一步都清晰可见,保证让顾客吃得放心。同时,老乡鸡对原材料的把控非常严格,坚持选择农夫山泉、金龙鱼、李锦记、中粮等值得信赖的品牌,把食品安全放在首位。

为了服务附近的居民,在开业当天,老乡鸡武汉坐标城店举行了盛大的社区纳凉晚会。老乡鸡的员工们载歌载舞,活力四射,用舞蹈向周围社区居民展现了老乡鸡人的热情。

老乡鸡集团董事长束从轩先生致辞,向武汉市民们介绍了老乡鸡的规范化标准,对原材料和烹饪方式的严格把控,并向市民朋友承诺,为市民贡献最干净美味的快餐。

(资料来源:凤凰网 2016年7月25日)

案例分析: 从案例中可以看出以下几点:

1. 老乡鸡公司非常重视社区关系。老乡鸡餐厅作为新式快餐,主要服务于周边社区居民和工作人员,而举办社区活动就是直接面向社区顾客开展公司宣传活动,是情感联络、交流互动的最好方式。

2. 纳凉晚会是最喜闻乐见的社区活动形式。服务社区,就是要给社区带来帮助。盛夏纳凉晚会为社区居民带来丰富的文化活动,提供了盛夏消暑的好方式,自然受到居民的欢迎。

3. 在社区活动中,没有赤裸裸的营销、没有直接利益的诉求,有的只是相互了解、相互交流。老乡鸡公司董事长每一次都会亲临现场,为大家介绍老乡鸡健康食品的原料、工艺和价值,可以说是直接面对消费者的坦诚沟通。这样,居民就会很容易地接受企业,有助于形成良好的口碑。这要比宣传广告的效果更有效。

本章总结

本章主要学习了外部公共关系中最重要的消费者关系、媒体关系、政府关系和社区关系的定义、含义和基本处理方法。

消费者关系直接关系到组织的存在和发展，消费者关系目标层次包括：消费者知情、消费者接纳、消费者满意和消费者忠诚。建立良好的消费者关系需要做到：提供优质的产品和服务、加强信息的交流沟通以及妥善处理客户投诉。

媒体关系在现代社会的重要性日益增强，媒体是现代社会信息传播的重要渠道和载体，加强媒体关系建设，可以更好地实现组织与公众之间的了解和沟通。在处理媒体关系时，要注意尊重媒体的工作并积极予以配合，真诚地接受监督并以坦诚换取理解和支持，还要善于利用媒体宣传组织，以达到事半功倍的效果。

政府关系是任何一个组织都无法回避的，由于政府的官方性质，政府关系对于组织的生存和发展起到决定性的作用，取得政府的理解和支持可以极大地促进组织的发展。做好政府关系必须做到：遵纪守法、主动配合、强化沟通和积极承担社会责任。

社区是组织生存的周边环境，影响到组织的发展，同时社区与组织之间存在利益交叉，因此在处理社区关系时必须要兼顾各方利益，积极主动地融入社区中来，取得社区公众的认可、接受和支持，为组织的发展创造一个和谐的周边环境。

知识及技能检测

一、名词解释

1. 媒体关系
2. 政府关系

二、选择题

1. （　　）是组织公共关系对象中利益关系最直接、明显的外部公众。
   A. 消费者　　　B. 媒体　　　C. 员工　　　D. 社区
2. （　　）不属于消费者关系的目标层次。
   A. 消费者知情　　B. 消费者偏好　　C. 消费者满意　　D. 消费者忠诚
3. 下列不属于处理媒体关系的方法是（　　）。
   A. 平等互惠　　B. 真诚相待　　C. 积极配合　　D. 避而远之
4. 处理政府关系不正确的方法是（　　）。
   A. 遵纪守法　　B. 自觉配合　　C. 主动沟通　　D. 拉关系、走后门
5. 下列不是处理社区关系的主要方法的是（　　）。
   A. 主动沟通　　B. 维护社区利益　　C. 支持社区建设　　D. 各扫门前雪

三、实训题

1. 项目：处理外部公共关系训练。

2. 目的：掌握外部公共关系处理的基本方法。

3. 内容：假设你是一所学校的校长，现在学校发生了一起传染性疾病事件，你该如何处理相关的外部关系？

4. 组织：把全班同学分成4组并选出组长，分组讨论确定处理方案，下次上课时推选代表发言，老师做出点评。

5. 考核：处理方案及发言情况作为一次大作业，老师分别给出成绩并计入学生平时成绩。

拓展阅读

华为高管：余承东关于竞争对手的言论不代表公司立场

2018年2月25日，在世界移动通信大会（MWC）上，华为副总裁余承东在接受BBC专访时表示，美国人利用政治禁止华为进入美国市场，因为华为太有竞争力了、太强大了。他还自信预测，5年之后，华为绝对会成为手机市场全球第一。

对此，华为高级副总裁、公共及政府事务部总裁陈黎芳于2018年2月27日在MWC大会期间接受采访时称："因为不接受我们就批评对方是不对的。我们只能更努力，保持我们的开放性和透明性，直至对方愿意和我们沟通。"陈黎芳还表示，华为并未授权余承东代表公司评论美国，也不认同他的观点。

当前，华为是全球最大的通信设备供应商、第三大智能手机厂商。在过去数十年间，华为的网络设备和手机畅销全球。如今，华为又利用最新的硬件和软件系统帮助运营商部署5G服务。

陈黎芳还表示，虽然美国市场规模不小，但目前还不是华为最重要的海外市场。在与AT&T的合作计划受挫后，华为在美国市场并无进一步的计划。陈黎芳说："单方面不能解决问题，我们对美国市场必须要有耐心。"

（资料来源：《南华早报》2018年2月25日）

第9章 公共关系专题活动

■ 学习目标 ■

知识目标：了解公共关系专题活动的类型及特点，掌握公共关系专题活动的组织实施技能。

技能目标：能够组织并实施公共关系专题活动。

引 例

首届中国国际进口博览会亮点纷呈成果丰硕

为期六天的首届中国国际进口博览会于2018年11月11日圆满闭幕。在下午举行的新闻通气会上，中国国际进口博览局有关负责人表示，本届进博会亮点纷呈，成果丰硕。

首届进博会共吸引了172个国家、地区和国际组织参会，3600多家企业参展，超过40万名境内外采购商到会洽谈采购。据初步统计，全球或中国大陆首发新产品、新技术或服务570余件。首届进口博览会还吸引了来自72个国家和地区的3600多位境外采购商。按一年计，累计意向成交578.3亿美元。其中，与"一带一路"沿线国家累计意向成交47.2亿美元。进口博览会期间，还举办了370多场配套活动。在为期3天的供需对接会上，达成进一步实地考察意向601项、意向成交657项。相关负责人介绍，第二届进博会参展报名已启动，目前已经收到大量企业报名，签约面积达数万平方米。下一届进博会将不断提升进口博览会的国际化、专业化、市场化、品牌化水平，把进口博览会办得一届比一届更精彩。

（资料来源：新闻联播 2018年11月11日）

案例分析：在此案例中，我们可以看到参加展览会是组织进行公关传播时所采取的活动之一，很多组织都把参加展览会作为重要的宣传和销售的重要渠道，尤其是本案例中的我国首届进博会更是一个组织展示形象的最好舞台。

9.1 公共关系专题活动概述

所谓公共关系专题活动，是指社会组织为了某一明确目的，围绕某一特定主题而精心策划的公共关系活动。公共关系专题活动是社会组织与广大公众进行沟通，塑造自身良好形象的有效途径。因此，国内外许多组织经常采用公共关系专题活动的形式来扩大影响，提高声誉。

9.1.1 公共关系专题活动的类型与特征

常见的公共关系专题活动主要有新闻发布会、展览会、庆典活动、赞助、开放参观等。

1. 新闻发布会

新闻发布会又称"记者招待会",是公关组织直接向新闻界发布有关组织信息、解释组织重大事件而举办的专题活动。其特点有:

(1) 正规隆重　形式正规,档次较高。参加者大多是有身份和地位的人。
(2) 沟通活跃　发布信息,相互问答,双方沟通时间长,接触较深。
(3) 传播迅速　发布信息速度快,扩散面广,社会影响大。

2. 展览会

展览会是指通过实物、文字、图片、示范表演等方式,展现组织的成果、风貌、特征的一种公共关系专题活动。其特点有:

(1) 综合运用多种传播手段,能给观众留下深刻印象　展览会上既有面对面的交谈、讲解,也有文字材料,还有图片、幻灯片、录像带等资料。多种传播手段的结合,能给观众留下深刻的印象。
(2) 沟通、宣传效果好　展览会通过直观的实物、精致的艺术造型、亲切动人的解说、悦耳的背景音乐,营造出一种绝佳的宣传环境。在这种环境中,组织与公众最容易沟通和交流。
(3) 效率高,省时省力　展览会可集中不同行业的同一产品,也可集中同一行业的不同产品,给公众提供了选择、比较的机会。这为组织的宣传促销节省大量时间和费用。
(4) 深受新闻媒介关注　展览会属于综合、大型的社会活动,是新闻媒介关注的焦点。因此,展览会往往会成为传媒采访的热点,对提高展览组织的知名度和美誉度有很大的帮助。

3. 庆典活动

庆典活动是指组织在其内部发生值得庆祝的重要事件时,或围绕重要节日而举行的庆祝活动,组织一般将其视为一种制度和礼仪。庆典活动一般分为节日庆典和纪事庆典。前者如春节、国庆节等,后者有组织周年庆典等。其特点有:

(1) 针对性强　庆典活动一般是在某个特定时期,围绕某个节日集中开展活动,具有较强的针对性。
(2) 传播效果好　由于针对性强,所以传播也较集中,因而效果较好。

4. 赞助

赞助指的是组织通过资金或物资,赞助某项社会公益活动,以提升赞助者的社会形象。其特点有:

（1）公益性　赞助活动是拿出物资去帮助他人，因而带有明显的公益性，往往能显示出赞助组织具有较强的社会责任感，容易取得他人的好感。

（2）时效性　赞助活动一般是针对当时发生的事件对象进行赞助，具有较强的时效性。例如，很多组织在2010年我国西南大旱时捐款捐物等。

（3）突发性　很多赞助活动针对的是临时突发事件，因而赞助活动本身具有极强的突发性。

（4）新闻性　赞助活动在体现组织社会责任感的同时，也要注重公共关系传播。另外赞助事件本身有可能就是新闻的焦点，所以赞助活动具有较强的新闻性。组织因为赞助有可能成为新闻报道的对象。例如，"5·12汶川大地震"捐款的加多宝集团，当时成为人们关注的焦点。

5. 开放参观

开放参观是指组织为了让公众更好地了解自己或为消除对本组织的某些误解，邀请有关公众前来本组织参观的活动。开放参观可分为一般参观和特殊参观两种。一般参观是指无特殊目的或特殊公众，仅为社会各界增进对本组织的一般了解而组织的参观活动。特殊参观活动是邀请特定的公众参加特定的活动而进行的参观活动。如"三聚氰胺"事件中，伊利举行的"放心奶"参观活动，邀请媒体、消费者代表等进厂参观，了解伊利奶的整个生产流程。开放参观活动的作用有：

（1）提高社会组织的透明度　社会组织对外开放参观，无疑是主动把自己暴露在公众的视线下，让公众直接了解组织各方面的情况，大大提高组织的透明度。

（2）增加社会组织的"人情味"　组织对外界开放，通过对来宾的礼貌接待，可博取公众对组织的好感，缩短组织与公众之间的距离，促使感情互动，增添组织的人情味。

（3）为组织与公众直接沟通提供机会　开放参观的过程就是组织领导人与工作人员同各界参观者直接接触的过程。通过演讲与座谈，介绍组织的情况，回答和解释参观者提出的问题和疑虑，倾听参观者的意见和建议。

（4）形成一种压力，促使组织总体素质的提高　组织要对外开放参观，就必须注意自己的环境形象、人员素质形象，以便给观众留下一个好的印象。所以，无形中会对组织产生一种压力，促使管理者努力提高管理水平，促使全体员工注意自身的言行，使组织的总体素质得以提高。

（5）消除公众对组织的误解或疑虑　一个组织难免会由于某些客观或主观因素的影响，让某些公众产生误解或疑虑。在这种情况下，对外开放参观就是一剂消除误解，排队疑虑的良药。

9.1.2　公共关系专题活动策划的内容及实施程序

1. 公关专题活动策划的内容

公关专题活动策划是指公关人员根据组织形象的现状和目标要求，分析现有条件，谋划、设计专题活动和具体公关活动最佳行动方案的过程。策划方案是公关专题活动的具体行动方案，是公关活动评估的依据和标准。具体程序与内容如下：

（1）综合分析信息　公关专题活动的策划是从分析信息开始的。公关活动策划者面对各种大量的信息，分析时重点注意两类信息：一类是社会组织自身状况信息。具体包括组织的战略目标和现实状况，由诸要素综合体现的组织知名度和美誉度。另一类是影响社会组织运行的各种社会信息。例如，国家的政策法规、组织目标公众、竞争对手、合作伙伴、传播媒介以及财政、金融、交通、人口等方面的背景资料及信息，及时发现对组织有利的契机和不利的因素，策划出有成效的公关活动方案。

（2）确定公关活动目标　一般来说，所要解决的问题就是公关活动的具体目标，它服从于树立企业形象这一总体目标。在策划时，公关活动目标应明确、具体，具有可行性和可操作性。

（3）确定目标公众　公众是组织公关活动的对象，任何组织都有其特定的公众。组织要对全部公众进行调查分析，然后经过详细分析与论证后确定专题活动的对象。

（4）设计主题　公关活动的主题是对公关活动内容的高度概括，它对整个公关活动起着指导作用。主题设计得是否精彩、恰当，对公众活动成效影响很大。公关活动的主题看似简单，实非易事。设计一个好的活动主题一般要考虑三个因素：公关活动目标，即公关活动的主题必须与公关活动目标相一致，并能充分表现目标；信息特性，即公关活动主题的信息要独特新颖，有鲜明的个性，突出本次活动的特色；公众心理，即公关活动主题要适应公众心理的需要，主题要形象，词句能打动人心，使之具有强烈的感召力。

（5）活动方式选择　公关活动方式的选择是策划的主要内容。通过什么方式开展公关活动关系到公关工作的成效。选择活动方式是创造性的工作。公关活动是否新颖、有个性，关键取决于策划人员的创造性思维是否活跃。因此，在选择活动方式时，要充分发挥策划人员的独创能力和潜在能力。

（6）确定活动时机　良好的公关专题活动，要抓住有利时机发挥作用。组织可以选择的时机有：新产品、新服务、新技术推出时；组织更名、转产或与其他组织合并时；组织获得荣誉、引起关注时；组织遇到某种偶发事件、发生某种失误或被公众误解时；重要的节日、社会上发生重要事件时等。

（7）确定时间、空间　公关专题活动策划时，要确定实现活动目标所需要的全部时间，各分目标项目所需的时间以及各个场地之间衔接所需的时间等，在制订时间表时要留有一定的余地。在确定场地的时候应根据不同的公关项目内容来确定。什么样的场地和多大范围是由公众活动空间所确定的，根据经济条件来决定活动的范围和场地的档次，考虑合适的自然条件。

（8）经费预算　公关专题活动的经费预算项目一般是由十个部分组成：

场地费用，包括场地使用权的租赁费。

物资费用，包括活动使用的各种道具、器材、设备、文具、礼品及布置场地物品所需的费用等。

礼仪费用：包括礼仪性项目的开支，如邀请乐队、仪仗队、文艺演出的演员等。

保安费用，包括活动期间保卫工作、安全设施、保健项目等费用支出。

宣传费用，包括用于活动宣传方面的开支，如摄影、录像、广告宣传、宣传品印刷、展示费用等。

项目开支，包括交通运输费、差旅费、办公费等行政性开支或代付费用。

餐饮费，假如活动项目中有宴会或餐饮计划，需要安排这一项目。

劳务费，包括公关人员和其他劳务人员的薪水。

不可预算的费用，包括应急费和大型活动常常有的许多不可预算的开支，通常在这一类费用列支，一般是以活动费用总额的5%~10%计算。

承办费，假如是委托专业公关机构承办的，必须支付承办费，这一费用实际是包括了承办机构的管理费、利润。

（9）形成策划书　策划书是策划成果的体现，是公关活动实施的行动依据和指南。策划书的基本结构主要由8个部分构成：标题、主题、目标、综合分析、活动步骤、传播渠道、经费预算和效果预测，最后是策划者的署名、日期等。有的还有附件等内容。

2. 公共专题活动实施的程序

公关专题活动的策划只是为最终活动的成功打下了一半的基础，另外一半则是实施。一般来说公关专题活动的实施包括如下程序。

（1）制订实施方案　公关策划人员需要列出具体的实施方案，列出各项筹备工作的要求，列出工作计划的进度表。在拟定实施方案的同时，有两项工作是十分重要的，一是拟定财务开支的计划，二是办理公关专题活动的报批手续。

（2）筹备工作阶段　这一阶段主要的工作有三个方面：一是全面展开各项筹备工作；二是拟定应急程序计划；三是拟定具体的传播计划。

（3）活动进行　这是最紧张的工作阶段，关键是做好现场的指挥和协调，要做到有条不紊，需要优秀的综合管理能力。

（4）活动评估　每一项公关专题活动计划实施之后，都应该进行评估工作。

▶ **案例讨论9－1**

第二届中国国际进口博览会全球路演何以吸引企业早早锁定"参展"？

首届中国国际进口博览会闭幕刚满一个月，第二届招展工作已进行得如火如荼：在新西兰、澳大利亚、印度尼西亚的路演才结束，中国国际进口博览局副局长、国家会展中心（上海）有限责任公司董事长孙成海带队的第二批路演团队已在美国继续推介。目前，14家美国企业已正式签约。至此，进博会交出了它的"满月小结"：在上千家报名企业中，进口博览局精选了约100家最具行业代表性的企业正式签约，其中新参展企业占近两成。

2018年12月10日是美国路演首日，两家500强企业正式签约。因为错过了最佳报名时间，雅诗兰黛未能参加首届展会。雅诗兰黛集团高级副总裁、中国区总经理樊嘉煜女士表示，雅诗兰黛高度重视中国市场，在本次路演正式签约第二届进口博览会，就是想更早深入参与，以向中国消费者展示最好的产品。孙成海表示，进口博览会鼓励雅诗兰黛充分利用好进口博览会这样的开放大平台，举办全球新品或者中国首发产品活动。

霍尼韦尔公司在首届进口博览会上收获满满，签了17个项目协议。此次霍尼韦尔签约第二届，与2018年相比展位面积扩大了三倍。霍尼韦尔中国区总裁余峰表示，鉴于今年的良好成效,霍尼韦尔将投入更多资源参与第二届进口博览会,同时,公司也将通过更加具有创意的互动方式展示其高新技术产品。不仅是这些500强企业,在2018年11日纽约曼哈顿举办的推介会上,100余名参会者挤满会场。孙成海代表进口博览局邀请大家参加第二届进口博览会,受到了参会嘉宾的热烈响应。招展部门负责人方昊在做完推介后,被参会者团团围住以询问其参展政策细节。早早签约定下第二届进口博览会展位的美国企业还有通用电气、强生、玛氏等全球知名企业。在接下来美国路演活动议程中,还将有多家美国知名企业正式签约。

中国国际进口博览会受到企业的热烈欢迎的原因,一方面是首届展会让参展企业收获颇丰,总意向成交额高达578.3亿美元,拥有近14亿人口的中国市场确实是企业不容错过的"一片大海"。另一方面,中国国际进口博览会被外界视为推动经济全球化的中国方案,对于参会企业来说具有更为重要的意义。

(资料来源:中国国际进口博览局 2018年12月12日)

问题:第二届中国国际进口博览会全球路演何以吸引企业早早锁定"参展"?

9.2 公共关系专题活动的组织与实施

公关专题活动的组织与实施是将公关策划方案变为公关实践的重要步骤,是具体解决问题、达到目标的过程。

9.2.1 新闻发布会

新闻发布会的工作一般包含会前准备、会中组织、会后总结工作。

1. 会前准备

1)确定举行新闻发布会的必要性。根据新闻发布会的特点,在发布会举行之前必须对所要发布的消息是否重要、是否具有广泛传播的新闻价值及新闻发布的紧迫性与最佳时机进行分析和研究。只有在确认召开的必要性和可能性后,才可决定召开新闻发布会。一般来说,社会组织举行新闻发布会的原因有以下几方面:出现紧急情况,如爆炸事件、起火事件等;对社会产生重大影响的新政策的提出;企业的新技术、新产品的开发和投产;组织对社会做出重大贡献或善事;推出影响社会的新措施;企业的开张、关闭、合并转产;组织的重大庆典等。

2)确定应邀者的范围。应邀者的范围应视问题涉及的范围或事件发生的地点而定。如果事件在某城市发生,一般就请当地的新闻记者到会。邀请的记者应该有较大的覆盖面,既要有报纸、杂志方面的记者,也要有广播、电视方面的记者;既要有文字方面的记者,也要有摄影方面的记者。

3)资料准备。新闻发布会需要的资料主要有两个方面:一是会上发言人的发言提纲和报道提纲;二是有关的辅助材料。前者应在会前根据会议主题,组织熟悉情况的人成立专门的小组负责起草。其内容要求全面、准确、简明扼要,主题突出。发言人的发言提纲和报道提纲的内容在组织内部通报，统一口径，以免出现不一致的地方。辅助材料的准备，应围绕会议主题，尽量做到全面、详细、具体和形象。辅助材料包括发给与会者的文字资料，布置于会场内外的图片、实物、模型，也包括将在会议进行中播放的音像资料等。

4）选择新闻发布会的地点和时间。在地点选择上主要考虑的是要给记者创造各种方便采访的条件。例如，是否具备录像、拍摄的辅助灯光，视听辅助工具，幻灯、电影的播放设备等；会场的对外通讯联络条件如何，交通是否便利；会场是否安全舒适，不受干扰；会场内的桌椅设置可方便记者们提问和记录；等等。

新闻发布会的日期，应尽量避开节假日和有重大社会活动的日子，以免记者不能参加会议，影响新闻发布会的效果。

5）确定主持人和发言人。由于记者的职业要求和习惯，他们常常在会上提出一些尖锐深刻甚至很棘手的问题，这就对主持人和发言人提出很高的要求。要求主持人思维敏捷，反应机敏，口齿伶俐，有较高的文化修养和专业水平。会议的主持人一般可由具有较高公关专业能力的人来担任。会议的发言人应由组织的高级领导来担任，因为高级领导清楚组织的整体情况，掌握组织的方针、政策和计划，回答问题具有权威性。若高级领导尚不胜任，需要在会前进行必要的训练和准备，以达到在会上应付自如的能力。

6）做好组织记者参观的准备。在新闻发布会的前后，可以配合会议主题组织记者进行参观活动，给记者创造实地采访、拍摄、录像等机会，增加记者对会议主题的感性认识。应在将要参观的地方派专人接待，介绍情况。

7）小型宴请的安排。为了使新闻发布会收到最大的实效，在组织财力允许的情况下，可以安排小型宴会或工作餐。这也是一种相互沟通的机会，可以利用这种场合融洽与新闻界的关系，及时收集反馈信息，进一步联络感情。

8）其他。例如，应根据会议的规模和规格做出费用预算。费用项目一般有场租、会场布置、印刷品、茶点、礼品、文书用具、音响器材、邮费、电话费、交通费等。在发出邀请信后，召开发布会前应再次电话落实。此外还应安排接待人员，布置会场，准备音响器材、签到名册等。

2. 新闻发布会中的注意事项

1）会议发言人和主持人应相互配合。新闻发布会在进行过程中，应始终围绕着会议主题进行。这就需要会议的发言人和主持人配合一致，相互呼应。例如，当记者的提问离开主题太远时，主持人要能巧妙地将话题引向主题，发言人通过回答问题将话题引到会议的主题上来。

2）对于不愿发表和透露的内容，应委婉地向记者做出解释，记者一般会尊重东道主的意见。不可以"我不清楚"或"这是保密的问题"来简单处理。

3）遇到回答不了的问题时，应告诉记者如何去获得圆满答案的途径，不可不计后果随意说"无可奉告"或"没什么好解释的"，这会引起记者的不满和反感。

4）不要随便打断或阻止记者的发言和提问。即使是记者带有很强的偏见或进行挑衅性发言，也不要显出激动和失态，说话应有涵养，切不可拍案而起，针锋相对地进行反驳。

3. 新闻发布会后的工作

作为一项活动的完整过程，招待会结束之后，要及时检验会议是否达到了预定的效果。所以，会后工作主要有以下内容：

1）搜集到会记者在报刊、电台上的报道，并进行归类分析，检查是否达到了举办新闻发布会的预定目标，是否由于工作失误造成消极影响。对检查出的问题，应分析原因，设法弥补损失。

2）对照会议签到簿，看与会记者是否都发了稿件，并对稿件的内容及倾向做出分析，以此作为以后举行新闻发布会时选定与会者的参考依据。

3）收集与会记者及其他代表对会议的反应，检查招待会在接待、安排、提供方便等方面的工作是否有欠妥之处，以利于今后改进工作。

4）整理出会议的记录材料，对招待会的组织、布置、主持和回答问题等方面的工作进行总结，从中认真汲取教训，并将总结材料归档备查。

▶ 案例讨论 9-2

上海已经准备好了！首届中国国际进口博览会新闻发布会上午举行

"11月5日，首届中国国际进口博览会将隆重开幕，全球目光将聚焦中国、聚焦上海、聚焦进博会。"2018年11月3日上午，2018中国国际进口博览会新闻发布会在国家展会中心举行，商务部副部长王炳南在会上表示，经过1年多的紧张筹备，目前进口博览会的各项工作已经基本就绪。时任上海市委常委、常务副市长周波表示，上海城市服务保障也已准备就绪。

王炳南表示，2018年11月5日上午，中国国家主席习近平将出席首届中国国际进口博览会暨虹桥国际经贸论坛开幕式，并发表主旨演讲。来自130多个国家的政要和有关国际组织负责人、全球商界领袖、知名专家学者以及国内各部委、各地方约1500名代表将出席开幕式。开幕式结束后，中外领导人将一起参观国家馆。

首届虹桥国际经贸论坛的主题为"激发全球贸易新活力，共创开放共赢新格局"，是国际产学界共商全球经贸重大前沿问题的新高端对话平台。其中三场平行论坛分别以"贸易与开放""贸易与创新""贸易与投资"作为议题，于2018年11月5日下午同时举行，届时将有2000多人与会。"我们期待各方通过三场平行论坛的深入讨论交流，共商合作共赢大计，为新时期国际经贸发展贡献'虹桥智慧'和'虹桥方案'。"

国家贸易投资综合展只展示不成交。国家贸易投资综合展面积约3万平方米，除中国外，共有81个国家和世界贸易组织、联合国工业发展组织、联合国国际贸易中心等国际组织参展，只展示不成交。王炳南表示，81个受邀国家既有发达国家，也有发展中国家和不发达国家，遍及五大洲。各参展国均派出高级别政府代表团参加国家展。作为东道主，中国馆展览面积约1500平方米，以"创新、协调、绿色、开放、共享"的新发展理念为主线，共分八个部分。

100多项新产品新技术在企业展发布。企业商业展展览面积27万平方米，两次扩馆之后仍是一位难求。目前有3000多家企业参展，其中包括200多家世界500强和行业龙头企业，100多项新产品和新技术将在博览会上发布。王炳南介绍，智能及高端装备展区是世界500强企业较为集中的展区，有400多家企业参展，展示其尖端成果。食品及农产品展区是参展企业数量最多的展区，有1000多家企业参展，大批原汁原味、各具特色的海外优质"土特产"将集聚展馆。医疗器械及医疗保健展区是科技研发产品较为集中的展区，汇集了300多家参展企业。其他展区也都汇聚了相关领域的代表性企业。

制定一系列方案引导错峰观展。时任上海市委常委、副市长周波介绍，经过近一年紧张筹备，上海城市服务保障已准备就绪。在安保方面，上海建立了两级安保体系，制定了安保总方案和城市公共安全等18个专项方案，实施公共交通工具安检、危险品安全管理、"低慢小"航空器安全管理等措施。在交通保障方面，国家会展中心及周边15条配套道路均已按计划建成通车。此次进博会，专业观众和展商将超过40万人，如何应对大客流是重中之重。周波表示，主办方已经制定了一系列方案引导错峰观展。例如，在采购商中来自上海的交易团人数最多，超过总人数的三分之一。除了极为特殊的原因，绝大部分上海交易团将延时参展，让兄弟省市和国际采购团优先参观。主办方还采用大数据、人工智能、云计算等技术，根据场馆内的即时人流，对进出人流进行有效控制，确保每天专业观众人数不超过20万。为确保人员均衡入场，在场馆内设置了过滤线和蓄人区，在安检方面采用了太赫兹远端检测技术，使安检速率可以达到1小时20万人，这也是上海首次采用这样的技术。上海还出台了进博会交通管制措施，全市交警全员上岗加强指挥疏导。为应对轨交大客流，交通部门设置了分流短驳线，可以将人流从2、10、17号线分流到9、12、13号线。上海还增加了地面公交、出租车、定制巴士和团队大巴，以满足出行需求，同时鼓励交易团采取团队大巴的出行方式。

据周波介绍，2018年9月底上海已全面完成进博会场馆改建和景观提升工程，整体风格凸显"大国风范、海派韵味"。在城市服务方面，上海紧扣"迎、行、住、食、转"五个环节，制定嘉宾团组"一团一方案"，全面加强住宿保障和餐饮保障。上海还联合长江三角洲兄弟省市共同组织5438名志愿者，建立315个城市志愿服务站和近250支志愿服务队，2018年10月23日起统一着装上岗提供志愿服务。

周波表示，目前全市763项绿化提升和环境整治项目全面完成，黄浦江20公里岸线景观照明全面提升，四座跨江大桥集体"换装"，市区及场馆周边等地70公里架空线全部入地，上海灯景夜景更加靓丽，绿化彩化更加丰富，道路街角更加整洁，城市焕然一新迎接进博会召开。

(资料来源：《新民晚报》2018年11月3日)

问题：请结合案例讨论举行此次新闻发布会的必要性及新闻发布的主要内容。

9.2.2 展览会

举办展览会一般要注意会前的准备、会场的组织、会后的评估工作。

1. 展览会的组织

1) 确定主题。只有明确了主题，才能使图、文、物的组合更加有针对性，才能使展示活动的整体效果得以体现。主题要写进展示计划，并且成为日后评价效果的依据。确定了主题，就要围绕主题进行准备。

2）编辑。依据主题进行整体展示活动的规划和构思。与演戏一样，展示活动是利用展览会这一舞台来演企业形象这出戏。因此，需要有专人对展品、图文等进行编辑，撰写出展览脚本，整个展览会各部分之间如何衔接，会标和主题画设计等，也都要有专人负责。

3）搜集实物和有关资料。组织人员根据展览大纲要求，搜集实物及有关资料。

4）确定展品排列方式，并画出展板小样。

5）进行展板版面上文字图表的制作、图片的裱贴和版面的美化。

6）撰写解说词。解说词要写得具体、精练。撰写好后，交各解说员，要求他们正确流利地讲解展览内容。

7）预算展览会的费用开支。一个展览会的费用通常包括场地费用、设计和布置费用、工作人员的费用、联络费及交际费、广告费、印刷品费、运输费、保险费等。应根据展览会所要达到的效果来考虑花费的标准。

2. 举办展览会应注意的问题

1）确定参展单位、参展项目和展览会的类型。可以采取广告和给有可能参展的单位发邀请信的方法吸引单位参展。广告和邀请信要写清楚展览会的宗旨、展出项目类型、对参观者人数和类型的预测、展览会的要求和费用等，应给潜在的参展单位提供决策所需的资料。

2）选择展览会的地点。在地点的选择上，首先考虑的是方便参观者，如交通方便，易寻找等；其次，要考虑展览会场馆周围环境是否与展览会主题相得益彰；最后，要考虑辅助设施是否容易配备和安置等。

3）培训工作人员。展览会工作人员的素质和展览技能的掌握，对整个展览效果产生重要影响。必须对展览会工作人员如讲解员、服务员等进行良好的公关训练，并对每次展出的项目进行最基本的专业知识培训，以满足展览会的要求。

4）成立专门对外发布新闻的机构。专门的机构要负责制订新闻发布的计划和组织实施计划，负责与新闻界联系的一切事务。

5）准备展览会所需的各种辅助宣传材料。例如，拍摄幻灯片和录像、制作各种小册子和目录等。

6）准备展览会的辅助设备和相关服务。例如，处理对外贸易业务的部门、附设产品订购的接洽室以及文书业务、邮政、检验、海关、交通运输、停车场等。在入口处应设置咨询台，贴出展览场馆平面图，作为参观指南。

7）设计制作展览会徽志，备好展览会纪念品，提前印好入场券并分发出去，准备好售票的地点和窗口等。

3. 展览会效果的评估

展览会结束后，要测定展览的实际效果。

1）举办有奖测验活动。试题的内容可根据展览的内容有重点、有选择地确定，可以有填空题或问答题，当场测验，当场解答，然后根据成绩，当众发送奖品。这既活跃了展览气氛，也起到了宣传教育的作用，也为测定展览效果提供了统计的依据。

2）设置观众留言簿，主动征求观众意见。

3）举办观众座谈会，请观众畅谈观后的感想和意见。

4）登门访问。

5）发出问卷，进行问卷调查。

通过这些活动，对展览会进行效果测定，同时也了解了公众对主办单位的意见和建议，为今后举办展览会提供参考。

9.2.3 庆典活动

1. 庆典活动的组织步骤

1）庆典策划。确定来宾及发放请柬。来宾包括政府官员、地方实力人物、知名人士、新闻记者、社区公众代表、客户代表或特殊人物等。总之，来宾要具有一定的代表性。发放请柬的要求：请柬需提前7~10天发放。对重要来宾除发放请柬外，组织者当天应电话致意，并于庆典的前一晚再电话联系。

2）设计庆典活动程序。一般程序：主持人宣布庆典活动开始；介绍来宾；由组织的重要领导或来宾代表讲话；安排参观活动；安排座谈或宴会；邀请重要来宾留言或题字。

3）落实致辞人和剪彩人。致辞人和剪彩人分己方和客方。己方为组织最高负责人，客方为德高望重、社会地位较高的知名人士；选择致辞人和剪彩人应征得本人同意。

4）编写宣传材料和新闻通信材料。列出庆典主题、背景、活动内容等相关材料，将材料装在特制的包装袋内发给来宾。对记者，还应在其材料中添加较详细的资料，以方便记者写新闻稿件。

5）庆典活动的接待工作。设置接待室；对所有来宾，都应热情接待，耐心服务；对重要来宾，要由组织领导亲自接待；来宾的签到、留言、食、宿均应由专人负责。

2. 庆典的注意事项

庆典活动既是社会组织面向社会和公众展现自身的机会，也是对自身的领导和组织能力、社交水平以及文化素养的检验。因此，举办庆典活动时，公关人员应做到准备充分，接待热情，头脑冷静，指挥有序。一般说来，庆典活动应注意以下事项。

1）确定庆典活动主题，精心策划安排，并进行适当的宣传。

2）拟定出席庆典仪式的宾客名单，一般包括政府要员、社区负责人代表、同行代表、员工代表、公众代表、知名人士、社团。

3）拟定庆典程序，一般为：签到、宣布庆典开始、宣布来宾名单、致贺词、致答词、剪彩等。

4）事先确定致贺词、答谢词的人名单，并拟好贺词、答谢词，贺词、答谢词都应言简意赅。

5）确定关键仪式人员，如剪彩、揭牌、托牌等；除本单位领导外，还应邀请德高望重的知名人士。

6）安排各项接待事宜，事先确定签到、接待、剪彩、摄影、录像等有关服务礼仪人员。

7）可在庆典活动中安排节目，如舞龙等；还可邀请来宾题词，以作为纪念。

8）庆典结束后，可组织来宾参观本组织的设施、陈列等，增加宣传的机会。

9）通过座谈、留言形式，广泛征求意见，并综合整理、总结经验。

以上是举办庆典活动所要注意的一般事项。实际上，庆典活动中还有一些细节问题需要注意，下面仅举两例加以说明。

1）国旗悬挂。国旗是一国的标志和象征，人们往往通过悬挂国旗表达对本国的热爱和对他国的尊重。在国际交往中的悬旗惯例，已为各国公认，成为一种重要的礼宾仪式。接待国宾时，通常要在国宾下榻的住所和交通工具上悬挂该国国旗；两国国旗并挂，以旗本身面向为准，右挂客方国旗，左挂主方国旗；车上挂旗，则以车辆行驶方向为准，司机左方为主方，右方为客方。在国际会议会场也要悬挂与会各国国旗。悬挂国旗的一般规定是日出升旗，日落降旗；悬挂双方国旗，左为下，右为上；升旗时，服装整洁，立正，脱帽，行注目礼。如遇外国元首或政府首脑逝世，一般在特定建筑物上降半旗致哀，通常的做法是先将旗升至杆顶，再下降至离杆顶相当于 1/3 的地方。

2）签字仪式。签字是一种常见仪式，作为组织中负责对外交往和礼宾的公关人员，应当熟悉签字仪式的程序。签字时，双方签字人的身份应大体相同。安排签字及签字仪式是一项细致的工作。首先，要做好文本的定稿、翻译、校对、印刷、装订、盖火漆印等工作；其次，准备好签字用的文具、国旗等物品；最后，与对方商定签字人员及参加签字仪式的人员，原则上是双方参加会谈的人员出席，或者是为表示重视，安排较高级别的领导人出席签字仪式。签字后，由双方签字人员互换文本，相互握手，有时还备有香槟酒，以示庆贺。

9.2.4 赞助

1. 赞助活动的程序

赞助活动需要认真策划和精心组织，才能收到预期的效果。一般的组织步骤是：

1）项目选择。选择赞助项目有两种情形，一种是应邀赞助，有关方面提出赞助邀请，赞助单位做出反应；一种是对信誉投资市场进行调研，主动提出赞助项目。赞助项目的选择，需要对赞助项目目标方向进行细致的分析，对赞助效益进行科学的预测。在深入调查和分析的基础上，确定赞助方针、策略和具体项目。

2）计划制订。项目一经确定，就要制订一个详尽的赞助计划，包括赞助项目内容、赞助方式、经费预算及组织实施。

3）项目审核。赞助项目在实施之前，要组织有关领导、专家或由专门的赞助审议委员会进行审核评定，审核重点是赞助的可行性及有效性。审批赞助计划，确定赞助数额、时机和方式。

4）具体实施。应当有专门人员组织赞助的实施，按照预定方案，逐项进行落实。除了直接参与组织活动外，还要充分利用现代传媒，对赞助活动的目的、意义、具体项目进行宣传，扩大赞助活动的影响。

5）效果测评。就是赞助活动完成后，对活动效果进行调查测评。对照活动方案，检查项目的落实情况，跟踪赞助活动的影响和效果。对效果不明显的，要进行原因分析，吸取教训，以便改进。

2. 赞助的注意事项

组织策划赞助活动，要注意以下几个问题：

1）注重社会效益。赞助活动是一种讲求社会效益的活动。通过活动开展，树立形象，扩大影响，培养感情。在赞助项目的选择上，要优先考虑慈善事业、社会福利事业、教育事业的赞助。不能在实施赞助过程中追求商业目的，与对方讨价还价，夹带其他的商业目的，如推销产品、附带交换条件等。

2）选择适当时机。赞助活动有一个利用时机和选择时机的问题。可以利用一些重大活动、重要节庆进行。例如，利用教师节奖励教师，利用重阳节赞助敬老活动，利用环保日赞助环保活动等。

3）运用恰当方式。赞助的方式有很多，采用哪种方式最恰当，效果最好，需要慎重选择。根据对赞助数额的承受能力，可以选择冠名权等影响较大的方式。其他如署名权、广告权、登载鸣谢等方式，也能收到较好的效果。

4）遵守赞助礼仪。赞助活动中要遵守一定的规范，按照规范举行赞助捐赠仪式。商讨赞助事宜时，要充分协商。不能财大气粗，漫天要价，条件苛刻，让人难以接受，甚至闹出不愉快的事情。对明显不能满足要求的征募者，应当坦诚相待，解释清楚政策或条件的限制。

9.2.5 开放参观

组织的对外开放参观，既是一种很好的公关活动，也是一项很繁杂的工作。应做好以下几方面的工作。

1）对外开放参观的目的。任何一次对外开放参观活动都应有明确的目的。公关人员要搞清楚通过参观活动可以达到怎样的效果，让观众留下怎样的印象，是否有真正值得报道的材料。

2）对外开放参观的规模。参观活动开展之前要确定规模的大小，从而做出相应的安排。如果只是少数几个人参观，可以陪同他们到几个部门去，并介绍情况，赠送资料和纪念品等；如果是较大规模的团体参观，最好制订一个计划，安排好接待次数、每次参观人数和开放时间等。一次接待15个人比较恰当。每天接待2~3次，有专人伴随进行讲解介绍，回答参观者所提出的问题。

3）对外开放参观的时间。不但要考虑开放参观的时间，也要考虑整个参观活动所需的时间。开放参观的时间最好安排在一些特殊的日子，如周年纪念日、企业开工日、节日等。例如，上海电视台每逢元旦、中秋节、春节便邀请职工家属来电视台参观，令其为自己的亲属在这里工作而感到骄傲，也使他们支持并协助该台职工完成工作。要有足够时间准备对外开放参观活动。规模较大的开放参观活动需要3~6个月的准备时间，如果还要准备大规模的展览会，编印纪念册或准备其他特别节目等，则需要的时间更多，这时就需要注意时间安排的合理性，尽量避开假期，并考虑好天气、季节的变化等。

4）对外开放参观的人员安排。从形成开放参观的构想起一直到活动的结束，都应有高层主管人员参与其中。组织大型的参观活动，最好成立一个专门的活动筹备委员会。委员会成员应包括企业领导、公关人员、行政和人事部门人员等。还要根据参观的不同目的，选择不同的人参加，如果参观的目的是强调服务或产品，还要邀请销售部门人员参加。

5）宣传材料。要想使开放参观获得成功，最重要的是做好各种宣传工作，准备一份简单易懂的说明书或宣传材料，发放给参观者。

6）划分参观线路。提前拟定好参观线路，防止参观者越过参观所限范围，出现不必要的麻烦和事故。有些组织的主管人员往往顾虑开放参观活动会使某些秘密技术或某些制造过程的细节泄露，其实，只要安排得当、向导熟练，就可以防止泄露事件。因此，不必在这方面有过多的顾虑。

7）做好接待服务工作。对参观者应热情周到地做好接待工作，如安排合适的休息场所和备好茶水饮料；需要招待用餐的，也要事先做好安排；如果邀请的对象有儿童，更要特别小心，要准备点心、休息场所、必要的盥洗设备等，也可赠送一些印有介绍组织材料的玩具。

本章总结

本章主要介绍了公共关系专题活动的类型与特征；公共关系专题活动策划的内容及实施的程序；公共关系专题活动的组织与实施。

公关专题活动主要有新闻发布会、展览会、庆典活动、赞助、开放参观等。每一种专题活动表现形式及特点不同，但具体策划时所涉及的内容及实施程序都是一致的。方案形成后的具体组织与开展要根据各专题活动的特点而定。

知识及技能检测

一、名词解释

1. 公关专题活动
2. 新闻发布会

二、选择题

1. 展览会的特点有（　　）。
    A. 综合运用多种传播手段，能给观众留下深刻印象
    B. 效率高，省时省力
    C. 正规隆重
    D. 传播迅速
2. 开放参观活动的作用有（　　）。

A. 提高社会组织的透明度　　　　B. 增加社会组织的"人情味"
C. 为组织与公众直接沟通提供机会　D. 消除公众对组织的误解或疑虑

3. 组织举行新闻发布会时对于不愿发表和透露的内容，不应该出现的表述有（　　）。
   A. 我不清楚
   B. 这是保密的问题
   C. 对不起，这个问题正在调查中，一旦有结果立即通报给各位
   D. 没什么好解释的

三、实训题

1. 项目：新闻发布会的组织与实施。
2. 目的：掌握新闻发布会的会前准备、会中组织及会后的整理工作。
3. 内容：××牌手机发布会。
4. 组织：
   1）全班同学分成2～3组，指定一名组长。
   2）请各组分别制订新闻发布会的程序，并挑选主持人和发言人，撰写发言提纲。
   3）会场布置。
   4）一组在模拟时，其他各组成员扮演各新闻单位，并挑选记者进行提问。
   5）各组对本次活动进行总结，指导老师点评。
5. 考核：主要考核新闻发布会的程序及注意事项，作为一次大作业，老师分别给出分数计入学生平时成绩。

拓展阅读

首届中国国际进口博览会配套现场活动方案

为做好首届中国国际进口博览会（以下简称进口博览会）配套现场活动有关工作，提升展会成效，制定如下方案。

一、基本思路

以习近平新时代中国特色社会主义思想为指导，聚焦"不一般"，紧扣首届进口博览会目标定位，对标国际一流展会的经验做法，着眼于丰富展会功能、提升展会价值、促进展会成交，充分利用博览会资源，发挥各方积极性，组织开展高层次、高水准、高质量的配套现场活动，努力将进口博览会办成国际一流博览会，促进持续健康发展。

二、主要原则

（1）紧扣大会定位，凸显国际化特色　紧扣进口博览会开放型合作平台、国际公共产品、对外开放标志性工程的定位，结合展商展品"双境外"特点，在活动筛选、嘉宾观众邀请、政策支持等方面体现国际化要求。

（2）兼顾各方需求，突出重点活动　既要合理满足参展商、采购商、中介组织等各方需求，又要兼顾活动的政策性、公益性和商业性，兼顾活动容量与硬件承载、安保要求的平衡。围绕进口博览会的主题定位，重点安排政策解读、交易促进、新品发布等直接提升展会价值的活动。

(3) 积极探索创新，打造亮点活动　积极利用新理念、新业态、新模式，促进现场活动设计创新、实施创新、管理创新。充分利用现代信息技术和科技手段，推动组织、实施、宣传等环节的信息化智能化，优化活动体验，提升活动成效。

(4) 分类组织报批，统一排期实施　结合博览会筹办工作实际，筹委会办公室秘书处、招商指导组、进口博览局分工筛选报批确定相关活动；进口博览局和国家会展中心（上海）统一排期，对接落地实施工作。

(5) 加强活动审查，明确相关责任　按照"谁主办、谁负责""谁报批、谁负责"的原则，明确现场活动责任。加强对现场活动主办方、承办方、活动内容、观点言行的提前审查和现场监测，制定完善应急预案。上海市要加强监控，严厉打击场馆外假借进口博览会名义开展活动等不法行为。

三、总体安排

(1) 控制总量　为体现进口博览会的目标定位，确保现场活动的质量，坚持优中选优、重点突出、防止活动过多过滥等原则，结合场馆内可使用的场地资源，将活动总量控制在一定规模。相关场地资源主要包括6类56处，总体特点是数量不少、但适合大型活动的场地不多，与现实活动需求存在结构错配。可举办300人以上大型活动的只有8处：中央广场、主论坛场地、平行论坛4个场地、东厅/虹馆、洲际酒店大宴会厅。另有可用会议室48间，其中场馆内30间，配套办公楼18间；按每2平方米1个人计算，48间会议室中，可容纳50至120人的40间，可容纳180至270人的8间。

(2) 优化结构　对标国际一流展会的经验做法，以满足展商客商需求、增进国际交流、扩大展会成交为导向，优先安排服务于推进新一轮高水平对外开放和扩大进口的政策解读类活动；优先安排促进博览会成交的供需对接、签约仪式、世界500强和行业龙头企业新产品新技术新概念发布等活动；优先安排在招展招商工作中发挥重要作用的境内外机构和企业、博览会合作伙伴和赞助商主办的活动；优先安排展览行业相关活动。以上活动总量占比不低于80%。一般的公益性论坛、招商引资等活动，总量从严控制。对相关单位借势主办的商业性盈利活动，原则上不予安排。

(3) 主要类型　根据调研，首届进口博览会配套现场活动可分为六大类：一是餐会酒会活动，包括工商界开幕晚宴、早餐会、午餐会，商业酒会等形式；二是发布互动类活动，包括参展企业新产品新技术新概念发布会、品牌推介会、时装走秀、专业比赛、产品体验等形式；三是论坛活动，包括政策解读、权威发布等形式；四是对接签约活动，包括供需对接会、采购签约等形式；五是国别主题活动，包括国别商品、服务、文化推介等形式；六是线上购物活动，由知名电商等渠道配合开展首届进口博览会同款产品线上同步发售活动，提升场外消费者的参与感和获得感。

(4) 工作分工

1) 国家展参展国（地区）、参展国际机构、有重要影响力的国际组织、筹委会成员单位主办的配套活动，由筹委会办公室秘书处汇总，会同进口博览局提出安排意见后报批。

2) 各省、自治区、直辖市、计划单列市人民政府和新疆生产建设兵团（各地方交易团）、中央企业交易团及各分团，在采购商组织工作中发挥重要作用的行业组织和企业主办的配套活动，由招商指导组汇总，会同进口博览局提出安排意见后报批。

3）世界500强或行业龙头参展企业、在招展招商工作中做出重要贡献的机构和企业、进口博览会合作伙伴和赞助商主办的活动以及其他重要活动由进口博览局汇总、确定。

（5）收费原则　原则上所有活动均按市场化原则收费，可视情对部分活动减免费用。

1）对与进口博览会密切相关的、纯公益性质的政策解读等类别活动，国家展参展国（地区）、参展国际机构、有重要影响力的国际组织、筹委会成员单位主办的活动，以及最不发达国家和部分发展中国家主办的活动，从严控制视情减免费用。由筹委会办公室秘书处征集，会同进口博览局提出安排意见后报批。

2）各省、自治区、直辖市、计划单列市人民政府和新疆生产建设兵团（各地方交易团），中央企业交易团及各分团、行业组织主办的活动（不含采购签约类活动），一般按市场化原则定价收费；但属于贸易对接、签约仪式等类别活动以及与进口博览会密切相关的、纯公益性质且本身不对外收取任何赞助费、入场费等费用的活动，可视情减免费用。由招商指导组征集，会同进口博览局提出安排意见后报批。

3）世界500强或行业龙头企业、为进口博览会招展招商工作作出重要贡献的境内外机构和企业、进口博览会合作伙伴和赞助商主办的活动，以及其他重要活动，由进口博览局视情确定收费原则。

（6）工作计划

1）筹委会办公室秘书处、招商指导组、进口博览局按照分工征集报批确定相关活动，2018年6月底前完成。

2）进口博览局牵头，确定现场活动排期及场地分配，2018年7月底前统一对外公布。

3）进口博览局设立专门的现场活动工作组，具体指导各主办方做好现场活动的实施工作。

（资料来源：中国国际进口博览会官网　2018年11月2日）

第10章 公关危机与危机公关

■ 学习目标 ■

知识目标：了解公关危机的概念、特点、发展过程，掌握公关危机处理及公关危机预防举措。

技能目标：能够独立或与他人一起处理公关危机，根据组织的情况提出公关危机预防举措并参与实施。

引 例

《开学第一课》变成"广告第一课"？央视道歉后，刚刚教育部也回应了

2018年9月2日，中央电视台广告经营管理中心向公众道歉：

"诚恳道歉！

9月1日晚，央视综合频道《开学第一课》播出前广告太多，影响了家长和同学们准时收看。谨向家长和同学们表示诚挚歉意！

感谢您的关心！我们将不断改进工作，更好地为观众服务。

中央电视台广告经营管理中心
2018年9月2日

"我们正在与央视方面联系，教育部只参与了（《开学第一课》）节目本身的制作，节目编排等其他事情我们还不太清楚。"2018年9月2日午间，教育部新闻发言人续梅回应道。

2018年9月1日，全国中小学生及其家长，按照教育部门的统一要求，在当日20:00，坐在电视机前统一收看中央电视台一套播出的《开学第一课》。《开学第一课》是教育部与中央电视台合作的大型公益节目，自2008年起，于每年新学年开学之际推出。然而，直到当晚20:13，学生和家长们才看到《开学第一课》节目的播出。在这之前，电视台播出了十几分钟的商业广告。

此事迅速引起了家长和社会公众的关注和讨论，比较普遍的一种看法是，"诚信是当学生乃至为人处世的最重要的原则之一，《开学第一课》严重不守时，实际上是做了最坏的榜样"。

对于这一问题，教育部新闻发言人续梅在接受经济观察报记者采访时，做了前述的解释。同时，对于播出时间是由教育部或是央视哪一方决定的提问，续梅回答说："往年《开学第一课》都是在晚上8:00播出，据央视方面反馈，今年是有'特殊情况'，前面的《新闻联播》已经超了二十几分钟，所以后面的节目都相应延后了。"

（资料来源：江苏新闻广播 2018年9月2日）

案例分析：央视由于在《开学第一课》节目正式播出前播出了十几分钟的商业广告而遭到了很多家长和同学的质疑与批评，不得不向全国观众道歉，而教育部作为这一档节目的制作方也不得不出面进行解释。由此可见，任何组织在正常运营的过程中都有可能出现或大或小的过错或危机，出现此类状况后要及时解决才能挽回形象甚至损失。

10.1 公共关系危机概述

现代组织是一个开放的系统，它与社会上的其他组织、群体与个人之间有着千丝万缕的联系和相互影响。组织在发展的过程中，面临着各种公众，必然存在着种种利益差别，因此就有可能出现不同的纠纷与冲突，甚至出现突发事件，另外突然发生的自然灾害也有可能造成组织的公关危机。

10.1.1 公共关系危机的概念及特征

1. 公共关系危机的概念

危机的英文单词是"Crisis"，在汉语里，危机的书面意思是紧急困难的关头。公共关系危机是指由于某些人为的或非人为的突发事件及重大问题的出现，打破了组织正常的有序运转状态，使组织声誉和利益受到损害，甚至遭遇生存危险，从而不得不面临和处理的一种紧张状态。

2. 公共关系危机的特征

公共关系危机一般具有如下特征。

（1）突发性 一切突发事件都具有突然性。它们一般是在组织毫无准备的情况下转瞬之间发生的，往往给组织带来各种意想不到的困难。特别是那些由于组织外部原因造成的危机，如自然灾害、国家政策的变革等，往往是组织始料未及并难以抗拒的。

（2）严重危害性 危机事件一般会给组织带来较大的危害，它会破坏组织的形象，影响组织的正常经营，给组织带来严重的形象危机及巨大的经济损失，同时也可能给社会造成危害。

（3）舆论的关注性 危机事件的爆发最能刺激人们的好奇心理，常常成为人们谈论的话题和新闻界关注的焦点、热点，成为媒体捕捉的最佳新闻素材和报道线索，有时甚至会在世界上引起极大的关注。

（4）不规则性 对组织来讲，每次发生的危机表现形式可能都不一样，产生的原因也不会完全相同，危机造成的损失也会出现差异，解决的方式方法也没有固定的模式。

10.1.2 公共关系危机的类型

公共关系危机根据不同的标准可划分为不同的类型。

1. 从危机存在的状态看

（1）一般性危机　主要是指常见的公共关系纠纷。从某种意义上说，公共关系纠纷还算不上真正的危机，它只是公共关系危机的一种信号、暗示和征兆。只要及时处理，做好工作，公共关系纠纷就不会转向公共关系危机，以至于造成危机局面。

（2）重大危机　主要是指组织的重大工伤事故、重大生产失误、火灾造成的严重损失、突发性的商业危机、大的劳资纠纷等。它是公共关系从业人员面临的必须及时处理的真正危机。例如，产品或企业的信誉危机、股票交易中的突发性大规模收购等，公关人员必须马上应付处理，最好在平时就有所准备。

2. 从危机同企业的关系程度以及归咎的对象看

（1）内部公关危机　发生在企业内部的公共关系危机称为内部公关危机。内部公关危机发生在企业之内；或者，这种危机的发生主要是由该企业的成员直接造成的，危机的责任主要由该企业内部的成员承担。

（2）外部公关危机　外部公关危机是与内部公关危机相对而言的。它是指发生在企业外部，影响多数公众利益的一种公关危机。

从这一角度具体划分公关危机的类型时，内部和外部是相对的。因为有些公关危机的发生，内部和外部原因都有，所承担的责任大小也相差不多。故对具体公关危机的划分与处理必须具体分析，恰当处理。

3. 从危机给企业带来损失的表现形态看

（1）有形公关危机　这种危机给企业带来直接而明显的损失，凭借肉眼即可观测到这些损失。例如，房屋倒塌、爆炸、商品流转中的交通事故等造成的人员伤亡或财产损失。

（2）无形公关危机　给企业带来的损失表现得不明显的危机，称为无形公关危机。给任何一个企业的形象带来损害的危机，皆属于无形公关危机。如果不采取紧急有效的措施阻止，已受损害的企业的形象将使企业蒙受更大的损失。

4. 从危机的外显形态看

（1）显在危机　显在危机是指已发生的危机或危机趋势非常明朗，爆发只是个时间问题。

（2）内隐危机　内隐危机指潜伏性危机。与显在危机相比，内隐危机具有更大的危险性。

除上述公共关系危机的类型外，还可以依据公共关系危机的性质，将它分为突变性危机、商誉危机、经营危机、信贷危机、素质危机、形象危机等。

▶ **案例讨论 10-1**

根据以上公共关系危机的划分，请分析本章引例中中央电视台面临的危机属于哪一种？

10.1.3 公共关系危机的发展过程

危机的发展一般要经历潜伏期、爆发期、处理期和恢复期 4 个阶段。

1. 潜伏期

潜伏期是危机发生前的阶段，在这一阶段，某些导致日后危机爆发的因素已经悄悄产生。如果这些因素不能及时发现，或者已经有迹象，但遭到忽视或没有引起足够的重视，那么这些危机源就会迅速扩展，最后引发危机。例如，在"三聚氰胺"事件中，危机爆发前，在奶源中添加"三聚氰胺"的事实已经存在，如果及时发现这个问题并采取合理措施来处理，可能这场波及整个乳制品行业的危机就不会发生了。所以作为组织要经常性地进行调查，了解组织各方面的状态并进行有效评估，及时发现问题及时解决，防患于未然。

2. 爆发期

如果组织存在的问题一直没被发现，或没有给予重视，接下来就会出现某个"突发事件"使危机完全明朗化，便进入了危机爆发阶段。如果在爆发前，能对危机有所预见并做了适当的应急准备，还能对危机可能爆发的速度、强度、方向和时间进行控制干预，一旦发生危机，可以迅速控制危机，尽量减少损失。但是，危机一旦爆发就会带来较为严重的后果。例如，在大众汽车集团的"尾气排放作弊"事件中，相关产品要更新并停止销售，还面临相关国家政府部门的追责、消费者的投诉等，形象受损，组织陷于极大的困难之中。在爆发期，组织要冷静、镇定，针对危机，立即成立公关危机处理小组，讨论并制订行之有效的公关举措，及时处理，尽量降低组织所遭受的损失，挽回形象，争取化"危"为"机"。

3. 处理期

这是组织采取各种措施来解决危机的时期，在这一阶段，处理危机的部门和人员要专心应对危机事件。既要在最短的时间内，在紧急状态下做出正确的决策，又要采取果断的行动将决策付诸实施。例如，大众汽车集团对相关汽车的更新、停止销售，与各国政府的沟通，举行媒体见面会等。

4. 恢复期

危机事件发生后，除了给组织造成人、财、物等方面的有形损失外，也会给组织带来诸多信誉、形象等方面的无形损失。在这一阶段，组织除了按规定或政策要求，进行物资方面的赔偿、重建工作外，还应特别注意在公众面前如何重塑形象，恢复信誉的问题，通过自我分析、自我检讨，采取补救措施以恢复组织形象。恢复期的长短以及恢复的效果好坏，要看组织采取的补救措施是否果断、正确。

案例讨论 10-2

二更食堂账号关停

因为"5·6郑州空姐打车遇害案"而陷入危机的企业不止"滴滴"一家,一些自媒体也因为不当言论陷入舆论深渊。

2018年5月11日,二更网络旗下的自媒体"二更食堂"在头条推文中,因为对此事件采用不恰当的语言描述,引发网友强烈反感和讨伐。

随后,二更食堂CEO李明发布致歉声明,向受害人及公众致歉。然而这则道歉声明并没有获得网友的谅解,反而让二更食堂在舆论声中越陷越深。

2018年5月14日凌晨,二更创始人丁丰出面致歉声明,并宣布最终的决定。致歉信内容如下:

所有关心二更的朋友们:

过去的两天,我经历了人生中最痛苦的时刻。我们犯了一个令人非常痛心的错误,这个错误给社会造成了极其不良的影响。

在此,我再次向受害者家属、社会公众、二更用户真诚道歉,对不起,我们真的错了。

两天来,我们公司内部进行了该事件的彻底调查,要求二更食堂运营团队深刻检查和反省,发现此次事件深层次的原因,在于二更食堂运营团队在价值观导向上出现了偏差,内容审核机制存在漏洞,运营负责人缺乏应有的管理意识,把关不严,才造成如此严重的后果。

两年多前,二更网络收购了女性情感自媒体深夜食堂(后更名"二更食堂")公众号,该公众号成为二更旗下一个独立运营的子品牌,二更食堂创始人李明同时担任二更网络CEO一职。对于此次事件,作为二更食堂的直接负责人,李明非常愧疚和自责。

在这里,我们做出以下几项决定:

一、永久关停二更食堂公众号及其他所有平台的二更食堂账号。

二、免去李明在二更网络公司担任的一切职务。

三、根据停职检查的情况,解除此次事件相关运营责任人的劳动合同。

四、我们深刻反思此次事件,吸取教训,严格完善二更旗下所有内容生产流程机制,强化所有内容生产人员的社会主义核心价值观建设,加强内容审核力度和岗前培训,健全责编负责制,确保用正确的价值观引导和传播正能量的内容。

这两天,我彻夜未眠,痛苦反思。

作为一个传统媒体出身的创业人,我的初心是做一家对社会有价值、有贡献、有责任的企业。此次事件,对我个人来说,是创业历程中最痛苦的经历,愧对三年来一直支持和帮助二更成长的朋友们!它将时刻提醒我,任重道远,不忘初心。

做有温度的内容,传播正能量,这是二更永远不变的使命,犯了的错误,我们改正,该负的责任,我们承担。真诚欢迎社会各界人士一起监督、促进二更健康成长。

二更创始人 丁丰 2018年5月13日深夜

随着二更食堂全平台的永久关停及CEO李明的免职,整个事件才告一段落。

(资料来源:搜狐网 2018年7月12日)

问题:请结合案例分析二更食堂公关危机的发展过程。

10.2 危机公关

每一个组织都处在社会环境和自然环境之中,可能发生的公关危机会严重损害组织,甚至危及组织的生存与发展,这就需要组织积极面对,妥善处理出现的危机事件,使组织重新获得公众信任和支持,以保证组织的生存与发展。

10.2.1 危机公关的概念

1. 危机公关的概念

危机公关(Crisis Public Relations),即公关危机处理或称危机管理(Crisis Management),是指组织调动各种可利用的资源,采用各种可能或可行的方法和方式,预防、限制和消除危机以及因危机而产生的消极影响,从而使潜在的或现存的危机得以解决,使危机造成的损失最小化的方式和行为。

2. 危机公关的意义

作为公共关系与管理学结合的产物,危机公关被各类社会组织所重视并广泛采用,作为危机事件发生以后的应急机制,危机公关具有以下意义:

(1)妥善处理危机可以减少组织的损失 妥善处理危机事件,迅速控制事态的发展,可把组织遭受的损失降到最低,这对于组织事后恢复运营有很大帮助。

(2)妥善处理危机可以维护组织的形象 组织形象是组织的重要资源,无论是纠纷事件,还是突发事件,都会给组织带来一定的形象损失。危机处理得当,可以挽回形象损失,甚至能够提升组织形象。

(3)妥善处理危机可以增强内部团结,提高组织内部员工的凝聚力 处理危机事件不仅是对组织凝聚力的检验,也是加强内部团结的好时机。

(4)妥善处理危机可以获取和创造新的机会 危机事件的妥善处理不仅可以降低组织所遭受的损失,还有可能使组织化"危"为"机",创造新的市场机会。例如,推出新产品或开拓新市场等。

10.2.2 危机公关的原则与措施

危机公关的成败取决于组织在处理时原则把握是否正确,措施是否得当。

1. 危机公关的原则

著名公关顾问专家游昌乔先生通过 10 年积累,创造出危机公关 5S 原则,成功帮助众多企业从容应对危机,化危为机。

(1)承担责任原则(Shoulder the Matter) 危机发生后,公众会关心两方面的问题:一方面是利益的问题,利益是公众关注的焦点,因此无论谁是谁非,企业应该承担责任。即使受害者在事故发生中有一定的责任，企业也不应首先追究其责任，否则会各执己见，加深矛盾，引起公众的反感，不利于问题的解决。另一方面是感情问题，公众很在意企业是否在意自己的感受，因此企业应该站在受害者的立场上，对其表示同情和安慰，并通过新闻媒介向公众致歉，解决深层次的心理、情感关系问题，从而赢得公众的理解和信任。实际上，公众和媒体往往在心目中已经有了一杆秤，对企业有了心理上的预期，即企业应该怎样处理，大家才会感到满意。因此企业绝对不能选择对抗，态度至关重要。

（2）真诚沟通原则（Sincerity） 企业处于危机漩涡中时，是公众和媒介的焦点。企业的一举一动都将受到质疑，因此千万不要存有侥幸心理，企图蒙混过关，而应该主动与新闻媒介联系，尽快与公众沟通，说明事实真相，促使双方互相理解，消除疑虑与不安。

真诚沟通是处理危机的基本原则之一。这里的真诚指"三诚"，即诚意、诚恳和诚实。如果做到了这"三诚"，一切问题都可迎刃而解。

1）诚意。在事件发生后的第一时间，公司高层应向公众说明情况，并致以歉意，从而体现企业勇于承担责任、对消费者负责的企业文化，赢得消费者的同情和理解。

2）诚恳。一切以消费者的利益为重，不回避问题和错误，及时与媒体和公众沟通，向消费者说明进展情况，重拾消费者的信任和尊重。

3）诚实。诚实是危机处理最关键也最有效的解决办法。公众会原谅一个人的错误，但不会原谅一个人说谎。

（3）速度第一原则（Speed） 好事不出门，坏事行千里。在危机出现的最初12～24小时内，消息会像病毒一样，以裂变方式高速传播。而这时候，可靠的消息往往不多，社会上充斥着谣言和猜测。公司的一举一动将是外界评判公司如何处理这次危机的主要根据。媒体、公众及政府都密切注视公司发出的第一份声明。对于公司在处理危机方面的做法和立场，舆论赞成与否往往都会立刻见于传媒报道。因此公司必须当机立断，快速反应，果决行动，与媒体和公众进行沟通。从而迅速控制事态。否则，会扩大突发危机的范围，甚至可能失去对全局的控制。因此危机发生后，能否首先控制住事态，使其不扩大、不升级、不蔓延，是处理危机的关键。

（4）系统运行原则（System） 在进行危机管理时必须系统运作，绝不可顾此失彼。只有这样才能透过表面现象看本质，创造性地解决问题，化害为利。危机的系统运作主要是做好以下几点：

1）以冷对热、以静制动。危机会使人处于焦躁或恐惧之中。所以企业高层应以"冷"对"热"、以"静"制"动"，镇定自若，以减轻企业员工的心理压力。

2）统一观点，稳住阵脚。在企业内部迅速统一观点，对危机有清醒认识，从而稳住阵脚，万众一心，共同应对。

3）组建班子，专项负责。一般情况下，危机公关小组由企业的公关部成员和企业涉及危机的高层领导组成。这样，一方面是高效率的保证，另一方面是对外口径一致的保证，使公众对企业处理危机的诚意感到可以信赖。

4）果断决策，迅速实施。由于危机瞬息万变，在危机决策时效性要求和信息匮乏条件下，任何模糊的决策都会产生严重的后果。所以必须迅速做出决策，系统部署，付诸实施。

5）合纵连横，借助外力。当危机来临，应充分和政府部门、行业协会、同行企业及新闻媒体充分配合，联手对付危机，增强公信力、影响力。

6）循序渐进，标本兼治。要真正彻底地消除危机，需要在控制事态后，及时准确地找到危机的症结，对症下药，谋求治"本"。如果仅仅停留在治标阶段，就会前功尽弃，甚至引发新的危机。

（5）权威证实原则（Standard） 自己称赞自己是没用的，没有权威的认可只会徒留笑柄。在危机发生后，企业不要自己整天高声叫冤，而应请权威的第三方出面说话，使消费者解除警戒心理，重获消费者的信任。

2. 危机公关措施

对一个组织来讲，发生危机时必须要有良好的措施，方能化险为夷。一般来讲，危机公关应从以下几方面采取措施。

（1）成立处理危机事件的专门组织机构 处理危机事件最关键的是要镇定，不能使组织一下子陷入混乱状态，即使是灭顶之灾也应如此。当危机事件出现后，组织应首先成立由高层领导牵头的，公关部门主管具体负责的，由公关人员、相关技术人员及其他相关人员参加的专门组织机构，全力以赴投入危机事件的处理。

（2）对危机事件进行调查判断 重大事件发生后，首先应该运用有效调查手段，迅速查明情况，判断事件的性质、现状、后果及影响，为制订对策及应急措施提供依据。

1）查明事件的性质与状况。包括事件的种类，事件发生的时间、地点、原因，已经得到控制还是仍在发展等基本情况。

2）查明事件的后果和影响。例如，伤亡人数及严重程度，设施的损失状况及价值，其他受破坏的程度和范围以及已经和将会造成的后果等。

3）查明事件牵涉的公众对象。直接、间接受害的公众对象，与事件本身有直接、间接责任或利害关系的组织或个人，与事件处理有关的机构，以及新闻媒体人士等。要特别注意与事件的见证人保持联系，并谨慎处理与新闻界的关系。

（3）制订具体的处理对策 在全面调查了解危机事件的情况后，将所获取的信息进行分析整理，针对不同对象确定相应的对策。

1）与组织内部公众沟通协调的对策。包括：

①在危机初期，及时向内部员工宣布危机处理小组成员、宣布本组织对待危机的态度，并且对员工提出一些应对危机的要求。

②在危机稳定期，及时向内部公众通报危机事件的发生时间、地点、有无伤亡，以及本组织处理危机事件的基本原则、方针、具体的程序与对策。将制订的危机处理方案通告各部门及全体员工，以便统一口径、统一思想、协同行动。

③在危机抢救期，及时向内部员工通报造成危机的原因、给直接受害者造成的损失，以及受到波及的公众范围有多大、影响有多深、事态发展趋势、事态是否得到有效控制等情况。

④在危机处理末期，一方面对危机处理工作进行评估，总结经验、找出不足、奖励在处理危机事件中表现突出的有功人员，处罚危机事件的责任者，并通告有关方面；另一方面通

过危机事件教育员工，齐心协力共渡难关。

与组织内部公众沟通协调的注意事项：内部沟通要强调统一指挥、有条不紊，要做到及时、顺畅、有效，要起到稳定人心、增强信心的作用，从而充分发挥团队的作用。

2）与受害者沟通协调的对策。包括：

①企业和组织要全面了解危机，以及危机所造成的有关损失情况，并主动承担相应的责任，给公众留下一个责任感强的企业和组织形象。同时，要全面提供善后服务，以维护此时可能已经岌岌可危的公众形象。

②危机事件若造成伤亡，一方面要立即进行救护工作或进行善后处理；另一方面应立即通知其家属，并尽可能提供一切条件，满足家属的探视要求。

③要积极倾听各方面公众的意见，并合理赔偿损失。对于受害者家属的过分要求，公关人员应坚决避免在事故现场与受害者发生争辩与冲突。另外，在合适场合与相关公众研究处理问题时，也要做到有分寸地让步，应该注意拒绝的方法与技巧。

与受害者沟通协调的注意事项：

①一般来说，公众在危机事件遭受损害后，所关心的都是与其切身利益直接相关的事情，特别是经济方面的利益。所以，企业和组织应该尽量满足这些"底层次"的要求，实现其物质补偿，这样做有利于避免危机无形损失的进一步扩大。

②要委派固定的公关人员去处理危机事件。具体人数可多可少，这些人应具备的主要条件是：一要了解有关赔偿损失的文件规定与处理原则；二要善于沟通。在处理危机事件的整个过程中，企业和组织要尽快保持工作人员的相对稳定性，不要无故换人，以免引起受害者的疑虑与不安。

3）与新闻媒介沟通协调的对策。包括：

①在危机发生时，企业或组织内部一定要就如何向新闻媒介公布事故，以及公布时如何措辞等有关事项，在内部统一认识和统一口径，以免口径不一，造成不必要的疑虑与误解。

②由权威人士发言提供准确信息。一般来说，公布本企业或组织事故的时候，最好是由总负责人公布，如厂长、经理、CEO等，以示企业或组织对危机的重视程度，这样也会给公众和媒介留下较好的印象。另外，在发布信息时，一定要保证企业或组织向新闻媒介提供的信息是准确和正式的，以消除新闻媒介的无端猜疑。对于重要的事项还应该用书面材料的形式发给记者，以避免报道失实，进一步导致危机的发生。

③对于企业或组织自身来说，在事实还没有完全弄清楚之前，不要轻易对事件做出评论，也不要对危机发生的原因、损失，以及一些其他方面的任何可能性进行揣测。

④危机发生后，企业和组织要主动向新闻媒介提供真实、准确的消息，公开表明组织的立场和态度，帮助新闻媒介做出正确的报道。对新闻媒介不可采取隐瞒、搪塞、对抗的态度，不可像"挤牙膏"一样地吐露信息，对确实不便发表的信息，也不要简单地说"无可奉告"，而应说明理由，以获得新闻媒介的同情与理解。

与新闻媒介沟通协调的注意事项包括：当记者发表了不符合事实真相的报道后，应尽快向该媒体提出更正要求，并指明失实的地方；还要向该媒体提供与事实有关的资料，派主要发言人接受采访、表明立场，要求公平报道，要注意避免产生敌意。

4）与上级领导部门沟通协调的对策。包括：

危机发生之后，应及时、主动地向上级组织进行实事求是的报告，不要文过饰非，更不要歪曲事实真相。在处理危机的过程中，应该定期汇报事态发展的状况，求得上级领导部门的指导、援助和支持。

与上级领导部门沟通协调的注意事项包括：危机事件处理完毕，应向上级领导部门详细报告处理的经过、解决的方法、事情发生的原因等情况，并提出今后的预防计划和措施。

5）与业务往来单位沟通协调的对策。包括：

危机发生后，应尽快如实地向有业务往来的单位通报事故发生的消息，表明组织对该事件的坦诚态度，并以书面的形式通报正在或将要采取的对策和措施。如有必要，还可派人直接去各个单位面对面地进行沟通与解释。

与业务往来单位沟通协调的注意事项：在事故处理的过程中，应定期向有业务往来单位传达处理经过。一旦处理完毕，应用书面形式表示歉意，并向给予理解、援助的单位表示诚挚的谢意。

6）与消费者沟通协调的对策。包括：

①设立专线电话，以应付危机期间消费者打来的大量电话，要让训练有素的人员接听专线电话。

②以尊重消费者权益为前提，制订所以危机处理事件的对策和措施。

③迅速查明和判断受到危机事件影响的消费者类型、特征、数量、分布区域等情况，并通过不同的传播渠道，向消费者颁发说明事故梗概的书面材料，公布事故处理意见。

与消费者沟通协调的注意事项包括：认真听取受到不同程度影响的消费者对事故处理的意见和愿望，尤其要热情接待消费者团体的代表，如实回答他们的询问、质询。另外，还要主动及时地与消费者团体中的领导及意见领袖进行沟通、磋商；通过新闻媒体向消费者公布事故的经过、处理方法、与消费者团体达成的一致意见，以及今后的预防措施。

7）与社区居民沟通协调的对策。包括：

①道歉。例如，火灾、爆炸等突发事件给社区居民带来损失，组织应登门致歉或发表致歉广告。

②补偿。如果危机影响了社区居民，组织要进行相应的补偿。例如，造成了污染等。

③赔偿。危机给居民带来实际损失的要进行赔偿。

与社区居民沟通协调的注意事项：

①不管用哪种方式道歉，一要态度诚恳；二要鲜明地表示愿意承担责任；三要表明知错就改的态度。

②经济补偿、赔偿问题处理起来难度较大，应委派有相关经验的人员，代表社会组织与社区居民沟通，尽量达到社区居民的满意，使社会组织的形象损失控制在最低限度。

10.2.3 危机公关的注意事项

在公关危机的处理中，除遵循5S原则，针对不同公众采取相应措施外，以下几项是需要重点注意的。

(1) 保持镇定，判明情况　危机一旦发生，组织的状态就会比较糟糕，这时更需镇定、冷静，只有这样才能做出比较理性的决断，采取合理的措施。

(2) 谨慎从事，坚决果断　在处理危机的过程中，要综合分析各种信息，讨论决策，并对做出的决策坚决贯彻。

(3) 尊重理解，平衡各方关系，稳定局势，换回影响　危机处理中，与主要公众之间的关系会恶化，这时要理解主要公众的做法或说法，并积极进行沟通与交流，缓和与公众之间的关系。

(4) 及时报道，实言相告，争取主动　危机处理过程中，要遵循诚实原则，实事求是，不可故意隐瞒，并争取借助媒体及时把相关信息传达给相关公众。

(5) 注意措辞，统一口径　危机发生后，组织内部要立即召开会议，通告相关情况，要求全体员工统一口径，并注意措辞。

(6) 团结协作，齐心协力　在危机处理过程中，要全员参与，每个员工都要尽心尽力。

10.2.4　危机公关实例分析

蓝色光标"3·15辞退门"事件

2018年3月15日，一篇名为《蓝色光标，所谓亚洲最大公关公司，如此坑害老员工，良心真的不会痛吗？》的文章在微信朋友圈中传播。文章作者称，自己是在蓝色光标公司工作两年多的老员工，被公司威胁辞退，且无法获得被辞退员工应有的补偿。

一石激起千层浪，这件事不仅引发公关行业内外人们的广泛关注，蓝色光标这家公关公司，也从幕后被推到了台前，成为"3·15"当天备受关注的企业。

当天下午18:00左右，在双方当事人的协商下，作者删除相关文章，并发布道歉声明。

不久，蓝色光标公司也在其官方公众号和微博发布相关声明。然而这则声明似乎有暗讽当事人之嫌，以至于当事人第二天再发文《我删了文章发了声明，却换来了蓝色光标对我的诋毁》，事件进一步发酵。

2018年6月29日，这位离职员工已经通过法律程序得到赔偿并接受道歉。至此蓝色光标"3·15辞退门"事件告一段落。

（资料来源：搜狐网　2018年7月12日）

案例分析： 人人媒体时代，企业负面的爆发点逐渐增多。因此对企业来说，不仅要做好外部公关，也要做好内部公关。这次蓝色光标"3·15辞退门"事件，看似只是个例，是人事辞退工作不当造成的结果，但也在一定程度上反映出企业的原有痼疾。依据危机公关"5S"原则进行分析，可以看出公司在此事处理上存在一定的欠缺。

10.3　公共关系危机预防

公关危机的发生看似是突然之间到来的，但实际上深究每个危机事件就可以看出，除了不可抗拒的因素外，许多主观因素所造成的危机在爆发前已有征兆，造成危机发生的因素已有潜伏。因而组织应采取积极的态度和相应的预防措施。在危机发生前有所预防，尽可能地把危机"扼杀"在"摇篮"之中。或事先有所准备，在危机发生时能较为从容地采取措施。

10.3.1 公共关系危机预防的措施

组织可以在日常的工作中，通过采取以下措施进行公关危机的预防。

1. 全员树立危机意识

组织的全体员工，上到领导决策层，下至员工，都应居安思危，要有危机感。要教育员工认清每个人的行为都与组织形象密切相关，危机的预防有赖于全体员工的共同努力。全员危机意识能提高组织抵御危机的能力，有效地防止危机的发生。即使发生了危机，也会把损失降低到最低的程度并很快得到解决。

2. 危机事件的分析预测

对于组织来讲，危机的出现是不规则的，但其中也存在一些带有规律性的东西，这就需要从以下几个方面进行分析预测。

（1）根据组织的性质做出预测　分析组织的性质，列出此类性质的组织最有可能发生的危机事故。结合组织的情况一一对应分析，检查是否存在隐患。

（2）从组织事件中做出预测　列出组织以前发生过的各类危机事件，分析组织现在的状态，避免重蹈覆辙。

（3）从同行教训中做出预测　找出同行中发生过的危机事件，分析此类事件发生的成因、带来的危害、同行的解决措施等，从中分析组织自身有无可能发生此类事件的可能，消除隐患，并注意吸收同行好的做法。

3. 在日常业务中预防

在对可能发生的危机事件进行分析预测后就可以在日常工作中注意采取相应措施，以避免危机的发生。例如，组织可以制订一套严格的科学管理制度，对可能发生危机的诱发因素进行事先控制，用严格和科学的管理来消除危机隐患。同时加强全体员工的危机意识和危机应变的心理准备，制订好相应的应对措施。

4. 建立危机预警系统

许多危机在爆发之前都会出现某些征兆，因此，应当建立组织的预警系统来及时捕捉这些危机的预兆。建立预警系统的工作可由公关人员协同各个管理部门进行，主要包括以下内容：

1）加强公关信息与组织各方面活动（生产、经营、业务）信息的搜集分析工作，及时掌握公众对本组织各项活动的反映和评价。

2）密切注意国家经济政策及经济、政治体制改革的方向，使本组织的活动与社会经济大气候相协调。

3）加强与重点公众的沟通，使重点公众成为本组织稳定的支持者，及时关注可能变动的趋势。

4）经常分析竞争对手的生产经营策略和市场需求发展变化趋势。

5）定期或不定期地进行自我诊断，分析本组织各项活动和公关状态，客观评价组织形象，找出薄弱环节，采取必要的措施。

6）开展广泛的调查研究，并在此基础上分析和预测可能引起危机的突发事件，使组织的危机消灭在萌芽之中。

5. 制订危机应变计划

一个较健全的危机应变计划，大致包括以下三项内容：

（1）成立危机应变小组　危机应变小组应由组织领导、技术专家，公关部主任、相关部门领导和法律顾问组成，也可根据可预见的危机，增加危机处理小组的人员。这样，发生某种危机时，可以由专人负责处理，而平时，负责处理某项危机的人就应有意识地做好各种应战准备。

（2）拟订危机应变计划　应变计划要设想各种可能发生的危机和所应采取的各种应急行动。例如，不同组织拟定的危机应变手册。

（3）危机模拟训练　有了危机应变计划后，还应进行模拟演习，在假设发生一种或多种危机的情况下，考核应变小组对紧急事件的反应能力，危机处理的知识和决策能力。演习还可以使危机应变小组的成员接受心理训练；另外，还要学习如何与新闻界打交道，掌握接受记者采访和对外发言等方面的技巧。

10.3.2　公共关系危机预防实例分析

可口可乐公司在销售环节采取多重举措保证产品质量

可口可乐公司认为：产品质量是可口可乐公司的生命线，销售人员是维护产品质量的最后一道防线。所以在零售终端上，要确保可口可乐公司的产品最新鲜、最完美地展现在消费者面前。要达到这样的标准，可口可乐公司的销售人员则必须做到以下几项工作：

1）产品周转要坚持"先进先出、整洁卫生"的原则。在货架上补充产品和在终端仓库补货时，要把先进入终端库房的产品放在前面，而新进的产品放在后面，以保证做到先期进入仓库的产品先期售卖，从而杜绝产品过期的可能性。同时产品出库后，销售人员（理货员）还必须定期做好货架上产品的清洁工作，以确保消费者购买到外观整洁、卫生的可口可乐产品，从而提升消费者对品牌的好感度和满意度。

2）保证消费者喝到的是最新鲜的产品。可口可乐公司要求其600毫升PET（塑料瓶）包装的产品必须在3个月以内售卖，1.5L、2L产品要在6个月以内售卖完毕。

3）控制货龄，经常检查终端的产品货龄。销售人员要避免终端有过量的存货，合理执行1.5倍安全库存原则。1.5倍原则是可口可乐系统为了避免客户缺货、断货所遵循的一个安全存货原则。销售人员按照这一原则做订单，可以保证客户既不断货也不积压，从而达到既提升客户的满意度，又保证无过期产品的目的，最终维护好可口可乐公司良好的产品质量形象。

4）及时更换不良品。对于有瑕疵的产品及时进行更换，以保证所有销售的产品都是完好的。

案例分析：从案例中我们不难看出，对于产品质量的把控不仅要注重生产，同时还要关注销售环节，这样产品在质量上才能经受住考验。因而在危机管理中，危机预防胜过危机处理，预防工作做好了，就可从根本上减少危机的发生。

本章总结

本章主要介绍了公关危机的概念与特点、危机公关及公关危机的预防。

公关危机是指由于某些人为的或非人为的突发事件及重大问题的出现，打破了组织正常的有序运转状态，使组织声誉和利益受到损害，甚至遭遇生存危险，从而不得不面临和处理的一种紧张状态。进行处理时必须遵循"5S"原则，对不同的公众采取不同的措施。危机处理固然重要，但有效的预防对组织的意义更大。因而全员要树立危机意识、对危机事件进行分析预测、在日常业务中预防、建立危机预警系统并制订危机应变计划。

知识及技能检测

一、名词解释

1. 公关危机
2. 危机公关

二、选择题

1. 以下属公关危机特征的是（　　　）。
   A. 突发性　　　B. 严重危害性　　　C. 舆论的关注性　　　D. 不规则性
2. 危机公关的意义有（　　　）。
   A. 妥善处理危机可以减少组织的损失
   B. 妥善处理危机可以获取和创造新的机会
   C. 妥善处理危机可以提高产品质量
   D. 妥善处理危机可以维护组织的形象
3. 危机公关5S原则包含（　　　）。
   A. 承担责任原则　　　　　　　B. 真诚沟通原则
   C. 组织利益至上原则　　　　　D. 速度第一原则
4. 危机发生后应成立由（　　　）人员等组成的专门组织机构。
   A. 高层领导　　　　　　　　　B. 公关人员
   C. 技术人员　　　　　　　　　D. 媒介公众

5. 在危机处理期，应（　　）。
   A. 统一口径
   B. 各说各的
   C. 对主要公众安排专人
   D. 对主要公众随机安排人员沟通

三、实训题

1. 项目：危机预防。
2. 目的：掌握危机预防措施的制订技能。
3. 内容：以所在学校为公关主体，分析应如何进行危机预防。
4. 组织：把全班同学分成4组并选出组长，讨论并制订危机预防方案，推选代表发言，老师做出点评。
5. 考核：把方案的可行性及发言情况作为一次大作业，老师分别给出成绩并计入学生平时成绩。

拓展阅读

关键点传媒发布2018年十大危机公关案例研究报告

近日，关键点传媒发布了《2018年十大危机公关案例研究报告》。关键点传媒通过多渠道获取相关信息，并以关键点传媒舆情监测系统作为技术支撑，依托大数据强大的网页内容挖掘能力与领先的语义分析技术，对事件舆情信息进行收集整理，并对舆论观点进行分析统计，力求全面系统地复盘事件的整体过程并客观真实地还原事件的舆论整体态势。同时该报告以关键点传媒董事长游昌乔自创的危机公关5S原则和关键点传媒危机分级模型为理论基础，用最客观严谨的专业态度、最新颖独特的公关视角，打造集专业性、权威性和影响力于一体的危机公关年度研究报告。

关键点传媒联合了关键点传媒声誉管理研究中心、华中科技大学公关传播研究所、华南危机管理研究中心研究小组以及中山大学南方学院公共管理学系一起探讨与研究，并以危机生命周期为线索，以媒体报道和舆论走势为观察点，以关键点传媒危机分级模型和关键点传媒董事长游昌乔首创的"危机公关5S原则"为分析框架，采用"事件回放＋影响力评估＋案例点评＋关键点解读"的编撰体例进行总结分析，对危机事件的处理方式进行深度点评。

关键点传媒危机分级模型：从生命损失（Life）、政府重视度（Government）、媒体关注度（Media）、公众关注度（Public）、经济损失（Economy）、危机持续性（Continuous）、国际关注度（Internation）七项指标来划分危机事件的5个预警层次，如图10-1所示。

危机公关5S原则：从承担责任、真诚沟通、速度第一、系统运行、权威证实5个维度诠释危机处理的好与坏，如图10-2所示。

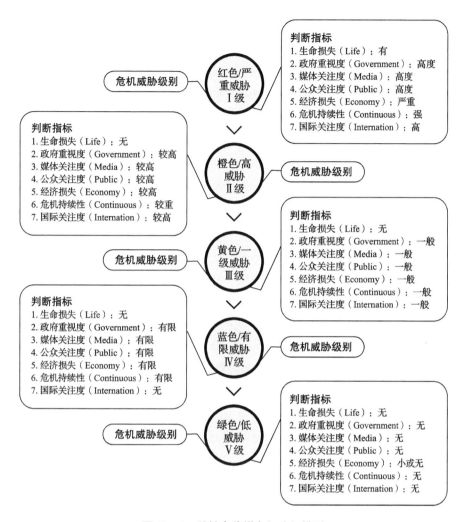

图 10-1　关键点传媒危机分级模型

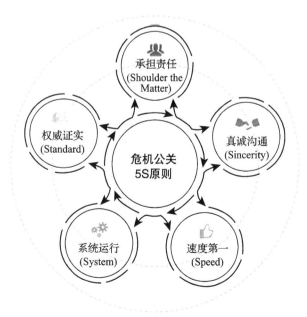

图 10-2　危机公关 5S 原则

第 11 章 公共关系礼仪

学习目标

知识目标：了解礼仪、公共关系礼仪的概念、礼仪的特征及原则；熟悉仪表、仪容、仪态礼仪、仪式礼仪、日常交往礼仪的基本要求和规范。

技能目标：规范并形成个人良好的仪容、仪表、仪态，掌握日常公关交往中的基本要求和礼仪规范。

引 例

背后的鞠躬

日本人讲礼貌，行鞠躬礼是司空见惯的，可是我国某留学生在日本期间看到的一次日本人鞠躬礼却在其脑海中留下了深深的印象。

一天，这位留学生来到了日航大阪饭店的前厅。那时，正是日本国内旅游旺季，大厅里宾客进进出处，络绎不绝。一位手提皮箱的客人走进大厅，行李员立即微笑地迎上前去，鞠躬问候，并跟在客人身后问客人是否要帮助提皮箱。这位客人也许有急事，嘴里说了声："不用，谢谢。"头也没回径直朝电梯走去，那位行李员朝着那匆匆离去的背影深深地鞠了一躬，嘴里还不断地说："欢迎，欢迎！"这位留学生看到这情景困惑不解，便问身旁的日本经理："当面给客人鞠躬是为了礼貌服务，可那位行李员朝客人的后背深鞠躬又是为什么呢？""既是为了这位客人，也是为了其他客人。"经理说，"如果此时那位客人突然回头，他会对我们的热情欢迎留下印象。同时，这也是给大堂里的其他客人看的，他们会想，当我转过身去，饭店的员工肯定对我一样礼貌。"

案例分析：这个案例可以使我们对日本人的鞠躬礼的作用有进一步的了解，当面鞠躬热情问候是为了礼貌服务；背后鞠躬虔诚备至是为了树立良好的形象。这说明，在日本饭店，服务人员有着明确的公关意识。鞠躬也是公关，这对树立饭店良好形象，赢得宾客对饭店的好感，进而争取更多的客源能起到良好的作用。在日本饭店，极少收到客人投诉，这并不是说饭店的一切都无懈可击，而是因为饭店细致周到的礼貌服务，使客人的享受需求和自尊心理得到了最大限度的满足，那么即使有一点小小的瑕疵，也不会大动肝火了。消费者心理学告诉我们，进酒店的客人通常把尊重看得比金钱更重要。这就要求我们认真讲究礼节、礼貌，使客人感到他在酒店里是受到尊重的。

礼仪是公关人员进入社交场所的通行证，是组织与公众之间交往的润滑剂，是塑造组织形象、创造最佳社会环境的基础。为此，公关人员在工作中必须注重和遵循公关礼仪。

11.1 公共关系礼仪概述

11.1.1 礼仪的概念

礼仪,是指人们在社会交往中,在仪表、仪态、仪容、言谈举止等方面约定俗成的、共同认可的规范和程序。可以从不同角度对礼仪加深理解:

从修养角度看,礼仪是一个人的内在修养和素质的外在表现;从道德角度看,礼仪是为人处事的行为规范、标准做法、行为准则;从交际角度看,礼仪是人际交往中适用的一种艺术,也可说是一种交际方式或交际方法;从民俗角度看,礼仪是接人待物的一种惯例,是人际交往中必须遵行的律己敬人的习惯形式,也可以说是人际交往中约定俗成的对人以尊重、友好的习惯做法;从审美角度看,礼仪是一种形式美,是人心灵美的必然外化。

11.1.2 礼仪的特征

与其他学科相比,礼仪具有一些自身独具的特征。这主要表现为以下几个方面。

1. 规范性

礼仪,指的就是人们在交际场合待人接物时必须遵守的行为规范。这种规范性,不仅约束着人们在一切交际场合的言谈话语、行为举止,使之合乎礼仪;而且也是人们在一切交际场合必须采用的一种"通用语言",是衡量他人、判断自己是否自律、敬人的一种尺度。

2. 限定性

礼仪,顾名思义,主要适用于交际场合,适用于普通情况之下的、一般的人际交往与应酬。在这个特定范围之内,礼仪肯定行之有效。离开了这个特定的范围,礼仪则未必适用。这就是礼仪的限定性特点。理解了这一特点,就不会把礼仪当成放之四海而皆准的东西,就不会在非交际场合拿礼仪去以不变应万变。

3. 可操作性

切实有效,实用可行,规则简明,易学易会,便于操作,是礼仪的一大特征。礼仪的易记易行,能够为其广觅知音,使其被人们广泛地运用于交际实践,并受到广大公众的认可,而且反过来,又进一步地促使礼仪以简便易行、容易操作为第一要旨。

4. 继承性

礼仪的形成和完善是历史发展的产物。它经过一个又一个时代,不断地去粗取精,剔除糟粕,吸取精华,最后逐渐固定下来。礼仪一旦形成,通常会长期沿袭,经久不衰。特别是诸如尊老敬贤、父慈子孝、礼尚往来等一些反映民族传统美德的礼仪,一代一代流传至今,并将为子孙后代不断继承和发扬光大。

5. 时代性

礼仪具有时代性，随着时代的发展而发展，随着社会经济的不断发展，人际交往的日益频繁，礼仪已经渗透到了社会生活的各个方面，表现出了较为强烈的时代特色。

▶ **案例讨论 11-1**

报上曾发表过这样一条消息，题目是"硅谷天才学礼仪"："美国硅谷的 IT 天才们虽然个个聪明过人，但多数天才即使成为百万富翁后，在餐桌和宴会上的吃相仍让人不敢恭维。他们舔刀叉、含着满嘴饭菜说话的不文明餐桌习惯，激怒过客商，失掉过大笔生意。此外，他们还不时闹出诸如将餐巾当围裙之类的笑话。因此，当英国专业礼仪老师林迪·詹姆斯到硅谷的消息传出后，IT 天才们纷纷报名，准备接受培训。"看来 IT 天才们是吃够了不懂礼仪的苦头。

问题：为什么那些客商如此在意别人的吃相？做生意能赚钱就好，客商们是否过于吹毛求疵了？

11.1.3 礼仪的原则

尽管世界各国各地礼仪习俗不同，但基本原则是一致的，所谓礼仪原则，就是人们在社交中处理人际关系的基本准则。熟悉礼仪的基本原则，有助于在具体礼仪活动中做到自觉、主动，也更加自然得体。

1. 尊重、真诚原则

人际交往互相尊重最为重要，尊重是礼仪的情感基础，只有彼此间相互尊重，才能保持愉快的人际关系。每个人在人际交往中都处于平等地位，不管种族、国籍、肤色、社会地位如何，只有尊重别人，才能赢得别人的尊重。真诚原则，就是要求在人际交往中，务必待人以诚，诚心诚意，言行一致，表里如一。只有如此，自己在运用礼仪时所表达的对交往对象的尊敬与友好，才会更好地被对方所理解、所接受。

苏格拉底曾说："不要靠馈赠来获得一个朋友，你须贡献你挚情的爱，学习怎样用正当的方法来赢得一个人的心。"可见在与人交往时，真诚尊重是礼仪的首要原则，只有真诚待人才是尊重他人，只有真诚尊重，方能创造和谐愉快的人际关系，真诚和尊重是相辅相成的。

2. 谦和、宽容原则

谦和包括谦虚与和善，谦虚是人类的美德，和善更是处理人际关系的基石，正所谓"和气生财""凡事以和为贵""退一步海阔天空"，都是这个道理，告诉人们要与人和睦相处，这是社交成功的重要条件。荀子曾说："礼恭而后可与言道之方，辞顺而后可与言道之理，色从而后可言与道之致。"即只有举止、言谈、神态都是谦恭有礼时，才能从别人那里得到教诲，这也符合谦谦君子之道。当然，谦和并不是指过分的谦虚、无原则的妥协，甚至妄自菲薄，社交中有这么一句话"过分的谦虚就是骄傲"，有时我们更需要在谦和中保持良好的自信心和正常的心理状态。

古人云："有容德乃大。"宽容是一个人良好品德的外显，就是心胸坦荡、豁达大度，既要严于律己，更要宽以待人。会容人，体谅人，有较强的容纳意识和自控能力，不能求全责备、斤斤计较，甚至过分苛求别人，咄咄逼人。对于自己看不惯、听不惯的言行应以宽容态度给予理解，尤其在工作中，往往会出于各自立场和利益的不同，在交往中采取不同的方式和策略，难免出现一定的冲突和尴尬场面，这时就需要我们以宽广的胸襟、豁达的态度、大方的仪态善解人意、体谅别人，谅解对方因无意或无知造成的交往误会，体现良好的自身人格魅力。

3. 适度、从俗原则

适度原则要求应用礼仪时，必须注意技巧，合乎规范，掌握好社交中各种情况下的不同交往准则和彼此间的感情尺度，凡事当止即止，过犹不及，古语说"君子之交淡如水，小人之交甘若醴"，一旦交往尺度有误，很容易起到完全相反的结局。

适度原则在日常交往中包括感情适度，不宜过于热烈，也不应太内敛；谈吐适度，应根据谈话对象不同选择不同的节奏、音量及谈话内容与方式；举止适度，肢体语言要得当，表情与交际场合气氛相适应，动作张扬应配合讲话内容，只有这样才能真正赢得对方的认同，达到沟通目的。

由于国情、民族、文化背景的不同，在人际交往中，实际上存在着"十里不同风，百里不同俗"的局面。对这一客观现实要有正确的认识，必要之时，必须坚持入乡随俗，与绝大多数人的习惯做法保持一致，切勿目中无人，自以为是，指手画脚，随意批评，否定其他人的习惯性做法。遵守从俗的原则，会使对礼仪的应用更加得心应手，更加有助于人际交往。

4. 自信、自律原则

自信的原则是社交场合中一个心理健康的原则，唯有对自己充满信心，才能如鱼得水，得心应手。自信是社交场合中一份很可贵的心理素质。一个有充分自信心的人，才能在交往中不卑不亢、落落大方，遇到强者不自惭，遇到艰难不气馁，遇到侮辱敢于挺身反击，遇到弱者会伸出援助之手；一个缺乏自信的人，可能会处处碰壁。

自信但不能自负，自以为了不起、一贯自信的人，往往就会走向自负的极端，凡事自以为是，不尊重他人，甚至强人所难。那么如何剔除人际交往中自负的劣根性呢？自律原则正是正确处理好自信与自负的又一原则。自律乃自我约束的原则。在社会交往过程中，在心中树立起一种内心的道德信念和行为修养准则，以此来约束自己的行为，严于律己，实现自我教育，自我管理，摆正自信的天平，既不必前怕虎后怕狼，缺少信心，又不能凡事自以为是而自负高傲。

11.1.4　公共关系礼仪的概念

公共关系礼仪是指公关人员在公关活动中应遵循的礼仪要求，并不包括其他场合的礼仪。但是公关礼仪与其他交际礼仪也有相通之处，只不过目的、对象有所不同罢了。

社会组织是公关礼仪的一般主体，但组织的公关工作人员代表组织直接处理内外公众的关系，所以他们是从事公共关系活动的现实主体。他们的言行举止、风度仪表均需遵循礼仪的要求。社会公众作为主体作用的对象，在公共关系礼仪形成及施与过程中，既接受礼仪又反馈并创造礼仪，成为公关人员礼仪的作用对象，同时又以自己的礼仪反作用于公关人员的礼仪，参与公关礼仪的往来授受，他们的礼仪亦具有公关礼仪的意蕴。公关礼仪的主体是多元的，客体也是多元的，并且主客体的构成常常是变动的、转化的或兼而有之的。

11.1.5　公共关系与礼仪的关系

礼仪是企业形象、文化、员工修质的综合体现，忽略了应有的礼仪或没有规范的礼仪，就不能将企业在形象塑造、文化表达上提升到一个较高层次的地位。导致企业形象存在这样或那样的缺憾，企业文化的宣传力度很大却很难收到效果。这都是在商业活动中没有规范的礼仪行为导致的。

公共关系的核心就是塑造良好的组织形象。所谓组织形象，就是公众对组织行为的整体评价和看法，是组织行为及其文化在公众心目中的投射。组织形象的建树与维护，总是离不开礼仪的滋润与培育。实际上，公关礼仪不仅是促成组织形象定位与升华的有效手段，而且其本身即是一种目的化的组织形象。

11.2　个人基本礼仪

个人礼仪是对社会个体在仪表仪容、表情举止、衣着打扮等方面的具体规范。它是交际礼仪的基础，正如《礼记·冠义》中所说："礼仪之始，在于正容体，齐颜色，顺辞令。容体正，颜色齐，辞令顺，而后礼仪备。"

个人礼仪也被称为"仪表礼仪"。仪表，是指人的外表，包括人的容貌、仪态、服饰和个人卫生等方面，它是人精神面貌的外观。人们常说的"第一印象"，多半来自一个人的仪表。讲究仪表，不仅能塑造和维护个人的社交形象，而且能通过良好的个人形象塑造组织形象。

11.2.1　仪容礼仪

仪容主要指包括五官在内的整个面部，它是仪表之首。对仪容的基本要求是整洁、卫生。具体要求有：

1. 头发

整洁的头发、得当的发型会使人显得精神抖擞，容光焕发。

（1）保养与清洁头发　注意保养头发。理想的发质应色泽统一、有光泽和弹性，不分叉。保持头发整洁、发型美观。及时理发，经常梳洗头发，做到无头屑、无油垢、不凌乱。

(2)选择适当的发型　发型的选择既要符合美观、大方、整洁和方便工作的原则，又要与自己的发质、脸型、体型、年龄、气质、四季服装以及周围环境相协调，这样才能给人以整体的美感。

男性的头发长度以不超过耳际为宜。不能过短，如剃成光头；也不宜留长发、大鬓角，否则容易给人留下性格粗鲁、萎靡不振、办事拖沓的印象。女性的发型以端庄、简洁、秀丽为好，注意不要让头发遮住眼睛。

要根据自己的脸型选择一个你喜欢而又适合于自己的发型。方脸型的男性最好采用不对称发缝，不要理寸头；女性可尽量增多顶发，发缝侧分，并把蓬松卷曲的"刘海"往两边太阳穴梳，或在颈部结低发髻，或留披肩发，让头发披在两颊，以减少脸的宽度。长脸型男性头发宜稍长；女性适合采用自然而又蓬松的发型，可加厚面部两侧的头发，削出层次感，并用"刘海"遮盖住部分前额。圆脸型的男性可选择垂直向下的发型，最好侧分头缝，顶发适当隆起，头发遮挡面部两侧，女性尽量不要留"刘海"。"由"字脸型的人额窄腮宽，发型应上厚下薄，顶发丰隆，前额尤其是鬓角用头发遮盖一下。"甲"字脸型的人额宽颚窄，头发宜侧分，选择不对称式短发型，露出前额，并适当增多双耳以下的发量。

2. 面部和手部

面部各部分和手部的清洁与修饰也是仪容的重要方面。

(1)眼部　"眼睛是心灵的窗户"。注意眼睛的保洁，及时清除眼角分泌物。当然，清洁时要避开他人，不能当人面用手绢、纸巾擦拭或用手去抠。注意用眼卫生，预防眼病。

眉毛的形状是容貌的重要组成部分，适当修剪可以让整个面部显得平衡、清晰。

(2)鼻部　养成每天洗脸时清洁鼻腔的好习惯。切忌当众清洁鼻孔，当着他人的面挖鼻孔或擤鼻涕，既易引人反感，又影响个人形象。另外，用手挖鼻孔的动作不雅观，也不卫生，有此坏习惯的人应注意纠正。毛发重的男性，如果鼻毛长出鼻孔，应及时修剪。

(3)嘴部　保持干净。吃东西后，马上擦嘴，并及时清除牙缝中残存的食物，但不能当众剔牙、嘬牙。保持口气清新。早晚刷牙，饭后漱口。口中不能有烟、酒、葱、蒜、韭菜、腐乳等气味。不得已的话，与人接触前可咀嚼口香糖或茶叶来清除口中异味。因牙病或其他疾病造成口中有异味的，应及时治疗。避免"异响"。一般咳嗽、打嗝、打哈欠时应尽量避开他人，一旦忍不住当众出现，要用手绢或手捂住嘴，并向他人道歉；不要随地吐痰。

修面剃须。男性要每天剃胡须。胡子浓的，在会客或其他社交活动前还应当再剃一次。但不要当着外人面使用剃须刀。

保护嘴唇。防止嘴唇干裂暴皮，避免唇边残留分泌物。

(4)颈部　颈部与头部相连，属于面容的自然延伸部分，也是人体最易显现年龄的部位，因此应重视修饰颈部。要从年轻时开始对颈部进行营养护理，防止皮肤老化，与面容产生较大反差。还要经常保持颈部的清洁卫生，不能脸上很干净，脖子特别是脖后、耳后却藏污纳垢。

(5)化妆　女性应适度化妆。在正式场合，女性不化妆是不礼貌的。在崇尚自然美的基础上，加一点人工的修饰，可以使人焕发青春的光彩，并增强自信心。

化妆的浓淡要掌握好。一般上班和白天化淡妆、社交和晚上化浓妆，并注意与场合相适应,与个人衣着、周围环境相协调,切不可不分时间、场合地浓妆艳抹。女性化妆的最佳境界是清新、淡雅,既显得楚楚动人,又不留人工雕琢的痕迹,体现出东方美。

化妆要用"三庭五眼"的标准,找出自己面部的缺陷来加以弥补。"三庭",指标准脸长应为三等份:眉毛以上天庭部分一份、鼻部一份、鼻下一份。"五眼",指标准脸型应为五个眼睛宽。化妆时,哪一部分不合比例就在哪里弥补一下,如额部较长,鼻部较短,可将眉毛画得向上高挑些,以产生额部变短的感觉;鼻部较长,额部较短,可将眉头向下画一些,给人鼻部变短的感觉。

年轻的女性适宜用明色的口红,中老年女性则以涂浅茶色或淡褐色的唇膏为宜。注意不要在公共场所化妆或补妆;也不要在男性面前化妆。有时需要化妆或补妆,应到洗手间去。在人口密集处,也不宜使用浓香型化妆品。一般不要借用他人的化妆品,以免传染疾病。

(6) 手部 手的清洁在某种程度上也反映着一个人的精神风貌。和面部一样,手露在外面,容易被人注意到,又是接触其他人和物最多的地方,所以要经常保持手部清洁,饭前便后以及接触脏物以后,要马上洗手,方便的话还应涂上油脂,以保持手部的光洁。

要勤剪指甲,不留长指甲。长指甲既不容易保洁,又不方便做事,有时还会伤着别人或自己。有人喜欢一个手指留长指甲,以便掏耳朵、挖鼻孔、搔痒。其实这些动作既不卫生,又不雅观。修指甲要避开他人,在公共场所修剪指甲,会给人留下缺乏责任心、无所事事的印象。

女性涂指甲油要注意场合。上班不能涂红色指甲油,可涂无色透明的;社交场合方可涂红艳的指甲油。指甲油要保持完好,不要重复涂抹,否则就不美观了。

11.2.2 服饰礼仪

1. 女士的服饰

作为一名职业女性,主要衣着准则是简洁大方、得体亮丽,注意适应一定的场景氛围。正式场合和舞会最好穿西服套装、连衣裙、旗袍;穿旗袍时叉子不能开得太高,一般在膝盖以上1~2寸①,旗袍可以长到脚背;穿裙子应穿高筒袜,如没有可光脚穿高跟鞋;内衣不可露出,如穿薄料衣服,里面的衬裙要合适,颜色要相配。

2. 男士的服饰

我国男士参加正规场合活动的外衣主要有三种:西装、中山装和夹克,主要以西装为主。西装。常言西装是七分在做,三分在穿。要求穿着得体、优雅,符合规范。如果是略带庄重的场合,宜穿深色西装,上下一色代表官方或更加正式的意图;打领带下端不要超过腰带,花色要与衬衣、外衣搭配好;西装衣袋里、裤子口袋都不要放东西,皮夹、手帕、钢笔等应放在外衣内侧的口袋里。风衣是大衣的一种,在正式场合一般不宜穿,穿时让领子竖起来,腰带随意缚上,最下面的纽扣不扣。

---

① 1 寸 = (1/30) 米 = 0.033 米

3. 几种特殊场合的服装

最隆重的场合应穿着严肃、大方的礼服。参加婚礼、联欢会或到朋友家做客，尽可能穿得美观大方。参加葬礼、吊唁活动，男士穿深色西装或中山装，女士着素色装，内穿白色或暗色衬衣，不抹口红，不戴装饰品。出席年会、联谊会穿着可色彩多样，以鲜艳为宜，女士可适当装饰打扮。郊游、远足时应着便装，不宜西服革履。

11.2.3 仪态礼仪

1. 站姿

站姿是最容易表现人的特征的姿势。不同站姿有时会传递出不同的信息。站姿要给人挺、直、高的感觉：挺，就是要求人在站立时身体各主要部位要尽量放松，头不要下垂，颈不能弯曲，不耸肩，不含胸，不驼背。无论男女都要给人一种挺拔的感觉。直，就是在站立时使脊柱尽量与地面垂直，因为脊柱是人体保持正确站姿的关键部位。但它不是笔直的，在颈、胸、腰等处都有向前或向后的生理弯曲。所以，人在站立时，要微收下颚，胸部稍挺，微塌下腰，使这个生理弯曲表现出来，这样就给人笔直的感觉。高，就是在站立时，尽量使身体的重心提高，在站立时不要将腿分得过开。

2. 坐姿

坐姿要轻、稳、缓。轻，就是落座时坐满椅子的三分之二即可，不要躺在椅子上或沙发上。坐下以后，上身要端正挺直，胸挺起，肩不要下垂，这样给人以精神和稳重的感觉。同时腿要并拢，男性可以跷"二郎腿"，但不要跷的太高，女性可以将小腿交叉；但是无论是男是女，都忌讳将两腿叉开或向前伸直；手不要乱放，更不要托着头，否则显得没精打采。坐累了，可以变换姿势，但是动作要轻，不要太快，幅度要小，更不能频繁地换姿势。

3. 走姿

行走的正确姿势是稳健、轻盈，行如风。行走时，要挺胸抬头，以胸带动肩轴摆动，提胯、膝，脚跟落地，步幅在71~75厘米之间；男士以大步为美，女士以碎步为美。

走路姿态应该是优雅、自然而简洁的。同时要保持身体挺直，不要摇晃。男性走路要显示出阳刚之美；女性则要款款轻盈，显出阴柔之美。女性穿裙子或旗袍时要走一条直线，使裙子或旗袍下摆与脚的动作显示出优美的韵律感。穿裤装时，宜走成两直线，步幅稍微加大，显得活泼潇洒。

4. 从地上取物的姿态（蹲姿）

在公共场所拾取物品时，采用的姿态要雅观。正确的拾物姿态：走到物品左边，让物品位于身体的右侧，腿取半蹲姿态。下蹲时左脚在前，右脚在后，两腿膝盖以上靠紧或右腿压住左腿，慢慢地屈膝并且腰部用力下蹲，不弓背，用右手拾起物品。

注意事项：下蹲取物，女性如果穿着低领上装时，要用一只手护住胸口。拾物时不要东张西望，否则会让人猜疑；不要弯腰屈背，显露琐碎相，影响形体美观；不要采用全蹲姿态，这会使腿显得短粗；不要用不雅观的翘臀姿态，尤其女性着短裙时。近距离面对他人下蹲，会使他人感到别扭；近距离背对他人下蹲，显得对别人不够尊重；双腿平行叉开下蹲，显得很不文雅，在公共场所更不该采用这样的蹲姿。

▶ 案例讨论 11-2

在一次人才洽谈会上，一位用人单位的负责人抱怨说："现在这些90后、00后的毕业生，很少有让人满意的，他们这一代责任心不强，不求上进，特别是他们的言谈举止不像受过高等教育的人，站没站相，坐没坐相，谁能选这样的人员？"

问题：请针对自己的礼仪方面的情况对这位负责人的话进行分析。

5. 手势

手势在日常交际中运用得也比较多，它属于无声语言，可以起到强化或替代有声语言的作用。做手势时，五指并拢自然伸直，手心略微凹陷。女性稍稍压低食指，显得比较优雅。主要注意事项有：

（1）手势要规范、美观　同一地域的人手势往往表示约定俗成的含义，如某一手势表达的是什么意思，在说什么的时候应该运用什么手势等。对其中的常用手势应该了解和掌握。另外，做出来的动作应明确热情、落落大方，与全身姿态相协调，同时动作幅度不要太大，应给人一种优雅、含蓄、彬彬有礼的感觉。

（2）注意手势含义的地域性差异　各国手势含义的差异是很大的。同一种手势，可能有不同甚至相反的含义。比如，跷起大拇指在中国的意思是"顶好"；在英国、澳大利亚和新西兰等国的意思是"搭车"，在希腊急剧地跷起大拇指，意思是让对方"滚蛋"。不注意手势的差异性，就会造成交际障碍，甚至会惹出麻烦。

（3）手势要适度　在交际中，一般情况下能用有声语言讲清楚的，应尽量少用手势。说话时比比画画、手舞足蹈是令人生厌的。

6. 表情

（1）目光　目光，也称眼神，是面部表情的核心。印度诗人泰戈尔说："（任何人）一旦学会了眼睛的语言，表情的变化将是无穷无尽的。"眼睛是五官中最敏感的器官，被称为人类的心灵之窗。它能够自然、明显、准确地表现人的心理活动。

恰当合适的运用目光是一种重要的礼仪。在目光接触中，注视的部位、角度和时间不同，表明双方的关系也不同。

（2）微笑　在人的面部表情中，除目光之外，最动人、最有魅力的就是微笑。它是沟通双方心灵的润滑剂，是最能打动人的无声语言，被称为"世界语"。微笑是人际关系的黏合剂，是"参与社交的通行证"，也是待人处世的法宝。在人际交往中，起着重要的作用。对微笑基本要求是：真诚、自然、亲切、甜美。微笑时，面部肌肉放松，嘴角两端微翘，适当露出牙齿，不发声。微笑要发自内心，要得体，不能强作欢颜。服务行业有的要求服务人员微笑时露出8颗牙，其实每个人笑得最美的时候，露多少颗牙是不一样的。所以应该照着镜子找到自己最漂亮、最生动、最迷人的微笑。

总之，使用微笑的表情语，再配以得体的文明用语，就会使无声语言与有声语言相得益彰。

▶ **案例讨论 11-3**

一次某公司招聘文秘人员，由于待遇优厚，应者如云。中文系毕业的小李同学前往面试，她的背景材料可能是最棒的：大学四年中，在多种刊物上发表了3万字的作品，内容有小说、诗歌、散文、评论、政论等，还为6家公司策划过周年庆典，英语表达流利，书法也堪称佳作。小李五官端正，身材高挑、匀称。面试时，招聘者拿着她的材料等她进来。小李穿着迷你裙，露出藕段似的大腿，上身是露脐装，涂着鲜红的唇膏，轻盈地走到一位考官面前，不请自坐，随后跷起了二郎腿，笑眯眯地等着问话，孰料，三位招聘者互相交换了一下眼色，主考官说："李小姐，请下去等通知吧。"当然，小李没有等到该公司的通知。

问题：李小姐的应聘为什么会失败？

11.2.4 仪式礼仪

1. 签字仪式

在商务活动中，双方经过业务洽谈、讨论，就某项重要交易或合作项目达成一致，就需要把谈判成果和共识，用准确、规范、符合法律要求的格式和文字记载下来，经双方签字盖章形成具有法律约束力的文件。围绕这一过程，一般都要举行签字仪式。它一般发生在社会团体、商业机构或涉外机构之间，是一种比较隆重、正式的礼仪，礼仪规范比较严格。

签字仪式中的礼仪应注意准备工作和仪式的程序。

（1）签字仪式的准备 签字仪式是由双方正式代表在有关协议或合同上签字并产生法律效力，体现双方诚意和共祝合作成功的庄严而隆重的仪式。因此，主办方要做好充分的准备工作。

1）布置签字厅。现场布置的总原则是庄重、整洁、清静。

我国常见的布置为：在签约现场的厅（室）内，设一张加长型条桌，桌面上覆盖着深冷色台布（应考虑双方的颜色禁忌），桌后只放两张椅子，供双方签字人签约时用。礼仪规范为客方席位在右，主方席位在左。桌上放好双方待签的文本，上端分别置有签字用具（签字笔、吸墨器等）。如果是涉外签约，在签字桌的中间摆一国旗架，分别挂上双方国旗，注意不要放错方向。插放国旗的位置与顺序，必须按照礼宾序列而行。例如，签署双边性涉外商务合同时，有关各方的国旗须插放在该方签字人座椅的正前方。如果是国内企业之间的签约，也可在签字桌的两端摆上写有企业名称的席位牌。签字桌后应有一定空间供参加仪式的双方人员站立，背墙上方可挂上"××（项目）签字仪式"字样的条幅。签字桌的前方应开阔、敞亮，如请媒体记者应留有空间，配好灯光。

2）确定参加仪式的人员。双方应商定助签人员，并安排双方助签人员洽谈仪式程序和其他有关细节。参加签字仪式的双方或多方，应通过协商，具体决定出席正式签字仪式的人数。在通常情况下，各方参加仪式的人数应大致相同。正式参加签字仪式的，一般是双方参加会谈的全体人员,有时为了表示对签字仪式的重视,往往还邀请主方或双方的高级人士出席仪式,以示正式和庄重。

3) 文本的准备。签约之"约"事关重大,一旦签订即具有法律效力。所以,待签的文本应由双方与相关部门指定专人,分工合作完成好文本的定稿、翻译、校对、印刷、装订等工作。除了核对谈判内容与文本的一致性以外,还要核对各种批件、附件、证明等是否完整准确、真实有效以及译本副本是否与样本正本相符。如有争议或处理不当,应在签约仪式前,通过再次谈判以达到双方谅解和满意方可确定。作为主办方,应为文本的准备过程提供周到的服务和方便的条件。

待签的合同文本,应以精美的白纸印制而成,按大八开的规格装订成册,并以高档质料如真皮、金属、软木等作为其封面。

4) 服饰的规范。按照规定,签字人、助签人以及随员,在出席签字仪式时,应当穿着具有礼服性质的深色西装套装、套裙或中山装套装,并且配以白色衬衫与深色皮鞋。男士还必须系上单色领带,以示正规。在签字仪式上露面的礼仪人员、接待人员,可以穿自己的工作制服,或是旗袍一类的礼仪性服装。

5) 座次安排。主要分两种情况:

一是签署双边性合同,具体要求是:应请客方签字人在签字桌右侧就座,主方签字人则应同时就座于签字桌左侧。双方各自的助签人,应分别站立于己方签字人的外侧,以便随时对签字人提供帮助。双方其他随员,可以按照一定的顺序在己方签字人的正对面就座;也可依照职位的高低,依次自左至右(客方)或是自右至左(主方)排成一行,站立于己方签字人的身后。当一行站不完时,可按照以上顺序并遵照"前高后低"的惯例,排成两行、三行或四行。原则上,双方随员人数应大体上相当,如图11-1所示。

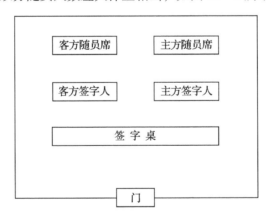

图 11-1 签署双边性合同座次安排

二是签署多边性合同,具体要求是:一般仅设一把签字椅。各方签字人签字时,须依照有关各方事先同意的先后顺序依次上前签字。助签人应随之一同行动。在助签时,依"右高左低"的规矩,助签人应站立于签字人的左侧。有关各方的随员,应按照一定的序列,面对签字桌就座或站立。

(2) 签字仪式的程序

1) 签字仪式正式开始。有关各方人员进入签字厅,在既定的位次上各就各位。

2）签字人正式签署合同文本。通常的做法是首先签署己方保存的合同文本，接着再签署他方保存的合同文本。

商务活动规定：每个签字人在己方保留的合同文本上签字时，按惯例应当名列首位。因此，每个签字人均应首先签署己方保存的合同文本，然后再交由他方签字人签字。这一做法，在礼仪上称为"轮换制"。它的含义是在位次排列上，轮流使有关各方均有机会居于首位一次，以显示机会均等、各方平等。

3）签字人正式交换已经有关各方正式签署的合同文本。此时，各方签字人应热烈握手，互致祝贺，并相互交换各自一方刚才使用过的签字笔，以示纪念。全场人员应鼓掌表示祝贺。

4）共饮香槟酒，互相道贺。交换已签的合同文本后，有关人员，尤其是签字人，当场干一杯香槟酒是国际上通行的用以增添喜庆色彩的做法。在一般情况下，商务合同在正式签署后，应提交有关方面进行公证，此后才正式生效。

2．开业仪式

开业仪式是指商业企业在正式营业时举行的热烈的庆祝仪式，有时亦称作开业典礼、开幕仪式。当举办各种展览会、交易会、文化节、艺术节、联欢节、电影周、宣传周、技术周等重大活动时，一般都要举行隆重的开幕仪式；重大的工程开工、竣工或交接，公司建立、商店开张、分店开业、写字楼落成等活动，也要举行隆重的开工、竣工典礼或交接仪式。

开业仪式的基本要求是热烈、隆重；开业仪式的目的是扩大企业知名度、树立企业形象。所以，开业仪式尽管进行的时间极其短暂，但了要尽力营造出现场的热烈气氛，取得成功。由于它牵涉面甚广，影响面巨大，不能不对其进行认真的准备。准备开业仪式，首先在指导思想上要遵循"热烈""节俭""缜密"三原则。力戒过于沉闷、乏味；过于铺张浪费、盲目比阔。力求周密、细致，严防百密一疏、临场出错。

（1）开业仪式的准备工作

1）做好开业典礼的舆论宣传工作。企业可运用传播媒介如报纸、电台、电视台等广泛发布广告或在告示栏中张贴开业告示，以引起公众的注意。广告或告示的内容一般包括：开业典礼举行的日期；开业典礼地点；企业的经营范围及特色；开业的优惠情况，等等。开业广告或告示发布时间：开业前的3～5天内。邀请记者在开业仪式举行时到现场进行采访、报道，予以正面宣传。

2）拟出宾客人员名单。除媒体记者外，参加开业仪式的人员还应包括政府相关部门领导、社会知名人士、同行业代表、社区负责人及客户代表。

3）发放请柬。提前一周发出请柬，便于被邀者及早安排和准备。请柬的印制要精美，内容要完整，文字要简洁，措辞要热情。被邀者的姓名要书写整齐，不能潦草马虎。一般的请柬可派员送达，也可通过邮局邮寄。给有名望的人士或主要领导的请柬应派专人送达，以表示诚恳和尊重。

4）做好场地布置工作。

5）做好各种物质准备。

6）安排接待服务人员。

7）做好礼品馈赠工作。

8）准备开幕词、致答词。

9）拟定程序。

(2) 开业仪式的程序　一般包括以下程序：迎宾、典礼开始、致贺词、致答词、揭幕、迎客和结束。

3. 剪彩仪式

剪彩仪式是指有关组织为了庆贺公司的设立，工程的奠基、竣工，大型建筑物的启用，道路桥梁的开通，博览会的开幕等举行的一种隆重的庆祝活动和宣传活动。因其主要活动内容是邀请专人使用剪刀剪断被称为"彩"的红色缎带，故被人们称为剪彩。

(1) 剪彩的准备

1）剪彩物件的准备。包括：红（彩）色的缎带、绸带，应具有一定的宽度，根据需要结成等距离的若干彩球。剪刀应选用新的，为显示隆重热烈，可选用金色的剪刀。但要注意事先应试一试刀口的锋利，剪彩时一刀两断寓意着开张的吉祥顺利、一帆风顺。因此要避免剪彩现场出现差错。托盘和剪刀、彩球的数量应与剪彩的人数相一致。托盘供接（剪下）彩球之用，应该华贵而醒目、大小适中、质地考究。每个盘中放置新剪刀一把，白色薄纱手套一副，用红绒布衬垫。使用时由礼仪小姐双手托上递送给剪彩者。

2）剪彩人员的确定及剪彩者的礼仪要求。剪彩人员主要在应邀的来宾中产生，其身份和影响应与剪彩仪式的内容和规格相统一。一般为上级领导、部门主管、社会名流以及专家顾问、合作伙伴和本单位代表，视情况确定一人或多人参与剪彩。

3）礼仪小姐的选定及其礼仪要求。礼仪小姐是剪彩仪式中负责引领宾客、拉牵彩带、递剪接彩等工作的服务人员，在仪式中担任着重要角色。礼仪小姐，既可从公关公司、旅游公司及礼仪公司中聘请，或向社会招募，也可以在本单位女职工中挑选，一般是容貌姣好、仪态端庄大方，还要有一定的文化素养和气质、比较年轻和健康等。对挑选出的礼仪小姐，应该进行必要的教育和培训，让大家懂得剪彩仪式的意义和自己的责任，熟悉剪彩仪式的程序和应有的礼节，落实各自的分工和位置，以确保仪式有条不紊地进行。

(2) 剪彩的程序

1）就座。在一般情况下，会场座席只安排剪彩者、来宾及本单位主要领导和部门负责人的座位，剪彩者应就座于前排。

2）正式开始。主持人宣布剪彩仪式开始后，全体鼓掌，请乐队演奏欢快热烈的乐曲以烘托气氛，同时，礼仪小姐应排成一行率先登场，从两侧同时登台或从右侧登台均可。拉彩者与捧花者应站成一行，拉彩者处于两端拉直红色缎带，捧花者各自双手捧一朵花团。托盘者须站立在拉彩者与捧花身后1米左右，并自成一行。此后，主持人介绍重要来宾并向他们表示感谢。

3）奏国歌。

4）宾主致辞。发言者有东道主单位的代表、上级主管部门的代表、地方政府的代表、合作单位的代表等。内容应言简意赅，重点在介绍、道谢和致贺。每人不超过3分钟。

5）开始剪彩。主持人向全体到场者介绍剪彩者，后者应面带微笑向大家致意。剪彩者在礼仪小姐引导下走向剪彩位置，应让中间主剪者走在前面，其他剪彩者紧随其后走向自己的剪彩位置。托盘者在剪彩者均已到达既定位置之后，应前行一步，到达剪彩者的左后侧，呈上白手套、新剪刀，剪彩者应微笑致谢并表情庄重地将缎带一刀剪断。如有几位剪彩者共同剪彩，则应协调好彼此的行动。剪彩时，剪彩者还应和礼仪小姐配合，注意让彩球落入托盘内。剪彩者在剪彩成功后，可以右手举起剪刀，面向全体到场者致意。然后放下剪刀、手套等物，举手鼓掌。接下来，可依次与东道主进行礼节性的谈话并握手道喜，然后退场。

6）剪彩结束。不管是剪彩者还是助剪者在上下场时，都要注意井然有序、步履稳健、神态自然。在剪彩过程中，更是要表现得不卑不亢，落落大方。待剪彩者退场后，其他礼仪小姐方可列队由右侧退场。剪彩仪式结束后，东道主通常以自助餐的形式招待来宾，或以纪念性的礼品赠送来宾。

11.3 日常交往礼仪

11.3.1 致意礼仪

致意是最常见的、最简单的礼仪，俗称打招呼。世界上有各式各样的致意方式，例如，日本人的鞠躬礼，中国人的拱手礼，欧美人的吻面礼、吻手礼，阿拉伯人的按胸礼等。世界各国尽管见面礼不同，但"以礼相待"是相同的。

致意是最常用、最简单的见面礼节。见面时的点头、微笑、招手、脱帽和欠身等，都是致意。致意常常与问候一起使用。只用动作、表情致意而免去语言问候的，往往出现在人多而不方便的场合。例如，在会场上、在拥挤的电梯里、两人距离较远的时候或者仅仅是看着脸熟的一般相识。在这些场合，用行为致意比用语言更好，因为不但问候了对方，而且顾及到了其他人，显得既亲切又文雅。

致意的次序是：一般男士先向女士致意，年轻人先向年长者致意，职位低者先向职位者致意，以表示对他们的尊敬，而后者要马上回应。当然，后者主动先向前者打招呼也不是不可以。每天与同事第一次遇见时，双方都应该相互致意与问候。

11.3.2 介绍礼仪

所谓介绍，通常是指在人们初次相见时，经过自己主动沟通，或者借助第三者的帮助，从而使原本不相识者彼此之间有所了解，相互结识。根据介绍者具体身份的不同，介绍可分为介绍自己、介绍他人和介绍集体三种。

1. 自我介绍

1）先向对方点头致意，得到回应后，再向对方介绍自己的情况，同时递上事先准备好的名片。

2）把握介绍的时机、分寸。介绍时，要注意选择好自我介绍的时机，若是对方忙于工作或是心情不佳时最好不要冒昧上前进行自我介绍。此时介绍往往不会给对方留下好的第一印象，甚至有时还会引起对方的反感。

3）注意面部表情。介绍时应该表情轻松，面带微笑，精神饱满地显示出充分的自信。如果在自我介绍时显示出忸忸怩怩、拘谨不安的情绪，会让对方感觉你内心的羞怯，对你的能力表示怀疑。

（4）注意介绍的内容、方式。介绍时应该使用一些礼貌用语。如果选择在对方交谈的空隙进行自我介绍，就应该面带微笑，语调热情，例如，"很抱歉，可以打扰一下吗？我是××公司的×××"；或"两位好，请允许我自己介绍一下，我是××公司的业务员×××"，并递上你的名片。

自我介绍要简明扼要，讲清自己的姓名和工作部门就可以了。切记不要出现例如"哎，我是××"之类不礼貌的用语。

在进行自我介绍时，注意不能一开口就炫耀自己，这容易给人夸夸其谈的感觉，与之交往时通常会心存戒心；而有一些人在自我介绍时为了显示自己的谦虚并恭维对方，常常自我贬低，这样容易让对方产生虚假、不真实的感觉。

2. 介绍他人（他人介绍）

在工作中，经常需要在他人之间架起人际关系的桥梁。他人介绍，又称第三者介绍，是经第三者为彼此不相识的双方引见、介绍的一种交际方式。他人介绍，通常是双方的，即对被介绍双方各自作一番介绍。有时，也可进行单向的他人介绍，即只将被介绍者中的某一方介绍给另一方。为他人作介绍时需要把握一些基本的礼仪要求。

首先是为他人作介绍的顺序。在为他人作介绍时谁先谁后，是一个比较敏感的礼仪问题。根据礼仪规范，在处理为他人作介绍的问题上必须遵守"尊者有优先知情权"规则。根据这个规则，为他人作介绍时的礼仪顺序有以下几种：

介绍上级与下级认识时，先介绍下级，后介绍上级；
介绍长辈与晚辈认识时，先介绍晚辈，后介绍长辈；
介绍女士与男士认识时，应先介绍男士，后介绍女士；
介绍公司同事与客户时，应先介绍同事，后介绍客户；
介绍已婚者与未婚者认识时，先介绍未婚者，后介绍已婚者；
介绍同事、朋友与家人认识时，应先介绍家人，后介绍同事、朋友；
介绍来宾与主人认识时，应先介绍主人，后介绍来宾；
介绍与会先到者与后来者认识时，应先介绍后来者，后介绍先来者。

其次，要考虑介绍人的措辞。在介绍别人时，对其个人情况应做出客观或积极的评价。你所介绍的内容也应包括有关你自己的信息。它反映了你对被介绍人的评价和看法。如果你在介绍一位负责应付账款的经理时这样说："李华是这幢大楼里对账目管理最有条理的一位。"这表明你承认李华的账目管理十分出色。但如果你这么说："李华是这座大楼里眼睛最漂亮的一位。"则表明你没有从业务角度来介绍她，无论这话是让李华感到局促不安还是十分享用，在工作场合，人们都会觉得你的介绍不太合适。

3. 集体介绍

集体介绍是他人介绍的一种特殊形式，是指介绍者在为他人介绍时，被介绍者其中一方或者双方不止一个人，甚至是许多人。在需要作集体介绍时，原则上应参照为他人介绍的顺序进行。其基本规则是：介绍双方时，先卑后尊。而在介绍其中各自一方时，则应当由尊而卑。

11.3.3　名片礼仪

名片是当代交往中一种最为实用的介绍性媒介。作为自我的"介绍信"，它具有使用方便、易于保存等特点，而且不讲尊卑、不分职业，不论男女老少均可使用，因此颇受欢迎。作为秘书，在交往中，要正确地使用名片，就应对名片交换的时机、交换的要点及名片的存放几个方面做到合乎礼仪规范。

1. 名片交换时机

当你与某人第一次见面时，一般都要赠送一张名片，这是十分得体的礼仪。交换名片通常标志着初次见面的结束。出示名片表明你有与对方继续保持联络的意向。

在宾客较多的场合，一开始就接受名片可帮助你及早了解来客的身份。例如，会议上来了许多代表，而你对他们的姓名职务都不太清楚，那么在会议开始前就应向他们索要名片，然后可采用日本人的习惯，把它们摆放在桌上当座位图使用。

去拜访某人时，如果主人没有出示名片，客人可在道别前索要。如果主人的名片就放在桌上的名片盒中，应首先征求同意然后再取出一张。你可以递上两张名片，一张给主人，另一张给秘书。当然你也可以索要两张名片，一张存放在你自己的名片夹里，另一张可钉在客户卷宗里。

用餐时不要出示名片，而应等到用餐结束。在私人宴会上，除非有人索要，否则不要散发名片——那样会混淆商务与社交的界线。在参加社交活动时，可随身携带名片，需要时便可出示，但不可把花园聚会变成推销会。

2. 名片交换时的要点

双手食指和拇指执名片的两角，以文字正向对方，一边自我介绍，一边递过名片。对方递过来的名片，应该用双手接过，以示尊重。如果双方同时递名片，自己的应从对方的稍下方递过去，同时以左手接过对方的名片。接过名片后，要看上几秒钟，以示尊重。对方人较多时，应从领导开始交换名片。收到名片不要立刻放进包里，应放在面前桌上，谈话时用得着。

交换名片时该说什么？当你想出示名片时，可说："这是我的名片，如果有其他的问题，尽管打电话给我好了。"或者你可以说："寄信请用这上面的地址，希望能尽快听到你的消息。"如果你想给一位长期客户赠送名片，可以说："您有我的名片吗？"或"我一直想给您一张名片。"当你的职位或通信方式有变化时，你可以说："这是我的新名片。"当某人向你索要名片时，直接拒绝是不太礼貌的，但是你可以这么说："对不起，我的名片都用光了"或"我忘带了"。接受名片时要说"谢谢"，并略为注视几眼再放好。还可以边看边稍加评论，比如："你们公司总部在青岛，那儿是不是正在举行啤酒节？"。

3. 名片的存放

随身所带的名片，最好放在专用的名片包、名片夹里，此外也可以放在上衣口袋内。不要把它放在裤袋、裙兜、提包、钱夹里，这样做既不正式，也显得杂乱无章。在自己的公文包以及办公桌抽屉里，也应经常备有名片，以便随时使用。在交际场合，如需要名片，则应事先预备好，不要在使用时再临时翻找。接过他人名片看过之后，应将其精心放在自己的名片包、名片夹或上衣口袋里，切勿放在其他地方。

▶ **案例讨论 11-4**

情景：A 男士和 B 女士两位秘书在门口迎接来宾。一辆小轿车驶到，一男士下车。B 女士走上前，道："王总您好！"呈上自己的名片。又道："王总，我叫李月，是××集团的秘书，专程前来迎接您。"王总道谢。A 男士上前："王总好！您认识我吧？"王总点头。小赵又问："那我是谁？"王总尴尬不堪。

问题：请分析以上情景中两人做法的正误。做法不对的错在哪里？应该怎么做？

11.3.4 握手礼仪

握手是日常交往的一般礼节，多用于见面时的问候与致意；也多用于告别时的致谢与祝愿。这是世界各国通行的礼节。握手虽是日常生活中司空见惯、看似平常的社交礼仪，但从握手中却可以传递出许多信息。在轻轻一握之中，可以传达出热情的问候、真诚的祝愿、殷切的期盼、由衷的感谢，也可以传达出虚情假意、敷衍应付、冷漠与轻视。所以，绝不能等闲视之。学习握手礼，应掌握的要点有握手的场合、握手的顺序、握手的姿态、握手的禁忌等。

1. 握手的场合

下列情形，一般应与别人握手：

遇到较长时间未曾谋面的熟人，应与其握手，以示为久别重逢而万分欣喜。

在被介绍与人相识，双方互致问候时，应握手致意，表示为相识而感到荣幸与高兴，愿与对方建立友谊与联系。

当对方取得很大的成绩或重大的成果、获得奖赏、被授予荣誉称号或有其他喜事时，见面应与之握手以表示祝贺。

在自己领取奖品时，应与发奖者握手以表示感谢。

向他人表示恭喜、祝贺之时，如祝贺结婚、生子、升学、乔迁、事业成功或获得荣誉、嘉奖时，应与之握手，以示贺喜之诚意。

应邀参加社交活动，如宴会、舞会、音乐会前后，应与主人握手，以示谢意。

参加友人、同事或上下级的家属追悼会，在离别时，应和死者的主要亲属握手，表示劝慰。

2. 握手的顺序

社交活动中，由于握手代表了一定的情感态度，表示对对方的友好尊重，因此，按照什么顺序握手就显得十分重要。

有很多人认为，在社交中，无论对方的性别和身份怎样，为了表达自己的真心实意，都应该先伸手与对方相握。其实这是一个误区。握手到底应该遵照怎样的顺序呢？主要是把握"三优先"的原则。

长者优先的原则：只有年长者先伸出手，年幼者才可以伸手相握。这种做法，符合社会的"长者为尊"的伦理标准，表示对年长者的尊重。

女士优先的原则：只有女士先伸出手，男士才能伸手相握。女士优先的原则起源于西方所提倡的"Lady First"，这种规范体现了现代的文明意识，表达了对女性的尊重。

职位高者优先的原则：只有职位高的人先伸出手，职位低的人才能伸手相握。

3. 握手的姿态

行握手礼时，通常距离受礼者约一步，两足立正，上身稍向前倾，伸出右手，四指并齐，拇指张开与对方相握，微微抖动3～4次，然后与对方的手松开，恢复原状。与关系亲近者，握手时可稍加力度和抖动次数，甚至双手交叉热烈相握。

握手必须用右手。如果恰好右手正在做事，一时抽不出来，或者手弄得很脏很湿，应向对方说明，摊开手表示歉意，或立即洗干净手，与对方热情相握。如果戴着手套，则应取下后再与对方相握。否则都是不礼貌的。

握手要热情。握手时双目要注视着对方的眼睛，微笑致意，并且口道问候。

握手要注意力度。握手时，既不能有气无力，也不能握得太紧，甚至握痛了对方的手。握得太轻，或只触到对方的手指尖，不握住整只手，对方会觉得你傲慢或缺乏诚意；握得太紧，对方则会感到你热情过火，不善掩饰内心的喜悦，或觉得你粗鲁、轻佻而不庄重。这些都是失礼的。

握手应注意时间。握手时，既不宜轻轻一碰就放下，也不要久久握住不放。要掌握适度原则，一般来说，表示完欢迎或告辞致意的话以后，即应放下。在普通情况下，与他人握手的时间不宜过短或过长。大体来讲，握手的全部时间应控制在3秒以内，握上一两下即可。

握手时两手稍触即分，时间过短，好似在走过场，又像是对对方怀有戒意。而与他人握手时间过长，尤其是拉住异性或初次见面者的手长久不放，则会被人误解。

4. 握手的禁忌

忌不讲先后顺序。如前所述，在正式场合，握手必须遵照长者优先、女士优先、职位高者优先的原则。如果两对夫妻见面，先是女性相互致意，然后男性分别向对方的妻子致意，最后是男性互相致意。

忌戴手套握手。在社交活动中，如果女士的手套是其服装的组成部分，允许戴着手套和他人握手，但男士必须在与他人握手前脱下手套。

忌用左手握手。尤其是在涉外场合，不要用左手与对方相握，因为有些国家比如阿拉伯，还有一些信仰穆斯林教的教徒，他们普遍认为左手是不洁的，不能随便碰其他人。

忌握手时身体其他部分行为不规范。比如握手时将另外一只手插在衣袋里；握手时另外一只手依旧拿着香烟等不放下；握手时东张西望，左顾右盼，这些心不在焉的做法都是错误的。

忌交叉握手。在社交场合，如果要握手的人较多，可以按照一定的顺序进行，或由近及远或从左到右依次与人握手。基督教徒尤其忌讳交叉握手，因为交叉握手时形成的十字架图案被认为是很不吉利的。

忌握手时手部不洁净。与对方握手之前，应该保持手部的洁净，手部粘着灰尘或很脏，这样都是对对方的不尊重，同时避免与他人握手后用手帕擦手。

11.3.5 其他交往礼仪

1. 迎接礼仪

迎来送往，是公关社会交往接待活动中最基本的形式和重要环节，是表达主人情谊、体现礼貌素养的重要方面。在工作往来中，对于如约而来的客人，特别是贵宾或远道而来的客人，表示热情、友好的最佳方式，就是指派专人出面，提前到达双方约定的或者是适当的地点，恭候客人的到来。对前来访问、洽谈业务、参加会议的外国、外地客人，应首先了解对方到达的车次、航班，安排与客人身份、职务相当的人员前去迎接。

在人声嘈杂的迎候地点迎接素不相识的客人时，务必确认客人的身份，通常有4种方法可行。

一是使用接站牌。可事先准备好一块牌子，上书"热烈欢迎某某先生（女士）"或"某单位接待处"，尽量不要用白纸黑字，让人感到晦气。

二是悬挂欢迎横幅。在迎接重要客人或众多客人时，这种方法最适用。通常，欢迎条幅应以黑色毛笔字书写于红纸上并端庄地悬挂于醒目处。

三是佩带身份胸卡。这种方式指迎宾人员在迎宾现场所采用的，以供客人确认本人身份的一种标志性胸卡。其内容主要为本人姓名、工作单位、所在部门及现任职务等。可别在左胸前，或戴在脖子上。

四是自我介绍。

接到客人后，应向客人施礼、致意，要做到以下4点：

热情握手；主动寒暄，首先问候"一路辛苦了""欢迎您来到我们这个美丽的城市""欢迎您来到我们公司"等；自我介绍，向对方作自我介绍。如果宾主早已认识，则一般由礼宾人员或主方迎候人员中身份最高者，率先将主方迎候人员按一定顺序一一介绍给客人，然后再由客人中身份最高者，将客人按一定顺序一一介绍给主方。如果有名片，可送予对方；有问必答。

2. 乘车礼仪

1）准备工作。迎接客人应提前为客人准备好交通工具，不要等客人到了才匆匆忙忙准备交通工具，那样会因让客人久等而误事。

2）服务周到。客人所带箱包、行李，要主动代为提拎，但不要代背女客随身小提包。客人有托运的物品，应主动代为办理领取手续。

3）座次排列。以轿车为例，座次的常规一般是右座高于左座，后排高于前排。目前在国内公务接待中最为常见的双排五人座轿车，车上座次的尊卑自高而低依次为：后排右座，后排左座，后排中座，前排副驾驶座。在公务活动中，尤其是在公务接待中，轿车上的前排副驾驶座通常被称为"随员座"。按惯例，此座应由陪同、秘书、译员、警卫或助手就座，而不宜请客人在此就座。唯独在主人亲自驾驶轿车时，客人坐在副驾驶座上与主人"平起平坐"，才是合乎礼仪的。主人亲自驾车，客人只有一人，应坐在主人旁边。若同坐多人，中途坐前座的客人下车后，在后面坐的客人应改坐前座，此项礼节最易疏忽。在一般情况下，双排五人座轿车上的后排中座左右挨夹，坐在那里很不舒服，因此不宜请客人就座于此。

4）乘车姿势。上车时最好客人从右侧门上车，主人从左侧门上车，避免从客人座前穿过。女士登车不要一只脚先踏入车内，也不要爬进车里。需先站在座位边上，把身体降低，让臀部坐到位子上，再将双腿一起收进车里，双膝一定保持合并的姿势。

3. 引导礼仪

在引导来宾时，具体到顺序问题上主要会遇到下列五种情况。

1）主客并排行进。在主客双方并排行进时，引导者应主动在外侧行走，而请客人行走于内侧。若三人并行时，通常中间的位次最高，内侧的位次居次，外侧的位次最低。

2）主客单行行进。在不宜并行时，一定要自觉遵守交通规则，单行行进。在单行行进时，循例应由引导者行走在前，而使客人行走于其后，以便由前者为后者带路。

3）出入房门。在出入房门时，引导者须主动替来宾开门或关门。此刻，引导者可先行一步，推开或拉开房门，待客人首先通过。随之再轻掩房门，赶上来宾。

4）出入电梯。出入无人控制的电梯时，引导者须先入后出，以操纵电梯。出入有人控制的电梯时，引导者则应后入后出，这样做主要是为了表示对客人的礼貌。

5）出入轿车。如果引导者与客人同车出行，主客不同车时，一般应为引导者座车在前，客人座车居后；主客同车时，则大都讲究引导者后登车、先下车，客人先登车、后下车。

4. 座次礼仪

按照接待礼仪的约定俗成之法，在招待客人，排列主客之间的具体座次时，主要有如下4种方式。

1）面门为上。主客双方采用"相对式"就座时，依照惯例，通常以面对房门的座位为上座，应让之于客人；以背对房门的座位为下座，宜由主人自己在此就座。

2）以右为上。主客双方采用"并列式"就座时，以右侧为上，应请客人就座；以左侧为下，应归主人自己就座。若主客双方参与会见者不止一人，则双方的其他人员可分别按照各自身份的高低，由近而远在己方负责人一侧就座。

3）居中为上。如果客人较少，而主方参见会见者较多之时，往往可以由主方的人员以一定的方式围坐在客人的两侧或者四周，而请客人居于中央。

4）以远为上。当主客双方并未面对房间的正门，而是居于房内左右两侧之中的一侧时，一般以距离房门较远的座位为上座，应请客人就座；而以距离房门较近的座位为下座，由主人就座。

5. 宴会礼仪

宴会是交往不可缺少的重要手段，公关人员必须懂得宴会的知识及宴会上的礼节，以便有效地利用宴会，达到交往的目的。宴会通常分为国宴、正式宴会、便宴、工作进餐等，宴会采取何种形式，在很大程度上取决于当地习惯做法，并参照有关方面采用的规格，做到礼尚往来。

1）应邀。接到请柬，能否出席，要尽快答复，对写有"请答复"字样的请柬，不管出席与否都要答复，一旦接受邀请，就不要随意改动，万一不能出席要尽早向主人说明。赴宴要准时，不要迟到，也不要提前15分钟以上。

2）入席。入席如有人带路，女士在前；无人带路，女士在后。用右手拉椅，从左面入座，男女宾同桌，男宾要照顾女宾。

3）进餐。进餐前应自由地与其他客人交谈，勿静坐，不要只同熟人交谈，要多交新朋友；服务员送上第一道毛巾是用来擦手的，进餐时要举止文雅，不可跷二郎腿，也不宜吸烟，更不可大声喧哗，拿着餐刀乱晃；咀嚼食物时要把嘴闭上，喝汤和吃菜都不要发出声音来；喝酒时不要勉强劝酒，要控制在本人酒量的1/3以内；宴会进行中，不能当众解开纽扣、脱下衣服，中途尽量不要离座，若需离座时，将餐巾放在椅子上，用毕才放桌上；剔牙时应用手或餐巾遮口，咳嗽、吐痰应离开餐桌；喝茶或咖啡时，不可用小茶匙来啜咖啡，喝时右手拿杯把，左手端小碟；吃水果时不要整个拿着咬，应先去皮，切成小块，放入嘴中；宴会结束后，应向主人致谢。

6. 送客礼仪

人们常说："迎人迎三步，送人送七步。"可见送客礼节是多么的重要。接待工作顺利完成后，必须认识到送客比接待更重要，这是为了留给对方美好的回忆，以期待客人能再度光临。因此，送客又被称之为接待工作的"后续服务"。

在送客时应注意：当客人告辞时，应起身与客人握手道别。对于本地客人，一般应陪同送行至本单位楼下或大门口，待客人远去后再转身回去。如果是乘车离去的客人，一般应走至车前，接待人员帮客人拉开车门，待其上车后轻轻关门，挥手道别，目送车远去后再离开。对于外来的客人，应提前为之预订返程的车、船票或机票。一般情况下送行人员可前往外宾住宿处，陪同外宾一同前往机场、码头或车站，必要时可在贵宾室与外宾稍叙友谊，或举行专门的欢送仪式。在外宾临上飞机、轮船或火车之前，送行人员应按一定顺序同外宾一一握手话别，祝愿客人旅途平安并欢迎再次光临。飞机起飞、轮船或火车开动之后，送行人员应向外宾挥手致意，直至飞机、轮船或火车在视野里消失，送行人员方可离去。不可以在外宾刚登上飞机、轮船或火车时，送行人员就立即离去。

7. 交往禁忌

公共关系活动实际上也是一种文化活动，在开展各项活动中应当遵守一定的民族风俗习惯，了解有关交往禁忌，以便使活动顺利进行。

本章总结

本章主要介绍了礼仪的概念、特征、原则；公关礼仪的概念、公共关系与礼仪的关系；个人基本礼仪和日常交往礼仪。

礼仪是指人们在社会交往中，在仪表、仪态、仪容、言谈举止等方面约定俗成的、共同认可的规范和程序。公共关系礼仪是指公关人员在公关活动中应遵循的礼仪要求，并不包括其他场合的礼仪。礼仪具有规范性、限定性、可操作性、继承性和时代性。礼仪的原则主要是尊重真诚原则、谦和宽容原则、适度从俗原则和自信自律原则。在个人基本礼仪上，主要介绍了仪表、仪容、仪态以及在仪式等方面的礼仪，公关人员要在这些方面符合礼仪规范的要求。其次，在日常交往中，公关人员要注意致意、介绍、名片、握手礼仪以及迎接、乘车、引导、座次、宴会、送客等其他礼仪，还有在涉外公关活动中要注意交往禁忌。

知识及技能检测

一、名词解释

1. 礼仪
2. 公关关系礼仪

二、选择题

1. 狭义的礼仪就是表现在较大较隆重的场合时，一种规范化的程式化的（　　）。
   A. 仪表　　　　B. 礼节　　　　　　C. 仪式　　　　　　D. 礼貌
2. 一般认为，一切礼仪的起点是（　　）。
   A. 语言礼仪　　B. 个人礼仪　　　　C. 交际礼仪　　　　D. 文书礼仪
3. 举行双边洽谈时，应当使用（　　）。
   A. 圆桌　　　　B. 长桌　　　　　　C. 正方桌　　　　　D. 多角桌
4. 人们进入交际状态情感交流开始实施的第一个礼节是（　　）。
   A. 应邀礼节　　B. 见面礼节　　　　C. 招呼礼节　　　　D. 馈赠礼节

三、实训题

实训情景：

在校大学生除了正努力学习知识外，也在努力提升自己的整体形象，希望通过这样的努力，使自己能被更多的人接受并喜欢，例如同学、朋友、老师、未来的老板等。

实训步骤：

1. 进行仪容仪表状态自测

仪容仪表状态自测表

（1）坐下时，跷二郎腿，摇来晃去	有（ ）偶尔有（ ）没有（ ）	
（2）随地吐痰	有（ ）偶尔有（ ）没有（ ）	
（3）走路时，屁股、腰肢扭来扭去	有（ ）偶尔有（ ）没有（ ）	
（4）经常不加掩饰地用手挖鼻孔	有（ ）偶尔有（ ）没有（ ）	
（5）交谈时过于频繁地眨眼睛	有（ ）偶尔有（ ）没有（ ）	
（6）高兴起来手舞足蹈	有（ ）偶尔有（ ）没有（ ）	
（7）和自己的女朋友（男朋友）一起在公共场所时有过分亲密的举动	有（ ）偶尔有（ ）没有（ ）	
（8）当漂亮姑娘从身边走过时，回头直盯盯地目送她的背影	有（ ）偶尔有（ ）没有（ ）	
（9）用完餐后，一直用牙签在口中捣来捣去	有（ ）偶尔有（ ）没有（ ）	
（10）借用同学的东西，从未主动归还	有（ ）偶尔有（ ）没有（ ）	
（11）搔抓头皮	有（ ）偶尔有（ ）没有（ ）	
（12）在公共场所，一边听音乐，一边用脚打拍子	有（ ）偶尔有（ ）没有（ ）	
（13）走路时把手插进裤袋	有（ ）偶尔有（ ）没有（ ）	
（14）抽烟或喝水时嘴里经常发出响声	有（ ）偶尔有（ ）没有（ ）	
（15）不择地方，倒头便睡	有（ ）偶尔有（ ）没有（ ）	

说明：选"有"得2分，选"偶尔有"得1分，选"没有"不得分，然后累计总分。

分数为0~10分：基本上没有令人讨厌的举止，留给大家的是良好的第一印象。

分数为11~20分：在些不文明、不文雅的举止，但尚属可改正之列。只要你改掉了这些缺点，你将会获得大家的好感。

分数为21~30分：仪态丑陋、令人生厌。你虽然很渴望得到大家尤其是女性同事的好感，但你难看的举动使大家对你敬而远之。你必须深刻反省，注意自己在社交场合的举止，争取留给大家一个文明的形象。

2. 选定一些特定的场合，让学生充分发挥自己的观察能力，寻找身边不符合日常礼仪和公关礼仪的行为，做出记录。

3. 组织讨论，归纳出一份"礼仪禁忌"作为未来规范自己行为的准则表。

4. 对照上述准则表，检查自己的行为是否有不符合标准的地方。提出自己的公关礼仪培训计划。

拓展阅读

面试礼仪

面试是求职者在求职进程中最重要的一个环节，将全面体现求职者的形象、个性、素质和能力。它是求职者努力推销自己的机会,但也充满了挑战。

1. 面试前的心理准备

充满自信是求职者在面试时必备的心理素质,也是面试成功的先决条件。如果是第一次参加面试,事先最好在家人或朋友面前进行演练。例如:小吴与小林经过几轮的角逐,终于得到了最后一轮的面试机会,并且由公司总经理直接面试定夺。总经理问道:"你们会用英语对话吗?"小林答:"会。"小吴答:"说得不好。"总经理又问:"你们有与外商直接对话的经验吗?"两人均回答没有。总经理说:"如果给你们一周的时间学习,能学会吗?"小林答:"可以,即使5天也能学会。"小吴答:"也许可以。"最后公司录用了小林,而小吴因为他的不肯定态度,使总经理认为他缺乏自信,无法胜任工作。

几乎所有的面试成功者的经历都不是一帆风顺的。因此要做好失败的心理准备。例如:小周是个品学兼优的毕业生,学校老师推荐她去一家著名的跨国公司面试,小周非常珍惜这次来之不易的机会,为此背上了沉重的心理包袱,在面试时发挥失常。回答考官提问时,她的声音在颤抖、脚也不听使唤地微微哆嗦。有了失败的经验,小周变得成熟了许多。之后她又连续去了几家单位面试,结果一次比一次放松,效果也越来越好。最后,她选择了一家更适合自己的公司。

2. 面试前的资料准备

1)要尽量多地了解招聘单位的情况,做到知己知彼。

2)让招聘者更多地了解自己。

3. 面试中的礼仪

(1)遵守时间　守时是职业道德中的基本要求,如果参加面试迟到,那么不管你有什么理由,也会给面试蒙上阴影。如果因为各种突发的原因,实在不能按时到达,应提前打电话通知对方,并表示歉意,请求对方另安排面试的时间。

(2)注意衣着　应聘者外在形象的好坏在一定程度上会影响到能否被录用。如果有可能,事先把面试时的服装试穿一下,以免面试当天有穿着不舒适的感觉。

男士参加面试,首先要注意个人的清洁,胡子一定要刮干净,头发梳理整齐,不要留长发,不要留长指甲。穿衣服要整洁,西装不一定要非常昂贵。西装的色调要选择给人稳重感觉的深素色系,如藏青色、蓝色、黑色、深灰色等。

女士参加面试时,给人的第一印象往往是头发。因此,发型不要太前卫,不要把头发染成各种颜色。服装颜色以淡雅或同色系列的搭配为宜,衣着要合身,太宽松、太紧身、太暴露的都不合适。裙子不能太短。可以略施淡妆,不宜浓妆艳抹,也不要将手指与脚趾涂上鲜红的指甲油。

(3)注意举止　与面试官交谈时,要正视提问者的眼睛和眉毛的部位。要与对方的目光接触、正视对方,否则会被认为是害羞、缺乏自信。

在面试中,面试官的每一句话都是非常重要的。因此要集中精力,认真地听。要记住对方说的重点内容。

微笑是每位应试者必须具备的表情。无论哪位面试官,都不会喜欢一个面无表情,不会微笑的人。

(4)不卑不亢平等对话　有些主考官往往会用尖锐、咄咄逼人的气势向应聘者提问,作为应聘者,不要被这种情形所吓倒,也不要为此发怒,要学会以柔克刚。也许这就是考官设下的"陷阱"。

不要随意打断面试官的话。无论是反对还是赞成,都要自然、得体;对面试官有不同看法时,也没有必要去争个明白。

4. 面试后的礼仪

当面试发挥不好,被面试官暗示未被录取时,在离开面试现场前,应向面试官表示感谢,并友好、大方地道一声再见。

面试结束后,你可以及时、主动地写一封信给面试单位,对他们上次安排的面试表示衷心的感谢;并说明自己非常希望能得到这份工作,而且有能力做好它。这样往往会让招聘者记住你。俗话说,礼多人不怪,一旦在招聘单位举棋不定的时候,这封信就起到了决定性的作用。

如果得到录取的通知后,应及时给对方一个决定应聘的回音。倘若不打算接受这份工作,也应及时以信函或电话的形式反馈对方,并表示谢意和歉意。

第 12 章 公共关系与沟通

■ **学习目标** ■

知识目标：了解公关关系沟通的概念、基本原则和基本过程，掌握公关语言艺术及非语言沟通艺术及有关技巧，熟悉人际沟通、求职沟通、职场沟通的方法、技巧及运用。

技能目标：能灵活运用公关语言和非语言沟通技巧以及人际沟通、求职沟通和职场沟通方法。

引 例

不会沟通，从同事到冤家

小贾是公司销售部一名员工，为人比较随和，不喜争执，和同事的关系处得都比较好。但是，前一段时间，不知道为什么，同一部门的小李总是处处和他过不去，有时候还故意在别人面前指桑骂槐，对跟他合作的工作任务也都有意让小贾做得多，甚至还抢了小贾的好几个老客户。

起初，小贾觉得都是同事，没什么大不了的，忍一忍就算了。但是，看到小李如此嚣张，小贾一赌气，告到了经理那儿。经理把小李批评了一通。从此，小贾和小李成了冤家了。

案例点评：小贾所遇到的事情是在工作中常常出现的一个问题。在一段时间里，同事小李对他的态度大有改变，小贾应该留心是不是哪里出了问题。但是，小贾只是一味地忍让，这种忍让不是一个好办法，更重要的应该是多沟通。

小贾应该考虑是不是小李对自己有了一些误会，他的态度才会变得这么恶劣。小贾应该主动及时和小李进行一次真诚的沟通，问问小李是不是自己什么地方做得不对，让他有误会。任何人都不喜欢与人结怨，可能小贾和小李之间的矛盾在比较浅的时候通过及时的沟通就会消除。

但结果是，小贾到了忍不下去的时候，选择了告状。其实，找主管来说明一些事情，不能说方法不对，关键是怎么处理。在这里小贾、部门主管、小李三人犯了一个共同的错误，那就是没有坚持"对事不对人"，主管做事过于草率，没有起到应有的调节作用，他的一番批评反而加剧了二人之间的矛盾。正确的做法应该是把双方产生矛盾的疙瘩解开，加强员工间的沟通。

我们每一个人都应该学会主动地沟通、真诚地沟通、策略地沟通，如此才可能有效化解工作与生活中很多可以避免发生的误会和矛盾。

12.1 公共关系沟通概述

12.1.1 公共关系沟通的概念

沟通是人与人之间、人与群体之间思想与感情的传递和反馈的过程，以求思想达成一致和感情的通畅。

狭义的公共关系沟通是指社会组织在公关活动中所进行的组织与公众间的信息沟通。由于公共关系沟通是建立在人际交往基础之上的沟通，所以广义的公共关系沟通包括所有的人际沟通、组织沟通以及组织与人际间的相互沟通。公共关系沟通是为了协调关系、塑造形象，要讲究原则，讲究计划性，这样才能称为公共关系沟通艺术。

公共关系沟通有别于普通的人际沟通。具体表现如下：

（1）公共关系沟通与职业相关，形式多样　公共关系沟通是主体与公众之间的沟通，一般与职业有关，包含组织沟通、媒体沟通、人际沟通等多种沟通形式。

（2）公共关系沟通有明确的目的　公共关系沟通具有明确的目的，那就是为了与公众达到彼此了解、相互信任和建立良好的公众关系。

（3）公共关系沟通讲究原则　公共关系沟通是建立在公关基本原则基础之上的沟通，公关原则是公共关系沟通原则的基础和依据。

（4）公共关系沟通是有计划的沟通　公共关系沟通有明确的目的，沟通内容和方式都必须经过事先的设计。

（5）公共关系沟通追求和谐　公共关系沟通的战术目标是建立良好的公众关系，战略目标是营建内利团结、外利发展的公众环境，追求主体与公众的和谐，这也是社会发展的和谐。所以，我们称公共关系沟通为沟通艺术。

12.1.2 公共关系沟通的基本原则

沟通在公共关系中起着增进了解、实现信息互换、协调误解和矛盾、加强协作等积极的作用。进行公共关系沟通应遵循以下原则：

1. 互动原则

公共关系沟通是一项信息传递、反馈、再传递、再反馈，如此循环且螺旋上升的交流活动。沟通的目的主要是增进彼此认识和了解，促进双方达成共识，建立信任、合作、支持的互利互惠关系。为此，组织在沟通的过程中，应积极收集公众的反馈信息，全面了解、掌握公众对信息的认知度、共鸣度，并通过分析反馈的信息及时调整组织信息，最大限度地消除沟通障碍，提高沟通质量，确保沟通活动连续、顺畅。

2. 共感原则

公共关系沟通的融洽和顺畅不取决于关系双方的认识和交往程度，而是取决于双方沟通信息内容的共感程度，即共同的兴趣、信仰。一旦关系一方的观念、意见引起另一方的争议或抵触，就会破坏双方的情感，产生紧张和误会，影响双方关系的紧密度。为此，针对沟通中不协调的信息，组织应采取慎重的处理方式，一方面可以通过演讲发表主张，或采用座谈交流等方式给予引导，以便让公众转变不恰当的观点和评价标准，促进彼此达成共识；另一方面要分清沟通的矛盾焦点，分析改变公众意见和态度的可行性，对不可调和的分歧，应适当做出让步，寻求最合适的解决途径，通过求证共感区域，满足公众利益，消除紧张，使关系实现平衡与和谐。

3. 整合原则

公共关系相对于组织而言是一个群体关系，是组织利益点的集合。针对不同公众，组织应选择不同的信息载体，推行多种沟通方式，使沟通能形成立体的整合效应。同时，要善于将分散的信息进行汇总，采用垂直、横向的沟通渠道，使各公众之间的资源实现共享。

4. 实效原则

公共关系建立在相互利益基础之上，沟通需要围绕一定的目的，通过不断提高效率来增强有效度。沟通效率是指依据利益点，选择适当的时间、方式、手段，快捷、准确、及时传递信息产生的实效性和节奏感；有效度是指沟通对信息接收者影响的效果与程度。

沟通对信息接收者的影响效果主要分为正向效果与逆向效果。正向效果是指沟通使关系双方的情感、志趣、认知、价值观等共性因数产生共鸣，通过群策群力、紧密合作而形成的积极效应。共性因素的共鸣程度越高，正向效果值越大。逆向效果是指沟通无法吸引公众兴趣、热情和共识，甚至导致抵触、偏见、反感与敌对情绪而形成的消极效应。抵触、敌对情绪越大，逆向效果值越大。针对正向效果，组织应不断改进沟通方式，通过贴近公众情感，强化共性因素。针对逆向效果，组织应调整沟通方式，转变沟通态度，通过尊重公众情感，弥补共性差异，努力实现"逆向转化"。

12.1.3　公共关系沟通的基本过程

沟通过程是指沟通主体对沟通客体进行有目的、有计划、有组织的思想、观念、信息交流，使沟通成为双向互动的过程。

1. 沟通过程的要素

沟通过程包括5个要素，即沟通主体、沟通客体、沟通介体、沟通环境和沟通渠道。

（1）沟通主体　是指有目的地对沟通客体施加影响的个人和团体，诸如党、团、行政组织、家庭、社会文化团体及社会成员等。沟通主体可以选择和决定沟通客体、沟通介体、沟通环境和沟通渠道，在沟通过程中处于主导地位。

（2）沟通客体　即沟通对象，包括个体沟通对象和团体沟通对象；团体的沟通对象还有正式群体和非正式群体的区分。沟通对象是沟通过程的出发点和落脚点，因而在沟通过程中具有积极的能动作用。

（3）沟通介体　即沟通主体用以影响、作用于沟通客体的中介，包括沟通内容和沟通方法。沟通主体与客体间的联系，保证沟通过程的正常开展。

（4）沟通环境　既包括与个体间接联系的社会整体环境（政治制度、经济制度、政治观点、道德风尚、群体结构等），又包括与个体直接联系的区域环境（学习环境、工作环境、家庭等），对个体直接施加影响的社会情境及小型的人际群落。

（5）沟通渠道　即沟通介体从沟通主体传达给沟通客体的途径。沟通渠道不仅能使正确的思想观念尽可能全、准、快地传达给沟通客体，而且还能广泛、及时、准确地收集客体的思想动态和反馈的信息，因而沟通渠道是实施沟通过程，提高沟通功效的重要环节。沟通渠道有很多，如谈心、座谈等。

2. 沟通过程的基本步骤

在信息传递中，无论沟通双方是通过言语沟通、非言语沟通还是采用更先进的沟通技术，沟通过程一般经历下列步骤：

第一步：产生想法。沟通的起点是发送信息者产生一个需要沟通的想法。没有想法，一切就无从谈起。发送者在产生想法后还将权衡沟通的价值，判断是否有进行沟通的必要，即"三思而后行"。

第二步：进行编码。发送者产生沟通的想法并决定进行沟通后，接下来就必须把要传递的信息编码转换为恰当的文字、图标或其他符号。同时，确定信息的传递方式并对信息进行组织。常见的信息传递方式有直接访谈、电话、信函、电子邮件、公文等。

第三步：信息传递。信息编码完成后，下一步要做的就是把编码、组织好的信息按预先确定的传递方式传递出去。此时，信息传递者必须选择合适的传递时机和传递渠道，并尽量避免传递过程中的信息延误或曲解，减少传递过程中的各种障碍和干扰，使信息能顺利到达接收者并引起足够的注意。

第四步：信息接收。前述三个步骤构成了信息的发送过程。信息成功发送后，接下来要做的就是接收。良好的沟通不仅需要发送者准确的编码和传递，还需要接收者能应用各种接收技巧，完整地接收信息。否则，信息就会丢失或部分丢失，从而无法实现沟通的目标。

第五步：进行解码。信息被完整接收之后，还必须进行解码，以便准确地理解它。解码是编码的逆过程，需要解码者能透过接收的文字、图标或其他符号，理解其内在含义。因此，成功的编码—解码过程首先要求发送者在编码时尽量根据接收者的解码技能，选用恰当的编码方式，同时还要求接收者不断学习，熟悉发送者的语言，提高自己的解码水平。例如，大学教授在面对一群非专业的听众时，往往选用最平实易懂的词汇讲授专业问题；同时，听众为了能更好地理解这些内容，有时需要预先读一些相关资料。

第六步：接受信息。接收者准确理解发送过来的信息后，下一步要做的就是决定是否接受它，是完全接受还是部分接受。影响接受的因素有：对信息准确性的感觉，信息传递者的权威和信誉，接收者对相关信息的了解等。

第七步：使用信息。信息被接收者使用是沟通的意义所在，但使用与否主要取决于接收者：他可以对信息置之不理，或按照信息指示付诸实施，或存储起来为将来备用，或采取其他措施。

第八步：信息反馈。就是接收者告知发送者收到信息并做出有关反应。一般来说，由于沟通过程中存在着许多干扰和扭曲信息传递的因素（通常把这些因素称为噪音），这使得沟通的效率大为降低。因此，发送者了解信息被理解的程度也是十分必要的。沟通过程中的反馈，构成了信息的双向沟通。

以上八个步骤构成了沟通的过程。了解沟通的过程，不断提高各个步骤的水平，才能更好地进行有效沟通。

12.2 公共关系沟通措施

12.2.1 公关语言艺术

语言是人类交际的工具和媒体，是人类思维赖以进行的工具，它以音义结合并以随机应变的方式为人类所专有。语言是实现人与人有效沟通的关键因素，对公关从业人员来说，掌握语言表达艺术至关重要。

1. 语言要得体

在与人交往中，要说好每一句话不是一件容易的事情，因此，说话时必须讲究礼貌，真诚、慷慨地赞美别人，注意上下协调一致，前后照应，并尽量理解每一个人的心境，掌握分寸，适度说话，同时注意避讳，尽量避免无原则的争论。具体来说，应注意以下几项内容。

（1）说话要看自己的身份　人生是一个大舞台，要在这个舞台上演好戏，必须遵循演戏的规则，不干不符合自己角色的事，不说不符合自己身份的话，要致力于培养说话的"角色意识"。在公共场合讲话，要符合自己的社会身份；在具体的说话对象面前，要明确自己的特定身份。例如，营销员要忌讳跟顾客争辩。营销员在与顾客沟通时，要知道自己是来推销产品的，不是来参加辩论会的，与顾客争辩解决不了任何问题，只会招致顾客的反感。

营销员要理解顾客对保险有不同的认识和见解，容许顾客讲话，发表不同的意见；如果和顾客发生激烈的争论，即使占了上风，赢得了胜利，把顾客驳得哑口无言，但结果是失去了顾客、丢掉了生意。

（2）说话要看对象　说话时要根据对方的年龄、性格、职业、知识水平、心境、文化背景、宗教信仰、兴趣爱好以及与自己关系密切的程度等，找准说话的切入点，寻找双方共同的经验区，投其所好，恰如其分地赞美对方，满足对方的心理要求。

要做到说话看对象，最重要的是要了解对象。对亲朋好友，因为很熟悉，说话时自然会注意到不同特点。对初次相识的人，就不那么容易了。性别、年龄很好看出来，身份、职业、文化修养等，则必须通过言谈话语去了解。因此，与陌生人见面，不要急于说什么，而要先倾听对方的话语。如果对方彬彬有礼，你也应该文雅、和气、谦逊；如果对方说话很直，不会拐弯抹角，你也应该坦诚、实在，想到什么就说出来；如果对方情绪低落，不爱说也不想听，你就应该少说几句，或者干脆不说。总之，要在了解对象的基础上，说出合适的话、有礼貌的话。

（3）说话要看场合　说话要看地点和氛围，在特定场合，不能说与当时氛围不协调的话，应积极主动地选择适合自己话题的场合。

场合是衡量一个人说话是否有分寸的试金石。说话应区分不同的场合，否则就达不到理想的效果。

▶ 案例讨论 12-1

某法院开庭审理一起盗窃案，被告人对作案时间交代不清。为了核实，审判长决定传被告之妻到庭作证。由于当时过分着急，审判长脱口说出了一句话："把他老婆带上来！"法庭顿时哗然，严肃的气氛被冲淡了。

问题：请讨论审判长的言语有何不妥之处？

（4）说话要看时机　选择适当的时机说话，是实现说话目的的一个重要保证，要注意：反映情况或说服人，要选择对方精神比较好或对方心境比较平和的时候；等双方的感情和认识差距缩小之后，再进行劝说；在设法吸引对方的兴趣和关注之后，再开始探讨问题、陈述观点；对一些可以预见发生的情况，应当"有言在先"；具有结论性分量的话，留在最后再说。

（5）让语言传情达意　首先过"语言关"，克服乡音和本地语言的局限，做到吐字清晰，发音准确；其次养成良好的表达习惯，说话多用通俗易懂的语言，让人听得清、听得懂、听得愉快；最后要讲究表达方式，说话时要根据自己的身份、对方的情况、具体的场合、适当的时机，选择相应的表达方式。

2. 声音的讲究

交谈过程中，说话者的语速、音质和声调，也是传递信息的符号。同一句话，说时和缓或急促，柔声细语或高门大嗓，使用商量的语气或颐指气使，面带笑容或板着面孔，效果大相径庭，要根据对象、场合进行调整。说话是一种艺术，要想把话说得好，正确地表达自己的意思，必须从以下几个方面注意。

（1）清晰易懂的发音　必须发音正确、清晰易懂，否则由于口齿不清，发音不准，就会影响内容的表达。清晰易懂的发音需依赖平时的练习，多注意他人的谈话，多朗读书报。此外，交谈时应克服紧张情绪，讲话不急不躁。

（2）说话的速度不宜太快，亦不宜太慢　说话太快会令人应接不暇，反应跟不上，而且自己也容易疲倦。有些人以为自己说话快些，可以节省时间，其实说话的目的，是使对方领悟你的意思。说话太慢，也会使人着急，既浪费时间，也会使听的人不耐烦，甚至失去谈下去的兴趣。因此，谈话中，只有使自己谈话的速度适中，即每分钟讲 120 个字左右，才最适宜。

（3）要注意语调　人们说话时常常要流露真情，语调就是流露这种真情的一个窗口。愉快、失望、坚定、犹豫、轻松、压抑、狂喜、悲哀等复杂的感情都会在语调的抑扬顿挫、轻重缓急中表现出来。语调同时还流露一个人的社交态度，那种心不在焉、和尚念经式的语调绝不会引起他人感情上的共鸣。

在社交场合，为使自己的谈话引人注目，谈吐得体，一定要在声音的大小、轻重、高低、快慢上有所用心,这样才能收到好的效果。但是,这要做得自然,如果装腔作势,过分追求所谓的效果,会给人华而不实,像在演戏的感觉,其实自然的音调也是美好动听的。

3. 言谈技巧

(1) 寻找话题的技巧　在与人交谈中应想方设法打破沉闷的局面,找个好话题,使谈话融洽自如。好话题是初步交谈的媒介、深入细谈的基础、纵情畅谈的开端。寻找话题的关键是找谈话对象感兴趣、熟悉的话题。具体包括:从眼前的事物谈起;积累谈话的题材;充分了解谈话对象;看清对象再讲话。

(2) 转移话题的技巧　在与人交谈中,当对方的问题过于敏感、不便问答时;当原话题与交际目标不符,要入正题时;当原话题已充分展开,谈话兴趣消退时,就必须想办法将话题转移到其他问题上去。善于谈话的人就懂得在适宜的时机转移话题,不使他人生厌,通常可使用以下三种较自然的转移话题的方法:让旧话题自行消失;在谈话进行中适时地插入新话题;从旧的话题往前引申一步,转移到新的话题上。

(3) 言语幽默风趣的技巧

1) 巧用反语。即使用和本意恰恰相反的话来表达本意的方法,其特点是正话反说或反话正说。

例如:有位班主任教师在对学生进行日常行为规范教育时,教育学生不喝酒、不吸烟,用了这样一个设问:"你能说出吸烟的好处吗?"看着学生茫然的样子,老师接着说:"我听人说吸烟的好处有'三防',一曰防老,二曰防盗,三曰防狗。防老,是严重吸烟者难以长寿;防盗,是严重吸烟者没日没夜地咳嗽,难以入睡;防狗,是说严重吸烟者未老先衰,早早就用上了拐杖。"学生哗然,这堂课的教育效果自然大增,让全班学生受到了一次良好的思想教育。

2) 隐含判断。即在自己所说的话中隐藏着另一个判断,其特点是话中有话,含而不露。

3) 张冠李戴。即将本来只适合于彼种场合的话移植到此种,其特点是语意翻新。

4) 故作不知。即明知不是如此,故意作如此解释,其特点是我自怡然。

5) 因势利导。即接过对方的话头,向着有利于自己的方向引导。

(4) "六不"语言禁忌　不讲阴阳怪气的话;不讲低级庸俗的话;不讲讽刺挖苦的话;不讲有伤他人自尊心的话;不讲强词夺理的话;不讲欺瞒哄骗的话。

12.2.2 聆听

国外有句谚语:"用十秒钟时间讲,用十分钟时间听"。这说明,听在人们的交往中居于非常重要的地位。面对面的交往、交谈是双向的,讲与听是对立统一的。既讲又听可以满足双方的需要,唯其如此才能使交谈顺利发展。

一般人在交谈中,倾向于以自己的意见、观点、感情来影响别人,因而往往谈个不停,似乎非如此无法达到交谈的目的。实际上,与人交谈,只做一个好的演说者不一定成功,还须做一个好的听众。也就是说,在谈话中,任何人都不可能总是处于说的位置上。要使交谈的双方双向交流畅通无阻，就必须善于倾听他人的谈话。善于聆听的人，懂得"三人行，必有我师"的道理，能够利用不同机会博采众长，丰富自己，而且能够留给别人讲礼貌的良好印象。

注意倾听别人讲话，还可以同时思考自己所要说的话，整理自己的思路，寻找恰当的词句，以完善地表达自己的意见，给人鲜明的印象。一般来讲，听比说快，听话者在听话过程中总有空余时间，在这些时间空隙里，应该回味讲话人的观点、定义、论据等，把讲话人的观点和自己的观点作比较，预想好自己要阐述观点的理由，设想可能有的其他观点等。因此，从某种意见上说，在社交场合受大家欢迎的，人人都爱与之交谈的人，并不仅仅在于他能说会道，而重要的是他会听。因为交谈中只有既讲又听才可以满足双方的需要，也只有如此，才能使交谈顺利进行。如果只顾自己讲，不想听对方说，则一定是交谈中的"自私者"，当然也是不受欢迎的。

1. 善于倾听

善于倾听，是谈话成功的一个要诀。要注意以下几个方面：

1）要站在对方的立场去听。聆听时要设身处地，要站在对方的立场去反应、去认识、去理解、去记忆。这样做，既能集中注意力，又能较好地理解说话者的原意，使对方感受到尊敬和鼓舞，愿意继续沟通，并发展彼此友好的往来关系。

2）要注意谈话者的神态、表情等非语言传播手段。这些往往会透露出谈话者的话外之意，不仅如此，还要多注意自己的"身体语言"。在他人讲话时，应尽可能地以柔和的目光注视着对方，以便与对方进行心灵上的交流与沟通，这样会使对方感受到无声的鼓励或赞许，可以赢得其好感。

3）要学会用声音、动作去呼应，要随着说话人情绪的变化而伴以相应的表情。如身体稍稍倾向于说话人，面带微笑。在说话者谈到要点，或是其观点需要得到理解和支持时，应适时适量地点点头，或是简洁地表明一下自己的态度。当然，只是在关键地方点点头就可以了，不必频频点头。同时，还可以通过一些简短的插话和提问，暗示对方你对他的话确实感兴趣，或启发对方，以引起感兴趣的话题。

如果对对方的话题不感兴趣，且十分厌烦，那就应该设法巧妙地转变话题。但须注意方式，取得谈话人的理解，而又不至于很唐突。

当有多人在一起交谈时，要学会用目光适当照应在场的其他人，很快地交换一下目光，以鼓励那些不爱开口的人说话。

4）要善于从他人的话语里找出他没有能明确表达出来的意思，避免产生误解，此时也可用一两个字暗示对方，或恰当地提出问题，以表明聆听得十分认真，并力求理解对方讲话的含义。

5）要善于向别人请教。如与人交谈时，能向其请教一两个他擅长且不避讳的问题，一定会使其自尊心得到莫大的满足。但要注意向人请教绝不能避实就虚，强人所难。

6）要注意避免不礼貌的听和交谈方式。例如，听别人谈话时，心不在焉，或左顾右盼，或处理他事，或摆弄东西，或不时走动。还有的人，听时虽然很认真，但却挑其毛病，或者妄加批判、下判断，或发出争论。这些行为，都会影响交谈正常而深入地进行，无法收到较好的效果，还可能影响到双方的关系。

2. 善于提问

谈话过程中，不仅要注意倾听，还要善于提问。恰当的提问可从对方那里了解到自己不熟悉的情况，或将对方的思路引导到某个要点上，有时还可以打破冷场，避免僵局。提问既然是为使交谈有效、深入地进行下去，就要注意内容，不要问对方难以应付的问题，例如，超乎对方知识水平的问题或技术问题等，也不应询问人们难以启齿的隐私，以及大家都忌讳的问题等。

提问的人应巧妙设计提问。巧妙的提问，不仅能起到投石问路的作用，还能使交谈沿着自己希望的轨道向深处展开，达到相互沟通的目的。有的人问话一出，便立即打开了对话的话匣子，双方相见恨晚，很快成了好朋友；有的人问话一出，却使双方无话可说，形成难堪的场面。可见提问是一种艺术，对双方接近起着很重要的作用。例如，接待一位来自东北地区的客人，若这样问："你是东北人吧？""你刚到合肥吧？""东北比合肥冷吧"等，对方恐怕只好一次又一次地重复"是"，这不能怪客人不健谈，而是这种笨拙的发问只能回答到这种程度。如果换一个问法："这次到合肥有什么新感触？""东北现在建设得怎么样？有什么新闻？"等。这样的问话，对方不但可以介绍一些你所不了解的事，还会使客人能充分叙述自己的感受而使气氛自然融洽。

如果你提出的问题对方一时回答不上来，或不愿回答，不宜生硬地追问或跳跃式地乱问，要善于调整话题。如果对方往往因为羞怯而不爱说话，那就应当问点无关紧要的事，例如问问他工作或学习的情况，等紧张的空气缓和了，再把话题引入正轨。

12.2.3 非语言沟通

在公关活动中，非语言沟通主要包括体势语言和礼仪文书的方式。

1. 体势语言沟通

体势语言沟通是指运用自身各部分的表面动作和姿势向别人传递信息、表达感情。体势在交往中有时有与语言相同的功能，可用于表达情绪。用人体动作，可以表达喜怒哀乐，也可以表示态度和关系。体势作为一种无声语言，具有多义性、地区性、历史性、民族性、间接性、直观性等特点，必须凭知识、经验、传统等去感受。常用的体势语言载体有：

（1）人际距离　人与人之间需要保持一定的空间距离。任何一个人，都需要在自己的周围有一个自己把握的自我空间，它就像一个无形的"气泡"一样为自己"割据"了一定的"领域"。而当这个自我空间被人触犯就会感到不舒服、不安全，甚至恼怒起来。

就一般而言，交往双方的人际关系以及所处情境决定着相互间自我空间的范围。美国人类学家爱德华·霍尔博士划分了4种区域或距离，各种距离都与对方的关系相称。

1）亲密距离。这是人际交往中的最小间隔或几无间隔，即我们常说的"亲密无间"，其近范围在约15厘米之内，彼此间可能肌肤相触，耳鬓厮磨，以至相互能感受到对方的体温、气味和气息。其远范围是15厘米~44厘米之间，身体上的接触可能表现为挽臂执手，或促膝谈心，仍体现出亲密友好的人际关系。

就交往情境而言，亲密距离属于私下情境，只限于在情感上联系高度密切的人之间使用，在社交场合，大庭广众之前两个人（尤其是异性）如此贴近，就不太雅观。在同性别的人之间，往往只限于贴心朋友，彼此十分熟识而随和，可以不拘小节，无话不谈。在异性之间，只限于夫妻和恋人之间。因此，在人际交往中，一个不属于这个亲密距离圈子内的人随意闯入这一空间，不管他的用心如何，都是不礼貌的，会引起对方的反感，也会自讨没趣。

2）个人距离。这是人际间隔上稍有分寸感的距离，有较少直接的身体接触。个人距离的近范围为46~76厘米之间，正好能相互亲切握手、友好交谈。这是与熟人交往的空间。陌生人进入这个距离会构成对别人的侵犯。个人距离的远范围是76~122厘米。任何朋友和熟人都可以自由地进入这个空间，不过，在通常情况下，较为融洽的熟人之间交往时保持的距离更靠近远范围的近距离一端，而陌生人之间谈话则更靠近远范围的远距离端。

人际交往中，亲密距离与个人距离通常都是在非正式社交情境中使用，在正式社交场合则使用社交距离。

3）社交距离。这已超出了亲密或熟人的人际关系，而是体现出一种社交性或礼节上的较正式关系，其近范围为1.2~2.1米，一般在工作环境和社交聚会上，人们都保持这种程度的距离。一次，一个外交会谈座位的安排出现了疏忽，在两个并列的单人沙发中间没有放增加距离的茶几。结果，客人自始至终都尽量靠到沙发外侧扶手上，且身体也不得不常常后仰。可见，不同的情境、不同的关系需要有不同的人际距离。距离与情境和关系不相对应，会明显导致人出现心理不适感。

社交距离的远范围为2.1~3.7米，表现为一种更加正式的交往关系。公司的经理们常用一个大而宽阔的办公桌，并将来访者的座位放在离桌子一段距离的地方，这样与来访者谈话时就能保持一定的距离。例如，企业或国家领导人之间的谈判，工作招聘时的面谈，教授和大学生的论文答辩等，往往都要隔一张桌子或保持一定距离，这样就增加了一种庄重的气氛。

在社交距离范围内，已经没有直接的身体接触，说话时，也要适当提高声音，需要更充分的目光接触。如果谈话者得不到对方目光的支持，他（或她）会有强烈的被忽视、被拒绝的感受。这时，相互间的目光接触已是交谈中不可缺免的感情交流形式了。

4）公众距离。这是公开演说时演说者与听众所保持的距离。其近范围为3.7~7.6米，远范围在7.6米之外。这是一个几乎能容纳一切人的"门户开放"的空间，人们完全可以对处于空间的其他人"视而不见"，不予交往，因为相互之间未必发生一定联系。因此，这个空间的交往大多是当众演讲之类，当演讲者试图与一个特定的听众谈话时，他必须走下讲台，使两个人的距离缩短为个人距离或社交距离，才能够实现有效沟通。

显然，相互交往时空间距离的远近，是交往双方之间是否亲近、是否喜欢、是否友好的重要标志。因此，人们在交往时选择正确的距离是至关重要的。有这样一个小伙子，他爱上了一个姑娘，向姑娘求婚遭到了当众拒绝。姑娘后来恼怒地说："他竟在离我约2.5米的地方谈这种事"。自然，这种社交距离不是谈婚论嫁的场合。

人际交往的空间距离不是固定不变的，它具有一定的伸缩性，这依赖于具体情境、交谈双方的关系、社会地位、文化背景、性格特征、心境等。

不同国家、不同民族,文化背景不同,其交往距离也不同。这种差距是由于人们对"自我"的理解不同造成的。

社会地位不同,交往的自我空间距离也有差异。一般说来,有权力有地位的人对于个人空间的需求相应会大一些。

人们确定相互空间距离的远近不仅取决于文化背景和社会地位,还受性格和具体情境等因素的影响。例如,性格开朗、喜欢交往的人更乐于接近别人,也较容易容忍别人的靠近,他们的自我空间较小。而性格内向、孤僻自守的人不愿主动接近别人,宁愿把自己孤立地封闭起来,对靠近他的人十分敏感,他们的自我空间受到侵占,最易产生不舒服感和焦虑感。此外,人们对自我空间的需要也会随具体情境的变化而变化。例如,在拥挤的公共汽车上,人们无法考虑自我空间,因而也就容忍他人靠得很近,这时已没有亲密距离还是公众距离的界限,因为自我空间很小,彼此间不得不通过躲避别人的视线和呼吸来表示与别人的距离。然而,若在较为空旷的公共场合,人们的空间距离就会扩大,例如,在公园休息亭和较空的餐馆,其他人若毫无理由地挨着自己坐下,就会引起怀疑和不自然的感觉。

了解了交往中人们所需的自我空间及适当的交往距离,就能有意识地选择与人交往的最佳距离,而且,通过空间距离的信息,还可以很好地了解一个人的实际的社会地位、性格以及人们之间的相互关系,更好地进行人际交往。

(2) 手势动作　手势动作是人际交往中使用范围最广的一种体态语言。要培养好的仪态,就必须对它有所了解。

1) 要了解手势动作的含义。手势动作是极富表现力的,但同一动作在不同的国家和地区可以表示不同的含义。因此在对外交往中不能随意乱用。

竖起大拇指的手势。在中国,这一手势表示赞赏、夸奖;在世界其他国家也基本上公认表示好、高、妙、一切顺利、非常出色等类似的信息。但也有例外:在美国和欧洲部分地区,竖大拇指通常用来表示搭车;在澳大利亚、尼日利亚以及希腊等国,这种手势被认为是侮辱性的骂人的手势。随着全球化、国际化的趋势,竖大拇指表示赞赏、肯定的基本含义,正在被越来越多的地区所接受。在交谈时,将大拇指指向自己,是自夸的意思,而跷向别人,通常是看不起人的表示。一般来说,在社交场合,不宜将拇指跷向自己或别人。

OK 手势这一手势源于美国,在欧美通常表示同意、顺利、很好等意思,表示赞成或欣赏对方;但在法国它表示零或者毫无价值;在日本是"钱"的象征;在泰国它表示没问题;在巴西则表示粗俗下流的意思。

2) 使用手势动作要规范、适度。根据商务礼仪的惯例,在商务活动或公关活动中表示"请进""请随我来""再见"之意时,都有规范的手势。例如,表示"这边请"的意思时,应右手五指并拢、伸直,掌心向上,腕关节伸直,手掌与前臂成一直线,以右手掌尖微指被请的对象,然后以之指明方向。在这里,掌心向上,是为了表示虚心和待人的敬意;若是掌心向下,则有傲慢无礼之嫌。试想为别人引导方向时,掌心向下地挥手一指,给人的感觉会如何呢?五指要并拢、伸直,手掌与前臂要成一条直线,主要是为了视觉上的美观。否则不仅不美观,还会使人感到是敷衍了事和缺乏热情。

通常手势的使用宜少不宜多,尤其不可一种手势反复地使用,以免使人感到单调、厌烦；使用任何一种手势时，其幅度不宜过大，否则就会显得过分；同时不要下意识地滥用手势，不然会使对方曲解，甚至认为缺乏教养。

还有，与人相处时不要以手势动作来"评论"人。在公共场合遇到不相识的人，不应当指指点点，尤其是不应当在其背后这样做。这种动作通常会被理解为对对方评头论足，是非常不友好的。此外根据常规，用带尖的锐器指别人也是不礼貌的。例如，把刀子递给别人时，不能用刀尖直指对方，而应把刀子横着递过去。在餐桌上，用刀、叉或筷子指着别人，让其夹菜也是不够友善的。

最后要强调的是，公关人员在社交场合不能用手挖耳鼻、剔牙、挖眼屎、修指甲等。这些手势动作会被对方看作是对交往没兴趣，蔑视对方，是没教养的表现。

（3）面部表情　人际交往中常常需要准确地运用面部的变化表达内心的思想感情，主要通过眼神、脸部表情和微笑来表现。公关人员在与公众打交道时，面部表情的基本要求就是热情、友好、诚实、稳重、和蔼。

1）正确运用眼神。"眼睛是心灵的窗户"，面部表情中起主导作用的是眼睛，传达内心情感主要是靠眼神。为此，公关人员要学会正确地运用眼神。公关人员在与人交际、谈话时，应注视对方的眼睛，以获知对方真实的感受，并将自己的心情袒露给对方，以达到心灵的交流。根据商务礼仪的惯例，在交谈时不正视对方，不是心不在焉，就是心中有鬼。用眼睛表情达意时须注意以下几个礼仪方面的问题。

一是注视的时间。在交谈过程中，有些人让人感觉舒服，有些人则令人不自在，甚至让人感觉不值得交往，这主要与注视的时间长短有关。若与对方目光接触的时间超过了全部谈话时间的1/3时，会让人产生两种感觉，一种是你认为谈话很吸引人，一种是你怀有敌意。因此对于不太熟悉的人，不可长时间地盯着对方的眼睛，以免引起对方的恐惧和不安。如果感觉与对方谈得来，可以一直看着他，使他意识到你喜欢与他交往。他可能也会回报，以建立良好的默契。这样的谈话，起码要有60%以上的时间注视对方。不难想象，如果谈话时心不在焉，东张西望，或是由于紧张、羞怯不敢正视对方，目光注视的时间不到整个谈话的1/3，那就不容易被人信任。当然，注视时间长短还要考虑到文化背景，不能照搬。

二是注视的位置。注视什么位置，传达的信息就会有区别，造成的气氛也相异。不同的场合和交往对象，目光所及之处应有差别。例如，公务注视是指人们在工作交往中，联系业务、洽谈生意及外事谈判时目光所及的区域，一般在额头至两眼之间。这种注视给人一种郑重、严肃的感觉。如果同对手谈判，采用公务注视，对方会认为你对工作认真、严肃，同时也很看重对方，有诚意，因而会慎重考虑你的意见，你在一定程度上也就拥有了控制权。社交注视，这是在舞厅、茶话会、宴会及朋友聚会时用的，区域在两眼之间。这种注视会令人感到舒服，也很有礼貌，较前者在气氛上要缓和多了。

三是克服不良的看人习惯。在正式场合，尤其是面对不太熟悉的人时，有的眼神容易引起误会或麻烦，所以要特别注意。

不要盯住对方的某一部位"用力"地看，这是愤怒的最直接表示，有时也暗含挑衅之意。

不要浑身上下反复地打量别人，尤其是对陌生人，或者是对异性，这种眼神很容易被理解为有意寻衅闹事。

不要窥视他人,这是心中有鬼的表现;不要用眼角瞥人,这是一种公认的鄙视他人的目光。

不要频繁地眨眼看人,这样显得心神不定,挤眉弄眼,失之于稳重,显得轻浮。

不要左顾右盼,东张西望,目光游离不定,否则会让对方觉得用心不专。

2)微笑。五官中,嘴的表现力仅次于眼神,嘴的向上、向下运动都能传递一定的信息,例如,噘嘴表示生气,撇嘴表示鄙视,努嘴表示纵容,咂嘴表示惋惜等,这些口形是有含义的,公关人员不宜采用。

微笑既不是奴颜婢膝地曲意逢迎、强作笑颜,也不需要夸张放肆。微笑的诀窍是:发自内心,真诚,不是例行公事似地皮笑肉不笑。亲切自然最重要,它要求嘴自然开合,肌肉放松,嘴角两端向上略为提起,面含笑意,亲切自然,发自肺腑,而无做作之态。

2. 礼仪文书

公关活动总少不了信函来往,而这些信函常被称为专用信函。专用信函的书写不仅要求用词准确、言简意赅、行文流畅,更要求具备严格的礼仪格式。作为公关人员,善于使用礼仪文书是十分必要的。

(1)礼仪书信 礼仪书信是一种专用书信,是具有专门用途和特殊写法的书信。礼仪书信所传达的是礼仪上的思想和感情,同时也能起到巩固、促进和加深人们在现实生活中形成的各种社会关系的作用。

1)祝贺信。祝贺信是表达祝贺之意的专用书信形式。例如,某组织取得了重大成果,为社会做出了巨大贡献;某项在全社会有影响的工程奠基开工、竣工;某组织召开重要会议;某个重要节日等,都可以用贺信形式表示祝贺。

贺信的形式与一般书信相似,其正文部分要注意以下几点:

应概括性地说明对方取得的重大成绩以及给社会所带来的重大影响。

应简要说明对方所取得的重大成绩的原因。如果是祝贺会议召开,应简要说明会议内容及重大社会影响。如果是寿辰贺信,应概括说明对方的贡献和品德。

表示热烈的祝贺和赞颂,并提出殷切的希望。表示祝贺的感情要真诚、热情、饱满、充沛,给人鼓舞的力量,对表达赞美不使用过分华丽的辞藻,要写出彼此双方共同的理想和愿望。

例:

贺信

××公司全体同仁:

获悉×月×日是贵公司成立×周年纪念日,谨此表示热烈祝贺!

……

最后,祝贺公司全体同仁在今后的工作中,取得更大的成绩。

此致

敬礼!

××公司
×年×月×日

2）感谢信。感谢信是对某单位或某个人的关心、帮助和支持表示感谢的书信，它不仅有感谢的意思，而且还具有表扬的意思。

感谢信常用毛笔在红纸上书写，感谢信一般包括标题、称呼、正文、结尾、署名和日期几个部分，感谢信书写应注意的问题是：感谢信的语言要诚恳；感谢的原因要具体，文字主体要交代事情的经过、涉及的人物；要热情赞颂对方的高尚品质。感谢信的篇幅不宜过长。

例：

感谢信

×××部队全体指战员：

我市的××引水工程由于资金匮乏，今年的施工进度受到了一定的影响，在这种情况下，你部全体指战员发扬了拥政爱民的光荣传统，积极为地方排忧解难，4000多官兵义务承担了工程输水管线的施工任务。在4个月的时间里，指战员们不怕苦，不怕累，顶着酷暑烈日，日夜奋战在施工第一线，终于如期完成了施工任务，为早日结束我市用水紧张的状况赢得了宝贵的时间。为此，我们代表全市人民特向你们表示衷心的感谢。

我们决心在党中央的领导下，加大改革开放的力度，进一步搞好城市建设和工农业生产，以实际行动感谢你们对我们的关心和支持，为把我市建成现代化的文明城市而努力奋斗！

此致

敬礼！

××省×市人民政府（印）
×年×月×日

3）邀请函。邀请函是一个组织正式邀请有关部门或人士参加会议、典礼、宴会、参观等活动的信件，邀请函和复函均用第三人称，双方名称和名字都要写全名。邀请函通常是打印出来的，以示庄重。邀请函应在预定时间前几天发出，以便收到信的单位和个人有充足时间做好准备；收到邀请函的一方，要尽快回信，说明是否接受邀请。

例：

邀请函

×××有限公司：

首先，感谢贵司多年来对我司的关心与支持。

由于和贵司长期保持着良好的合作关系，并始终得到贵司的巨大支持，我司的钢铁业务得到了长足发展，创造了良好业绩。这一切离不开贵我之间的互相支持，互相理解，团结一致，密切合作。同时，也希望在今后的发展中，我们能继续保持这种良好的关系，并诚请贵司给予更大的支持与帮助，实现贵我双方事业的共同发展。

为进一步做好深化双方合作，保证贵司的生产需求，我司拟于××月××日～××月××日，召开钢铁运输会议，届时邀请贵司主要领导参加。

报到时间：×××年××月××日

会期：×天

联系人：××

××公司
×年×月×日

(2)请柬　请柬又叫请帖,是邀请客人的通知。请柬是一种简单的书信形式,但又不同于书信。书信是对方相距较远而无法直接交谈时所采取的一种方式,请柬是出于对客人的礼貌尊敬而发出的正式邀请通知,即使近在咫尺或客人已经知道,也应发出请柬。

请柬是发送给客人的,发送的时间、方式、场合都要认真考虑,不要发送得过早,太早了客人容易忘记;也不要发送得太迟,太迟了会造成客人措手不及。请柬一般以提前2~3天发送为宜。

请柬的设计与撰写的基本要求是:请柬的封面写上"请柬"二字,一般要做些美术加工,如文字用美术体,有条件时可以烫金,并配有各式装饰图案等。请柬既可以是开合式,也可以是正反式。同时,要精心选纸和设计尺寸,一帖精美的请柬,会使对方看后倍感亲切,兴味十足。

请柬的背面写正文,正文的格式一般是:开头顶格写被邀请者(个人或组织)的名称;写明活动的内容、时间、地点;邀请者(个人或组织)署名落款。请柬的文字排列有横排和竖排两种,根据邀请对象的情况而定。竖式富有特色,在邀请海外侨胞、各界知名人士时使用为好;横式则是一种更为大众化的形式。

请柬的语言要亲切、诚恳、热情、文雅,要注意礼貌用语,切不可用命令式的口气。也不可舞文弄墨,故作高深。

12.3　公关沟通应用

12.3.1　人际沟通

人际沟通是指在人类社会活动中,人与人之间分享信息、传达思想、交流意见、表示态度、联络感情的过程。

1. 人际沟通的功能

(1)心理需要　心理学认为人是一种社会的动物,人与他人沟通就像人需要食物和水一样,是必不可少的。人与人的沟通能产生一种愉快的心情和极大的满足感,同时在沟通的过程中探索了自我和肯定了自我。

(2)社会功能　人际沟通还可以让人们发展和维持与他人的关系,并且随着了解的深入,信任也不断提高,从而促进了双方关系的深入发展。

(3)决策功能　首先,沟通促进了信息的交流,而正确和适时的信息是有效决策的关键因素;其次通过人际沟通往往能影响他人的决策。

2. 人际吸引的规律

人际吸引是人际交往中比亲近更深一层的亲和行为,其中情感因素起着主导作用。人际吸引有以下规律:

1)接近吸引律。当交往的双方存在着时空、兴趣、态度及职业、背景等方面的接近点时，彼此之间易于相互吸引。

2）互补吸引律。双方的个性与需要及满足需要的途径正好为互补关系时，会产生强烈的吸引力。因此，喜欢沉默的人往往与那些爱说话的人成为朋友。

3）对等吸引律。"敬人者，人恒敬之。"人们都喜欢那些喜欢自己的人，更喜欢那些对自己的喜欢不断增加的人，而不喜欢那些对自己的喜欢不断减少的人。

4）诱发吸引律。一个人在初次与他人接触时表现得谈吐不凡、举止从容、风度优雅大方、衣着得体，便可能给他人留下良好的印象，促使其产生交往兴趣，从而结成良好关系。这种谈吐、举止、风度、衣着就是导致吸引的刺激诱因。

5）光环吸引律。光环是晕轮效应的形象词，是指一个人由于在能力、特长、品质等方面十分突出，从而感到他的一切极富魅力，导致他人乐意与之交往的现象。光环吸引律突出体现在能力、成就和性格品质等方面。

6）异性吸引律。男人和女人之间往往比男人和男人之间，或女人和女人之间更易相互吸引，更易建立联系。

3. 人际交往的艺术

在当今，人际交往已成为人们事业成败的重要环节，掌握人际交往的艺术技巧是成功进行人际沟通的前提。

（1）谈话的艺术　俗话说："良言一句三冬暖，恶语伤人六月寒"。谈话艺术是人际交往艺术的主要方面，应注意以下几个方面：

1）赞扬的技巧。赞扬的态度要真诚。每个人都珍视真心诚意，它是人际沟通中最重要的尺度。英国专门研究社会关系的卡斯利博士曾说过："大多数人选择朋友都是以对方是否出于真诚而决定的"。古人言："精诚所至，金石为开"。如果一个人在与他人交往时不是真心诚意，那么要与他建立良好的人际关系是不可能的。所以在赞美他人时，必须确认被赞美的人的确有此优点，并且要有充分的理由去赞美他。

赞扬的内容要具体。赞扬要依据具体的事实做出，除了用广泛的用语，如："你很棒""你表现得很好""你不错"外，最好还要加上具体事实的评价。例如，"你这次处理客户投诉的态度非常好，自始至终婉转、诚恳，并针对问题提出了解决方案，你的做法正是我们期望员工能做的标准典范"。

注意赞美的场合。在众人面前赞扬部下，对被赞扬的员工而言，受到的鼓励当然是最大的，这是一个赞扬部下的好方式；但是你采用这种方式时要特别慎重，因为被赞扬的员工的表现若不是能得到大家的认同，其他员工难免会有不满的情绪。因此，公开赞扬的最好是能被大家认同及公正评价的事项。例如，业务竞赛的前三名，获得社会大众认同的义举，对公司产生重大的贡献、在公司服务25年的资深员工——这些值得公开赞扬的行为都是公平、公开竞争下产生的，或是已被社会大众或公司全体员工认同的。

适当运用间接赞美的技巧。所谓间接赞美就是借第三者的话来赞美对方，这样比直接赞美对方的效果往往要好。例如，见到自己下属的业务员，对他说："前两天我和刘总经理谈起你，他很欣赏你接待客户的方法，你对客户的热心与细致值得大家学习。好好努力，别辜负他对你的期望"。这种赞美方式产生的效果非常好，往往会超乎人的想象。

间接赞美的另一种方式就是在当事人不在场的时候赞美,这种方式有时比当面赞美所起的作用更大。

2) 劝说的技巧。现代社会里,如能恰到好处地婉言规劝对方,则有助于人与人之间的沟通理解,达到意外的效果。劝说时可采用顺言相劝、因势利导、分散注意、以退待进等技巧。

史书中有这样一个故事:有母好麻将者,呼朋党,博于己室。其长子怒,以雄辩理论相劝谕,长逾半日,其母笑博如故。次子前,亲母侧,低语谓母曰:"儿在校尊师训,在家听母亲,他日儿效母亲,请勿罪焉"。四语甫毕,母悚然惧,抚其背曰:"母知过矣"。

在这个故事中,两个儿子都针对母亲的赌博行为进行了劝说,而结果相差悬殊。从中不难看出,长子虽然也是出于好心好意,但由于说话不太注意方法,尽管说了半天,其母也听不进。而次子,"亲母侧",话虽不多,却字字情深,句句在理,使得其母"悚然惧",知过即改。由此可见,劝说确实是一门艺术,只有掌握它的内在规律,才能自觉、灵活地运用好这把"钥匙",去打开人的心头之锁。

3) 推拒的技巧。在拒绝和否定别人时,最重要的是要保护对方不丢面子,不伤其自尊心。为此要做到:选择好谈话的场合与环境;在拒绝或否定之前,肯定对方的优点;时刻尊重对方,给对方台阶下。

4) 道歉的技巧。人际交往中难免会出现各种各样的误会和隔阂,掌握一定的道歉技巧,是消除误会和隔阂,增进友谊,密切关系的手段,但要不怕丢面子,道歉时要态度认真、恳切、不虚伪、不做作,同时多进行自我批评,多赞扬对方。

(2) 行事的艺术　俗话说:"话说到心上,事办到点上"。这是对人际交往艺术的总的概括,谈话和办事是人际交往相辅相成的两方面,缺一不可,同时进行。谈话的目的在于交往,交往的目的在于成事,成事是目的,谈话是手段。行事大致有以下几点要注意:

精诚所至,金石为开。行事的关键看诚意。要做到精诚所至,可选在对方最危难的时候帮助他,急他所急,解他所难。"锦上添花""雪中送炭""成人之美"等都是使对方"金石为开"的良策。

投之以桃,报之以李。与人相处要做到"你敬我一尺,我敬你一丈",这样对方就会觉得你这人心地好,可以交往。"你中有我,我中有你""严于律己,宽以待人"等名言都包含在这个意思中。

知己知彼,百战百胜。既了解自己的能力,又知道对方的所求,对症下药,方能一举成功。

言行一致,说到做到。做不到的事不说,做到的事也不要大吹大擂。在交往中最忌讳的是交酒肉朋友,酒桌上可以称兄道弟,两肋插刀,但实际上是成事不足,败事有余。

察言观色,心领神会。很多时候,对方的需求往往不直说,而是含在话中或语气、表情里,说话听声,锣鼓听音,必须善于捕捉,加以分析、判断后再去做。

意识超前,先声夺人。当今,超前意识是制胜的因素之一,凡事都能做到他人前面,就会得到对方的佩服和感激。

因人而异,因地制宜。每个人在社会交往中都应具备随机应变的能力,遇事要反应快,思维敏捷,中国人常说一句话:"见什么人说什么话,到什么山唱什么歌"。人有千姿百态,个性千奇百怪，在交往中必须因人而异，按照各地的不同习惯，做到入乡随俗。

刚柔相济，敢作敢为。在人际交往中，要依人的性格行事，对个性刚强者，要以柔克刚，对过"柔"者，要以"刚"断之，速战速决，并勇于承担责任。决不可遇事瞻前顾后，畏首畏尾，优柔寡断。

（3）受人欢迎的艺术　受人欢迎的诀窍在于满足别人的需求。如果你能根据别人不同层次的需求，投其所好，满足其需求，你便获得了成功。当代美国著名的人际关系专家莱斯·布吉林经过多年研究，总结出受人欢迎的三大秘诀，简称"3A法则"，即：

接受。这是我们生活中必不可少的一环，要接受他人，关键要有一颗包容的心，不求全责备，尤其是不要把自己对他人的接受作为砝码与人讨价还价，千万不可把接受变成交易，失去对他人的尊重。

赞成。赞成比接受更进一步，要求我们善于挖掘他人的优点，并且肯定和发扬它。赞成能激发人的潜能，甚至可以改变一个人，重新塑造一个人。

重视。重视意味着价值的提高，在与人交往的过程中，要让人知道你看重他，他是重要的，有价值的；要做一个受人欢迎的人，就应该是一个富有吸引力的人。

12.3.2　求职沟通

求职应聘是人生职业生涯的第一步，只有求职成功，才有实现自身价值的可能。在求职中要取得成功，离不开良好的沟通。如何实现良好的求职沟通？

1. 善于进行自我推销

只有充分展示自己的知识、能力和智慧，才能获得加入集体、融入社会的机会。善于进行自我推销显得十分重要。求职应聘时，许多人往往急于获得工作机会、推销自己，在自我介绍时没有充分准备或忽视自我介绍的艺术，引起用人单位和面试考官的反感而失去机会。

求职者的自我介绍非常重要，它是给对方的第一印象，需要注意以下几点。

1）实事求是。在自我介绍中，对自己的能力和表现进行过多的夸张，"我是最好的""我很善于市场的开拓""我在这一方面有很深的研究"，不断地表现自己，殊不知过多炫耀自己反而会引起别人的反感。谈论自己的话题要尽量避免过多的夸张，尽量用实例证明所表述的一切，实事求是的显示自己的才能。

2）有重点的介绍自己的基本情况。例如，姓名、年龄、学历、籍贯、学业情况、爱好、工作能力和工作经验等，不同要素应详略不同，按招聘方的要求准备自己的介绍材料。假如招聘者对应聘者的工作能力和经验很重视，那么，求职者就得从自己的工作能力和工作经验出发进行详细的叙述。如果是刚出校门的学生去应聘，则应注意招聘者在面试中重点询问的问题，整个介绍都应以此为中心。自我介绍清晰明了，中心突出，针对性强，这样效果就会好。

3）谦虚有礼。在进行自我介绍前，要谦虚礼貌地使用开场白。主动与面试官打招呼并对能够获得此次机会道谢，如"您好，谢谢您给我这么好的机会，请允许我向您做个简单的自我介绍。"整个介绍内容结束后，还应向主考官道谢，并向在场的所有面试的人员表示谢意。

2. 强调、展示特长

案例讨论 12-2

郑小姐是某职业学院管理专业的应届毕业生，因相貌欠佳，找工作时总过不了面试关。经历了一次又一次的打击，郑小姐几乎不敢再相信那些招聘渠道，她决定主动上门向大公司推销自己。她走进一家化妆品公司，面对老总，从一些国际知名化妆品公司的成功之道说到国产品牌的推销妙招，侃侃道来，顺理成章，逻辑缜密。这位老总很兴奋，亲切地说："小姐，恕我直言，化妆品广告很大程度上是美人的广告——外观很重要。"郑小姐毫不自惭，迎着老总的目光大胆进言："美人可以说这张脸是用了你们的面霜的结果，丑女则可以说这张脸是没有用你们的面霜所致，殊途同归，表达效果不是一样吗？"老总默许，写了张纸条递给她："你去人事处报到，先做销售，试用 3 个月。"郑小姐十分珍惜来之不易的工作，满腔热情地投入工作中，一个月下来，业绩显著。她现在已是该公司的副总经理。

问题：请分析郑小姐被录用的原因。

当应聘到外企或其他用人单位时，求职者往往最先被问及的问题就是"请先介绍一下你自己。"这个问题看似简单，但求职者一定要慎重对待，它是你突出优势特长、展现综合素质的好机会。在展示自己特长时要注意以下几点。

1）开门见山，简明扼要。一般最好不要超过三分钟。
2）实事求是，不可吹得天花乱坠。
3）展示的长处要与申请职位的要求有关。
4）突出长处，但不刻意隐瞒不足。
5）善于用具体的实例来证明自己，说明问题不要泛泛而谈。
6）结束介绍后，要主动询问考官还想知道自己的什么情况。要想获得良好的效果，就一定要在应试前做好充分的准备，"不打无准备之仗"。

3. 文明优雅的举止

在求职中仅靠语言和文字的表述是不够的，尤其在面试中，文明优雅的举止非常重要，需要注意以下问题。

（1）仪表　仪表是指人的外表，包括人的仪容、姿态、服饰、风度等。在人与人的交往中，视觉因素在给人的整体印象中所占的比重超过了一半，可见仪表的重要性。

尽管许多有学问的人不修边幅，不太注重自己的仪表形象，但那毕竟是少数。对于大多数人，尤其对初次应聘的人员来说，仪表非常重要。仪表端正体现了一个人的素养、自尊和品位格调，也是对人和周围环境的尊重。

美好的第一印象永远不会有第二次。人们一般在见面后 5 秒内就对对方形成第一印象。许多人因为邋遢的形象而找不到工作，为此苦恼不堪。一家大型制药厂的人事经理说，他不会录取一个穿着脏皮鞋的应聘者。美国成功学家拿破仑·希尔说，一个人能否成功，关键在于他的心态。成功人士都有一种积极心态。仪表是积极心态的外在表现，正式的、得体的、优雅的仪表能够增加人的自信，并能以积极奋发的、进取的、乐观的心态去面对现实，处理人生所遇到各种矛盾、困难和问题，这样就可能受到成功女神的青睐；相反，连自己仪表都不再关注的人，心态可能消极、悲观，在人际交往中很难获得别人的尊敬和信任。

（2）举止适度　微笑，不仅对身体有益，而且是显露感情最直接的方法。在面谈中，应该把握每个机会展露自信及自然的笑容。另外，在遇到难答的问题时，便装出咳嗽的声音或者咬嘴唇会给人以不成熟和不认真的印象。

在面试时，不要左顾右盼，目光应始终与面试官保持交流状态。这样既保持了目光接触又避免了直盯。目视对方说明了你对对方的提问很感兴趣，在接受提问时，左顾右盼会给面试官留下不好的印象。对面试官的提问要悉心聆听，确保所答即所问，不要说一些无关的话。语调应该放松、友好、缓慢、独特和充满自信。

一些人在应聘面试中不注意形象和细节，迟到、衣着邋遢、说话的时候有一些不良的姿态、口腔有异味、交谈过程当中明显流露出不真实的信息或对求职程序进行点评等，这些人一般是不受欢迎的。

4. 制作求职材料

个人求职材料包含求职信（自荐信）、简历、证明材料。其中求职信是主体，简历材料和证明材料是求职信的附件。

（1）求职信（自荐信）　它是表达个人求职意愿的文字材料，通常为书面形式。求职沟通时，往往采用口头表述加书面材料两种形式。求职信要根据各招聘单位的不同要求书写，有针对性地设计内容，不要把一封自荐信递送给所有单位。写求职信还应该注意以下要领：

1）应推销自己，强调自己与该职位有相适应的能力和才能。

2）格式一致。全文选择同样的格式、时间顺序、模式。

3）确保语言准确、页面整洁。错误的语法和零乱的页面会带来负面影响。

例：

尊敬的领导：

首先，真诚地感谢您从百忙之中抽出时间来看我的自荐材料。

十几年的寒窗苦读，铸就了我的学识与自信。大学阶段的学习与成长更加磨炼了我的意志，提高了我的修养！"一分耕耘、一分收获"，我会尽自己最大的努力，辛勤劳作，实现自己的人生价值。作为新世纪的大学生，我有着一种敢于自荐、敢于探索、善于创新的精神。诚实正直的品格使我懂得了如何用真心与付出去获取别人的回报，我会用努力、用智慧去争取我的空间，让社会来容纳我。在知识经济爆炸的时代里，不仅需要知识，更需要能力——接受新事物和适应新环境的能力。每一次的社会实践，我都认真对待，尽最大努力去对待它，养成了吃苦耐劳、坚定自信、乐于助人的精神！

大学期间，在万博计算机公司兼职的一年里，我做过技术员、推销员，对业务方面有较深的了解。毕业之后，我一直在××电子公司从事自动化设备助理工程师的工作。

我相信自己，更相信您！给我一个机会，蓄势而后发的我会还你们一个惊喜！

天行健，君子以自强不息！

此致

敬礼！

自荐人：×××
××××年×月×日

(2) 个人简历　它是反映个人基本信息、学历、阅历的书面材料。它虽是求职信的附件，因内容多，反映情况详细，被重视程度高，常常是用人单位主要审查的材料，所以也有人把整个求职材料说成是"简历"。由附件变成了主体，可见简历是十分重要的。求职简历上一般包括以下几个内容：个人信息、简短自我描述或评价、工作经历、受培训经历、教育背景，如有工作经历则着重阐述参与项目的经历和特别自豪的成绩，如果有量化的数据加以说明，效果将会更好。

(3) 证明材料　它是对求职信、简历正本的证明和补充，主要是求职者的学历、资历证明，能力证明、荣誉证明等，具体包括学历、学位证书，各种技能、水平鉴定考试证书，执业资格证书，各种奖励证书等。

12.3.3　职场沟通

职场沟通是指在工作场所进行的沟通，是建立在人际沟通基础之上的公关沟通的一种形式。在现代职场上，仅仅是埋头苦干、孤立独行是很难有更好的发展机会的。有效地推销自己、取得他人的认可、赢得他人的支持和配合，对促进事业的成功尤为重要的。良好的沟通不仅使自己能够左右逢源，还能够营造组织内部团结、和谐的环境。职场沟通的主要对象是上司、同事和下属。

1. 与上司的沟通

与上司的沟通是职场沟通中最为重要的内容，良好沟通可以让上司了解你在工作中的态度、能力、工作内容和进展，从而得到赏识，获得更好的发展机会。

在与上司交流和沟通的时候，应把上司看成自己团队的一员，上司并不独立于群体之外，他是群体中的一分子，他也需要这份工作，需要有工作业绩。既然大家都是为了相同的目标、共同的利益，那么就应同心合力，建立良好的合作关系，创造更好的成绩。

(1) 与上司工作上的沟通形式

1) 接受工作。在接受工作时要明确沟通的目的，即使有什么问题，也不要急于进行反驳。除非得到上司的认同，否则不要在这个场合与上司进行讨论和争辩。在沟通过程中要注意倾听，并进行恰当的反馈，以最有效的方式同上司就重要问题达成理解上的一致。防止把接受任务的过程变为商讨问题、向上司汇报工作、上司进行工作评价等其他工作沟通形式。这样会使工作布置、指示发生偏离，降低工作效率，使上司对你接受指示的态度产生误解，造成不必要地负面影响。

2) 汇报工作。它是让上司了解你的工作态度、工作进度的好时机。汇报的内容要与上司原定计划和原有期望相对应，并尽量符合上司的期望。在汇报工作时要做到客观、准确，尽量不带有个人、自我评价的色彩，以避免引起上司的反感。在汇报过程中，积极寻求反馈，对于上司所关注的重点，应重点或详细进行汇报。对于上司做出的评价，有不明白之处应当场反馈加以确认，从而获知上司评价的真实意思。

3）商讨工作。在商讨工作中注意正确扮演自身的角色。以平等和互动的原则进行，在商讨问题的过程中，时刻注意把握分寸，保持良好的沟通环境。约定商讨的问题，事先应作充分的准备，对于结论要有记录，并事后确认，防止在执行中出现偏差，无法明确责任。

（2）与上司相处的艺术

1）维护领导权威。人都需要尊重，都很爱"面子"，上司尤其是这样。上司一般会很在乎下属对自己的态度的，常会以此来衡量下属是否尊重自己。在与上司相处的过程中，维护上司的权威十分重要，懂得礼貌的下属并不是一味消极地保护领导的面子，而是在关键的时候给领导增光，取得领导的赏识。上司也是人，也会犯错，如果上司的错误确有纠正的必要，最好寻找一种领导可以意识到，而他人又不太注意的方式进行沟通。不是很明显或无关大局的事情，就没有必要凡事都搞个水落石出了。

2）赢得上司的信赖。在与上司相处的过程中经常做出否定的回答，容易导致上司厌恶。要想和上司建立起和谐融洽的关系，就要养成一个良好的习惯——积极、肯定的做事态度。在工作中主动报告工作进程，让上司了解你的工作进度。工作中有时小小的一点错误，发展到后来会变得很大，如果能及早地报告自己的工作情况，一旦出现问题和错误，上司可以及时地纠正，避免出现大的错误。

上司在工作中出现错误时，切不可持幸灾乐祸的态度，这样会使上司寒心，这时应伸出援助之手，加以劝慰，帮助总结教训。上司在总结教训的时候，同样希望得到他人的帮助而非冷眼旁观和冷嘲热讽，如果在上司遇到困难需要帮助的时候伸出援助之手，帮助上司化解困境，就会得到上司的信任。

3）成为上司的好助手。上司所以成为你的上司，必有其长处，在职场上不仅要努力学习知识技能，还应向上司学习，这样才能缩小与上司的差距，懂得、熟悉上司的语言，跟上他的思维，就会获得不断进步的机会。

作为下属，还应了解上司的语言，学习上司的能力，把协助上司完成任务看成自己分内的事情。耐心地寻找上司的工作特点，以上司喜欢的方式完成工作，并且敢于面对挑战，善于有条不紊地帮助上司处理、应付各种复杂局面。在协助上司工作的同时，提高自己的工作水平和工作能力。

4）与上司保持距离。职场上几乎所有人都希望能有好的表现，给上司留下好的印象，让上司全面地了解自己，获得升职的机会。但是，无论什么时候，即使上司和下属的关系很好，也不表示上司与下属之间没有距离，与上司相处，切忌交往过密。

任何领导在工作中都要讲究方法和艺术、措施和手段。这些手段和措施，如果被员工了解熟悉，就难以获得好的效果，工作进展就会带来一些困难，这是领导不愿看到的，所以不要与上司有过分的交往，在交往中可以了解上司在工作上的性格、作风和特点，而不是生活中的习惯和特点。防止领导担心因你对他的思想感情过分了解，而影响他在工作中的权威性。

2. 与同事的沟通

同事是与自己一起工作的人，是每天与我们相处时间最多的人，也是职场中与自己处在同一地位的大多数人。与同事相处得如何，直接关系到自己的工作、事业的进步与发展。同事之间良好有效的沟通、融洽的协调配合是完成工作的前提，善于与同事沟通，赢得良好的人际环境的人，总能获得同事支持。同事之间关系融洽、和谐，就会感到心情愉快，有利于工作的顺利进行，从而促进事业的发展。反之，那些缺乏与同事沟通意识、自命清高的人，同事关系紧张，经常发生摩擦，免不了时时被动，这样就会影响正常的工作和生活，阻碍事业的正常发展。

若想在事业上获得成功，在工作中得心应手，就得熟悉和了解与同事沟通的艺术。

（1）重视与同事合作　美国学者曾对美国 1500 名取得了杰出成就的人物进行了调查和研究，发现这些有杰出成就者有一些共同的特点，其中之一就是善于与别人合作。他们注重提高自己的能力，而是考虑怎样与他人竞争击败竞争者。事实上，多数成功的优秀者，关心的是按照他们自己的标准尽力工作，而不是眼睛只盯着竞争者。这是因为他们具有良好的沟通合作能力，再加上他们的学识和才智，他们取得了人们所意想不到的成功。

合作是一件重要、快乐的事情，很多工作只有互相合作才能做成。群体成员具有不同的背景和兴趣，这可以产生多样化的观点。与他人合作可以产生出任何个人只靠自己所无法具有的创造性的思想。同事之间互相提供帮助和鼓励，每个人都能贡献出自己独特的技能，俗语说得好："人多力量大""众人拾柴火焰高"。一个团队组织有序、合作努力，就能在有限的时间里取得显著的成绩，使每个人最大限度地实现自己的价值。在与同事合作时应注意以下几点。

1）积极参与。在团队中，每个成员都应该积极参与，具有奉献意识，并有责任做出自己应有的贡献。而有的人却喜欢让他人出头露面，在讨论中自己却静静地坐在那里，做一个旁观者。这样就无法培养自己的社交能力，难以赢得团队中其他成员的尊重，无法对团队的决定施加影响。既然你也对团队的最终决策负有责任，就要多和同事分享看法，多听取接受别人的意见和建议，积极地参与到团队的活动中来，获得同事的接纳和支持，使工作顺利地开展，在团队的发展中成就自己的事业。

2）尊重同事。要使团队有效地发挥作用，就需要把握同事关系，尊敬合作伙伴。这是保证合作成功的基本准则。尽管你可能确信你比其他的同事更有知识，但重要的是，要让他人充分地表达自己的观点，而不要随意打断，或表现出耐烦，做到这一点对于团队功能的发挥是很有必要的。也许在某些场合，其他成员不同意你的分析或结论，即使你确信你是正确的，当发生这种情况时，你需要做出必要的妥协和让步。如果做不到这点，就接受现实，尽你所能阐述自己的观点，尽量使他人能够接受。

3）有效讨论。同事之间会因为工作出现意见分歧，出现问题时可以通过讨论来解决。讨论的原则是应该用无可辩驳的事实从容地表达自己的意见，说服对方而不使对方厌烦，不强迫他人接受自己的观点。当他人提出自己的观点时，认真地聆听他人的意见，努力了解他人的观点及其支撑的理由，做出积极的和建设性的反应，不过早地对别人观点做出判断。例如，不要不计代价地去证明自己观点的正确性。在表达自己的观点时要清楚、准确，并提供支持的理由和根据。

4）客观评价。当团队对其成员提出的观点进行评价时，应该运用系统思考的方法对它们进行评价。应客观地评价观点，而不是意气用事。例如，争论点或问题是什么？这个观点是如何说明问题的？提出这个观点的理由和根据是什么？它的风险和弊端是什么？重要的是要让团队的成员意识到，评价的对象是观点而不是提出观点的人。最常见的一种错误思考是，有的成员仅从个人的爱好或偏见出发，不是对人们提出的观点进行评价而是把矛头指向个人。对有挑战性的观点应该做出这样的回答："我不同意你的看法，原因是……"，而不应该说："你真无知。"应进行良好的沟通，而不要恶语伤人。

(2) 与同事相处的艺术

1) 真诚宽容。希望得到别人的关爱和注意是人的一种正常需要。当一个人感到周围同事对他真诚的关心时，他心中更会有一种温暖、安全的感觉，就会充满自信和快乐。他人既然真诚待己，自己也要真诚待人，这样相互之间就容易有一种友好、亲密的关系。真诚地关心同事，当同事有求于自己时，只要是正当的请求就要尽所能满足对方的要求，当看到他人有困难时，要主动去帮助、关注和体贴。

宽容是一种良好的心理品质，也是十种处理好同事关系的艺术。宽容是现代人应当具有的性格特征，它表现为一个人对别人宽厚、有气量，不计小隙，能宽容异见。宽容体现一个人的心胸气度，体现大局意识；相互宽容往往能够调整关系，化解人际危机。尽量不要与同事计较琐碎的利益，学会宽容大度目光长远。对于同事之间的误解与摩擦，唯有冷静、宽容、谅解，才能有所作为，为自己和同事营造良好的工作环境。

2) 善于赞美。在与同事的交往中，适当地赞美别人，总能创造出一种热情友好、积极肯定的沟通环境。英国前首相丘吉尔曾说过："你想要他人有怎样的优点，那你就那样去赞美他吧。"在人与人的交往中，适当的赞美能束缚对方的缺点，当他的自尊心受到了赞许的激励，就会向赞许的方向努力。人们在别人的赞许中确认自己存在的价值，获得成就感和社交的满足感。

行为科学理论指出，别人对待自己的态度，大部分取决于自己待人的态度。善于赞美对方，能够赢得对方同样友好的回报，诚恳的赞许总能赢得对方的欢心，为双方的相互沟通铺平道路，和谐的环境为自己沟通奠定良好的基础。

赞美对方的宗旨是尊重对方、鼓励对方，以及创造友好的交往气氛。应该真心实意，诚恳坦白，措辞适当；如果因为有求于人才表示赞许，会令对方感到你动机不良。当你不需求对方什么的时候，表示赞许才显出诚意和可信。对别人的赞许也不必过于频繁，过于频繁就失去了鼓励的意义，并显得滑头俗气，反遭轻视。赞美的话语不宜过分，言过其实的恭维话就成了"拍马屁"，只会被人耻笑，赞美他人也须掌握一定的度。

3) 含蓄竞争。竞争是对外界活动所做出的积极、奋发、不甘落后的反应。在现代社会，充分发挥自己的潜能，表现出自己的才能和优势，是适应挑战的必然选择。与同事处在同样的层次和职位，就免不了有升职、加薪的竞争和待遇、资源分配等利益的竞争。许多心高气傲的职员往往陷入这样的误区，那就是把表现自己的时机错误地放在了与自己同处一个地位的同事面前，不知什么是收敛，结果往往在职场竞争中输得莫名其妙。

同事之间应该是合作中的竞争，竞争中的合作，真正明智的竞争应该是厚积薄发，暗里用劲，应抛开杂念，不要手段、不玩技巧，表现自己分清场合和方式，面对强于自己的竞争对手，有正确的心态，不随意抱怨；面对弱于自己的竞争对手，也不张狂自负。同事之间的竞争不能只讲结果不管过程，甚至只讲目的不择手段。那样会招来同事的反感，影响你的形象，也会给你的竞争带来不利。

3. 与下属的沟通

在组织管理过程中，大约有一半的沟通是在管理人员与下属之间进行的。与下属有效的沟通，可以提高团队的效率，使团队成员的分歧趋于一致，消除隔阂，使下属相互信任了解，建立一个关系融洽、积极进取的团队。学会与下属进行沟通，是基层管理者必须具备的一项基本技能。

（1）与下属沟通的形式

1）下达指示（命令）。下达指示是要求下属照你的意图完成指定的行为或工作，带有隐含的强制性。强制性的指示会压抑下属的一些创造性思考和积极负责的心理，会使下属失去参与决策的机会。但对确保下属按计划执行与按计划方向前行，却是绝对必要的。下达指示（命令）时，要正确地传达，不随意更改；目标清晰让下属容易接受及愿意去执行；不为了仅仅证明自己的权威而下指示（命令）。在下达指示（命令）时，要注意提升下属接受执行的意愿，使下属积极地执行。

2）批评指正。在下属做错了某件事情的时候，批评是必要的，目的是唤起他的责任心，在他的脑子里形成一种警诫。批评下属的目的当然是使他改正，以后不再犯同样或类似的错误。但是只有批评是不够的，在批评之前需要首先搞清楚事情的来龙去脉，要分清错误的性质，和犯错误的人一起分析错误出现原因，这样做非常重要，这样可以避免下一次重蹈覆辙，可以避免由于批评造成情绪上的障碍，让被批评者心悦诚服地知道他的错误，并在分析的基础上提出问题的解决方案、错误的补救办法以及以后防范此类错误的措施，最终促使下属对办好此事更加有信心。批评他人通常是比较严肃的事情，所以在批评的时候一定要客观具体，应该就事论事。不是批评对方本人，而是批评对方的错误行为，千万不要把对下属错误行为的批评扩大到了对下属本人的批评上。

3）拒绝要求。当下属提出一些不合时宜的或不合情理的要求时，管理者要学会拒绝。拒绝下属时要掌握以下要领：第一，拒绝下属的请求和要求需在保护双方利益的情况下进行，要耐心倾听下属所提出的要求，确切地了解请求的内涵，以表示对请求者的尊重；第二，拒绝态度要坚决，以避免对方产生误解；第三，拒绝语言要简明扼要，直截了当，避免争论；第四，在表情上应和颜悦色，以略表歉意，但也切忌过分地表达歉意，不要被请托者抓住弱点，反被说服而打消或修正拒绝的初衷。

在拒绝时最好指出拒绝的理由。这将有助于维持和下属原有的良好关系。但这并不意味着对所有的请托拒绝都必须附以理由。有时不申诉理由反而会显得真诚。

（2）与下属相处的艺术

1）懂得尊重。每个人都有自尊心，希望被人尊重，一旦被尊重就会产生不负使命的心理，工作意念与干劲就格外高昂。一个人若无法满足其被尊重的欲望，便会削弱他的工作积极性，影响其才能的发挥。

优秀的管理者应首先具有尊重他人的品质，不应以工作为重心而加以监督，而应以人为重心加以信赖，对下属从不以支配者自居；平等待人尊重下属的自尊心；关怀下属的成功，遵守与下属的约定事项。

2）建立权威。权威简单地说就是权力和威信的总和，权力来自于职位，什么职位就有相应的什么权力。威信来自于自身的因素，是一种使人甘愿接受对方影响的心理因素，就某种意义上来说，影响力就是威信。建立权威要在决策前查明情况，在困难面前，或众说纷纭、意见分歧的情况下敢于做出决断。善于学习、勤于实践，有专长权力能进行有效的指挥。

3）勇担责任。做下属的最担心的就是做错事，尤其是费了九牛二虎之力后却依然闯了大祸的事，因为随之而来的便是惩罚问题、责任问题。

大多数上级在处理下属乃至自己本队的失误和错事的时候，总是想提出各种理由为自己开脱，唯恐遭到连累，引火烧身。却殊不知下属犯错，也等于是自己的错，起码是犯了监督不力等错误。

懂得如何收揽人心、勇担责任的上级，在下属闯祸之后，首先应冷静地检讨一番自己，然后与下属一起心平气和地分析整个事件，指出错在何处，最后重申宗旨——每一个下属做事都该全力以赴，漫不经心、应付差事是要受惩罚的。如果不分青红皂白，无论下属的过错是否与自己有关都大发雷霆，强调"我早就告诉你要如何如何"之类的言语，不仅使下属更不敢于正视问题，而且不会感到丝毫内疚，日后避免不了同这种上级大闹情绪，甚至永远不可能再拥戴他。

另外，当下属出现错误时，一味埋怨下属，推卸责任的上级，也只会令更高层的上级反感。替他人挡驾的上司，也是最会收揽人心、最有人缘的上司。

本章总结

本章主要介绍了公共关系沟通——公关沟通的概念、基本原则和基本过程；公关语言沟通艺术和非语言沟通艺术；人际沟通、求职沟通和职场沟通。

狭义的公共关系沟通是指社会组织在公关活动中所进行的组织与公众间的信息沟通。广义的公共关系沟通，包括所有的人际沟通、组织沟通以及组织与人际间的相互沟通。公关沟通的基本原则有互动原则、共感原则、整合原则和实效原则。沟通过程一般包括产生想法、编码、传递、信息接收、进行解码、接受信息、使用信息和反馈八个步骤。

对公关从业人员来说，掌握语言表达艺术至关重要，公关沟通活动中言语要得体，声音要讲究，更要注重聆听，同时要充分运用非语言沟通的各种形式，包括体势语言以及公关礼仪文书。公关沟通中要掌握并灵活运用相关交谈和行事技巧。求职沟通关系人生职业生涯，要善于自我推销，强调、展示特长，以文明优雅的举止方可获取较好的职位。职场沟通主要对象是上司、同事和下属，要掌握有关的技巧和方法。

知识及技能检测

一、名词解释

1. 公关关系沟通
2. 非语言沟通

二、选择题

1. 积极聆听指的是（　　）。
   A. 一边听一边与自己的观点进行比较进行评论
   B. 边听边想自己的事情
   C. 设身处地地聆听
   D. 选择性地聆听

2. 上下级之间的沟通要建立的态度是（　　）。
   A. 强迫性　　　　　　　　　　B. 回避性
   C. 折中性　　　　　　　　　　D. 合作性

3. 一个完整的沟通过程包括（　　）。
   A. 信息发送、接收　　　　　　B. 信息发送、反馈
   C. 信息发送、接收、反馈　　　D. 信息接收、反馈

4. 与分析型人际风格的人沟通时要（　　）。
   A. 用准确的专业术语　　　　　B. 多用眼神交流
   C. 少做计划少用图表　　　　　D. 不要太快切入主题

5. 沟通的三大要素是（　　）。
   A. 一定要有一个明确的目标　　B. 语言和肢体语言的配合
   C. 达成共同的协议　　　　　　D. 沟通信息、思想和情感

三、实训题

实训情景：

组织班级"模拟应聘比赛"，采用分岗位竞争的形式。具体的岗位设置（由任课教师根据学生的专业设置）以企业或行业为依托，寻求企业或行业中真实的岗位群，同时提供此岗位的工作说明书及相应的面试题库。

实训步骤：

1. 将同学分为三个组

小组①：应聘比赛者；小组②：招聘考官及工作人员；小组③：观众群体。各组选出一个小组长负责领导本小组的工作。

2. 各小组进行应聘比赛准备

小组①的任务：扮演应聘求职者，进行应聘前的准备工作，包括拟应聘岗位分析、简历的制作、笔试面试准备等，并按规定参加应聘比赛的每一轮赛事。

小组②的任务：准备招聘需要的所有材料：如招聘岗位及要求、简历的评比要求、笔试试题、面试试题及考核方式、决赛打分表等，根据具体教学情况和条件而定；组织实施整个招聘过程。

小组③的任务：观看整个应聘比赛过程，参与决赛后观众互动活动，对选手提问，并记录观看每场比赛的心得，对每一个选手的表现打分。

3. 按照实训要求组织比赛

初赛、决赛可分成二次课进行。

（1）初赛　应聘者提交简历后按编号就座进行笔试，笔试主要测试职业性向、素质和情商，选出优秀选手进入复赛。而其他两组人员根据招聘岗位及要求各自进行简历筛选，由招聘小组共同商讨决定入选人员名单，观众小组将本小组的决定与招聘小组的进行对比并简单讨论分析原因。笔试（30分钟左右）结束后，招聘小组现场打分，结合简历情况选出优秀的选手进入复赛，确定进入复赛名单。教师对评选结果进行点评。

（2）决赛　入选选手进行充分的自我展示，每个人有30分钟的时间，包括自我介绍、才艺展示、结构化面试、情景化面试、无领导小组讨论、评委点评。观众小组将自己的打分与评委的打分对比，思考出现差异的原因，评委确定决赛名次。教师做最后评讲。

自我介绍：本环节需用中文和外文（包括英语、法语、德语、韩语、日语等）进行自我介绍，时间为2~3分钟。

才艺展示：每名选手需进行2~3分钟的才艺展示，所需音乐和服装选手需自备。

情景化面试：每位选手将就比赛现场抽取的题号进行回答。时间为3~10分钟。

无领导小组讨论：随机将选手分为两组，现场提供一个案例，进行讨论，15分钟后将结果以宣讲的方式展示给评委和观众。

观众互动：观众对选手现场提问。

评委点评：评委（可由教师和部分学生组成，有条件的可请相关专业人士参加）将就每一环节及整个比赛进行详细的点评。

拓展阅读

求职信撰写的格式

求职信的作用与简历相似，是要引起招聘者的兴趣和注意，从而得到面试的机会。求职信可以对自己简历中的内容加以概括、解释、评价和发挥，着重反映自己的个人素质和个性特征。

求职信一般由三个部分组成：开头、主体和结尾。

（1）开头部分　这部分由称呼、问候语、缘由和求职意向组成。称呼要礼貌，先写上招聘单位的全称，然后另起一行，写上收信人的具体姓名，问候语一般用敬语"您好！"另起一个段落，写明得知招聘信息的途径，以及应聘的意愿等。

在开头部分，应尽力抓住招聘者的注意力。例如，我在×年×月×日×报的招聘信息上获悉，贵单位正在招聘×职位。现送上我的简历，敬请关照。

叙述招聘单位在你心目中的地位。可以提及该单位的名声、社会知名度、特有的企业文化、管理宗旨等值得他们自豪的事情。例如，贵公司是全国闻名的大企业，我对贵公司仰慕已久，今天终于使我有了盼望已久的应聘机会……

（2）主体部分　这一部分是求职信的重点部分，也是自我推荐的内容。在这部分内容中，应该强调自己的才能和经验。

介绍自己所学的知识和技能，强调所学的是代表本专业最新发展方向的知识，将对该单位的发展有一定的作用的；介绍自己在实习期间如何努力工作，参与了有关项目的研究、实施工作，得到实习单位的好评、肯定等；表达自己在学校期间参与学校教授的研究课题，有较强的动手能力等；表述自己是一个能吃苦耐劳、诚实守信、有责任心、有爱心的人；介绍自己的个性特征，以及与所求职位有关联的兴趣爱好等。

（3）结尾部分　此部分可包含如下内容：

感谢招聘者有时间阅读并关注你的求职请求，表示期盼得到面试的机会；写上可能预约面试的时间范围；强调与你联系的最佳方式；请招聘者翻阅随求职信附上的简历。

参 考 文 献

[1]　廖为建. 公共关系学 [M]. 北京：高等教育出版社，2000.
[2]　居延安. 公共关系学 [M]. 上海：复旦大学出版社，2008.
[3]　崔景茂. 新编公共关系教程 [M]. 北京：北京大学出版社，2006.
[4]　杨丽敏. 公共关系理论与实务 [M]. 北京：科学出版社，2008.
[5]　余明阳. 公共关系学 [M]. 北京：北京师范大学出版社，2006.
[6]　何伟祥. 公共关系原理与实务 [M]. 大连：东北财经大学出版社，2009.
[7]　张晓忠. 公共关系学 [M]. 沈阳：辽宁大学出版社，2007.
[8]　张亚，战晓华. 新编公共关系学 [M]. 北京：首都师范大学出版社，2009.
[9]　朱晓杰. 公共关系理论与实训 [M]. 北京：清华大学出版社，2009.
[10]　张岩松，王纯磊. 公共关系实践教程 [M]. 北京：清华大学出版社，北京交通大学出版社，2009.
[11]　朱崇娴. 公共关系原理与实务 [M]. 北京：高等教育出版社，2008.
[12]　赵晓兰，赵咏梅. 最新公共关系学教程 [M]. 北京：经济管理出版社，2004.
[13]　罗建华，阿木尔. 公共关系学 [M]. 北京：机械工业出版社，2008.
[14]　张锡东. 公共关系实用教程 [M]. 北京：清华大学出版社，2008.
[15]　严辉武. CI 策划 [M]. 长沙：中南大学出版社，2002.
[16]　朱权. 公共关系基础与实务 [M]. 北京：机械工业出版社，2008.
[17]　徐白. 公共关系 [M]. 上海：同济大学出版社，2008.
[18]　严成根，王学武. 公共关系学 [M]. 北京：清华大学出版社，2006.
[19]　谢红霞. 公共关系（原理与实务）[M]. 大连：东北财经大学出版社，2006.
[20]　魏翠芬，王连廷. 公共关系理论与实务 [M]. 北京：清华大学出版社，北京交通大学出版社，2007.
[21]　金正昆. 公关礼仪 [M]. 西安：陕西师范大学出版社，2007.
[22]　周季平. 商务秘书礼仪 [M]. 北京：中国劳动社会保障出版社，2005.